심리학이 만난 예수

* 이 책의 신약성서 원문은 『200주년 신약성서』(200주년신약성서번역위원회, 2001, 분도출판사)를 사용하였습니다.

ENCOUNTERING JESUS: Individuation and Transformation

심리학이 만난 예수

**나눔과 용서,
치유의 기적을 만나다**

이나미 지음

이랑
BOOKS

감사의 말

이 책은 저 혼자 쓴 것은 아닙니다. 성경과 심리학을 연결하는 코너를 만들자고 제안해 주신 가톨릭평화방송(cpbc)의 조정래 사장님. 또 귀찮고 어려운 작업을 선뜻 맡아 부족한 제가 몇 년 동안 방송에 임할 수 있게 격려하고 이끌어 주셨던 조규만 감독님. 제가 난삽한 초고를 보내면 방송할 수 있도록 정리하고 감수해 주신 김현정·정선이·정윤미 작가님과 방송이 산으로 가지 않도록 질문해 주셨던 최현정 아나운서님께 먼저 감사드리고 싶습니다.

무엇보다 방송에서 했던 말들을 다시 책으로 만들 수 있도록 격려해 주고, 생각의 조각을 정리하고 체계를 잡아 주신 것은 물론, 훌륭한 생각의 글들을 덧붙여 주신 이랑의 편집자이자 작가이신 이영희 대표님께 진심으로 고마운 마음을 전합니다.

상처받은 마음에 건네는
예수의 심리 수업

　구약이 하느님과 만난 이스라엘 민족의 역사적 사건들을 기록했다면, 신약은 역사를 뛰어넘는 예수를 생생하게 만날 수 있게 해주는 귀한 자료입니다. 또 예수를 만난 이스라엘인뿐 아니라 그리스도의 소식을 함께 듣게 된 이방인 신자들의 족적을 증언한 책입니다. 이방인이나 이민족과의 대결 속에서 끊임없이 야훼를 찾았던 유대인들의 기록인 구약과 달리 신약은 어떤 종류의 타자(他者)도 포용하고 사랑해야 한다고 가르칩니다. 그렇기에 신약은 시공간을 뛰어넘어 인류에게 공통적인 울림을 줍니다. 어떤 민족인지, 어떤 계급에 속하는지, 얼마나 공부를 많이 했는지, 어떤 성별인지, 나이는 몇 살인지는 예수 앞에서는 아무런 의미가 없습니다. 예수를 사랑하고 따르는 제자들 역시 자신들의 좁은 편견과 차별의 마음을 버리고 모든 인류를 사랑하려고 했습니다.

누군가에게 회의가 들 때, 무언가 잘 풀리지 않아 좌절할 때, 또 정의롭지 못한 사건에 분노를 느낄 때, 저는 신약을 읽으며 꽁꽁 얼었던 마음을 풀곤 합니다. 그때에 비하면 지금의 어려움은 아무것도 아닌 것처럼 느껴져, 다시 떨치고 일어서겠다는 힘을 받기도 합니다. 2,000여 년 전 지구 반대편에서 일어난 역사적 사건이지만, 현재 대한민국의 상황과 비슷한 부분들을 투영하면서 예전과는 좀 다르게 신약을 읽어 보기도 합니다. 시간이 흘러 다른 상황이 되면 또 새로운 의미로 신약이 다가올 것 같습니다.

　정신건강의학과 의사로서 일한 지 40년이 되어 가고, 융 분석가가 된 지 20년 가까이 됐지만 저는 여전히 사람의 마음에 대해 모르는 부분이 많습니다. 의학이나 심리학으로는 설명할 수 없는 지점이 여전히 많다고 믿습니다. 특히 인과응보나 신상필벌 같은, 논리로는 설명할 수 없는 여러 가지 불행들, 과학으로도 규명할 수 없는 인생의 과제들과 만날 때면 혼란스러움을 느끼기도 합니다.
　왜 죄 없는 아이들과 사람들이 전쟁과 폭동으로, 또 살인강도로, 재난과 사고로 다치고 죽어가야 할까요. 사랑하는 사람과의 이별, 갑작스러운 사고와 죽음 그리고 고통스러운 투병 과정은 어떻게 이해하고 받아들여야 할까요. 누구나 겪게 되는 생로병사는 어떻게 대처하고 준비해야 할까요. 의학이나 심리학이 아무리 머리를 맞대고 연구하고 의논한다 해도 그런 인생의 근본적인 숙제들 앞에서는 무기력함을 느낄 때가 많습니다.
　그럴 때마다 종교는 저를 세상과 연결해 주는 단단한 동아줄이 됩니다. 저는 비교적 평탄한 인생을 살고 있음에도 그릇이 작은 탓인지 제힘으로 어찌할 수 없는 사건들 앞에서 쩔쩔매고 좌절하면서 당황할 때가 적지 않습니다. 그때마다 성경과 교리, 성직자 및 성인 성녀의 가르침을 되새기며 힘을 얻고 흩어진 마음을 다시 주워 담습니다.

무엇보다, 오로지 끝없는 사랑을 실천하고 가르쳤던 예수를 생각하고 상상하면 제 고통이 조금씩 사라지는 체험을 하곤 합니다. 역사에는 훌륭한 의인들이 많습니다. 그들을 생각하면서 좁은 욕심에 사로잡힌 자신을 반성하게 되고, 감사의 마음을 가꾸어 내 것으로 만들지 못하는 스스로를 안타깝게 여긴 때도 있지만, 그런 내적 체험은 예수에 대한 묵상에서 오는 강렬함에 비하면 아무것도 아닌 것 같습니다. 예수는 죄 없이 십자가에 매달려야 했고, 그 상황을 피할 수도 있었을 텐데도 기꺼이 고통스러운 과정을 감내하였을 뿐 아니라 오히려 살아남은 이들의 평화를 기원했습니다. 고통스럽게 죽어가는 순간에도 예수는 비탄이나 억울함, 분노에 사로잡히지 않았던 것이지요. 하느님께 기도를 바치며 죄인을 걱정하고 용서하고 배려하면서 "모든 것이 다 이루어졌다"는 말까지 남기고 세상을 떠났습니다. 놀랍습니다.

부활의 신비를 부정하는 입장이라도 예수가 죽는 순간을 직접 보게 된다면 벅차오르는 감정에 말을 잃을 것 같습니다. 도대체 어떤 분이기에 예수는 못난 인간들의 세상을 그다지도 사랑하고 아낄 수 있었을까요. 저의 좁은 마음으로는 도저히 이해하지 못할 신비이고 아무도 흉내 내지 못할 경이로운 사건입니다.

그래서일까요. 우리는 예수가 세상에 온 역사적 사건에 대해 많은 상상과 추측을 하게 됩니다. 예수에 대한 기록은 적은데 그 상징과 내용은 너무나 방대해서 구절 하나하나, 장면들 하나하나까지 해석도 다양하게 할 수 있습니다. 모두 자신의 개인적인 체험과 연관지을 수 있는 주제이기 때문이지요.

이렇게 인류가 공통적으로 경험한 주제를 분석심리학에서는 원형(Archetype)이라는 개념으로 설명합니다. 원형은, 부모, 친구, 탄생, 죽음, 사랑, 일 등 사람이라면 누구나 공유하게 되는 대상들과 그 대상들을 대하는 우리의 태도와 연결됩니다. 인류가 이런 상황에 대한 공통의 경험을 언어로 공유하지 않았다면 인간의 역사에는 문화도, 진화란 개념도 존재하지 않았을 것입니다.

원형적 개념이 녹아 있는 장르로 흔히 민담, 전설, 신화를 이야기하는데 예술 작품에는 이런 원형적 상징이 스며들어 있습니다. 종교 경전에도 이런 원형적인 상징과 관련된 내용이 많습니다. 특히 인류의 고전인 성경에는 다양한 종류의 사람 사는 이야기가 수록되어 있어 심리학자의 입장에서도 좋은 연구의 대상이 됩니다.

그러나 이 책에서는 성경의 내용을 심리학의 개념으로 환원시키는 대신, 저의 주관적인 성경 체험에 대해 설명하려고 합니다. 저의 생각들은 검증된 객관적인 주장이나 신학적인 교리가 아니라 검증할 수 없는 개인적 체험입니다. 다행히, 신앙과 예술은 주관적 체험을 매우 중요하게 생각하고 포용해 주기 때문에 비교적 글쓰기가 자유로워집니다. 사실이냐 아니냐를 따지는 과학이나 논리학의 영역에 비해 상상과 추측이 가능하니까요. 검증과 관찰할 수 있는 객관적 진실만이 참이고 실재라고 믿는 과학의 관점과 달리, 감정의 소중함을 인정해

주는 신앙과 예술은 우리가 살아가는 데 든든한 힘이 됩니다.

흔히 예수가 우리에게 온 의미를 '가르치고(Teaching), 강론하고(Preaching), 치유하는(Healing) 기적'으로 이해합니다. 제 잘난 맛에 겨워 스스로 오류를 모르는 우리처럼 당시의 이스라엘 사람들도 자신이 누구인지, 무엇을 하고 있는지, 무엇을 희망해야 하는지 몰랐을 것입니다. 이렇게 무지한 대중을 가르치고, 강론하고, 치유하기 위해 애썼던 예수의 마음은 어떠했을지 상상이 가지 않습니다. 이스라엘 사람들의 무지와 비겁과 욕심들에서 어리석고 또 어리석은 우리의 모습은 부입니다. 제가 끊임없이 성경을 읽고 스스로를 돌아보며 살피는 작업을 하는 이유이기도 합니다. 예수가 살아 있던 시기가 어떠했는지 공부하고 생각하면서, 내 삶의 오류를 탐색하고 잃어버린 길을 다시 찾아가는 것이 지금 할 수 있는 최선이 아닐까 생각하며 이 글을 시작합니다.

3장　**용서의 기적**

　　　판단하지 않고 심판하지 않고 용서하는 예수

4장   치유의 기적

공감하는 예수, 돌봄의 예수

5장 　사랑의 기적

평화를 주고 간 예수

1장

배움의 기적

왜 지금 성경을 읽어야 하는가

✝

예수가 우리 곁에
온 의미

　역사 속 살아 있는 인간 예수에 대한 기록은 성경 밖에도 다수 존재합니다. 다른 고대의 책들처럼 직접적으로 예수가 살아 있던 시기에 기록된 역사서들은 없어졌으나 중세 이후 다른 책들에 재인용되었고, 그 내용이 지금까지 잘 보존된 책들도 있습니다. 원래 유대인이었으나 로마로 귀화한 역사가 요세푸스(Flavius Josephus ; 37~100)의 『유대 고대사』(95년경에 저술된 것으로 추정)나 로마의 유명한 역사가 타키투스(Publius Cornelius Tacitus ; 56~117)의 『연대기』(116년경 저술된 것으로 추정)에 예수가 짧게 언급된 바 있습니다. 그런데 역사 속의 예수에 대한 연구는 너무나 다양해서 과연 어디까지가 역사적 사실인지 학자 간 일치된 부분이 상대적으로 소략합니다. 예수라는 인물이 인류사에 끼친 영향이 매우 크기 때문에, 각자의 전공에 따라 다르게 설명하고 다르게 의미를 부여하기 때문입니다. 학자 간 오래된 불일치 때문에,

패기 있는 학자들은 자신의 주장을 거침없이 펼치고 완벽한 진실이라 믿기도 하지만, 그 어떤 이론도 오류와 허점에서 자유롭지 않습니다. 그래서 저는, 꽤 오래전 역사서와 성경을 찾아 구절을 비교하며 얼마나 믿을 만한 사실인지에 대한 탐구와 검증은 그만두기로 했습니다. 사람이 연구하고 공부하는 어떤 이론도 불변의 객관적 진리가 될 수 없기에, 앞으로 어떤 사실이 또 등장할지도 모르는 역사 속 예수에 대한 저의 개인적인 판단은 성급할 뿐 아니라, 제 성장에 큰 도움도 되지 않는다고 생각했기 때문입니다.

복잡한 연구자들의 설왕설래에도 예수의 등장과 죽음, 부활과 관련된 역사적, 사회적 배경은 세속의 드라마와 크게 다르지 않습니다. 어쩌면 그런 평범함이 인류에게 보편적인 울림을 주는 이유일 수도 있습니다. 분석심리학적인 시각으로 보면 대부분의 사람은 예수라는 위대한 인물에 각자 보고 싶은 대로 자신의 생각을 투사(Projection)하여 이리저리 추측하고 판단합니다. 예수는 누군가에게는 그저 최하층 계층인 목수의 자식이지만, 또 다른 누군가에게는 랍비였고, 혹은 메시아였으며 하느님의 아들이었습니다. 또 어떤 이들에게는 민족을 실망에 빠뜨린 가짜 지도자였습니다.

그런 다양한 투사는 현재 진행형입니다. 『다빈치 코드』 같은 책에서는 예수가 막달라 마리아와 결혼해 유럽으로 이주했다고 말합니다. 아서왕 이야기 등 오래된 유럽의 신화에서는 성배와 관련된 설이 제기되기도 합니다. 이를 믿는 사람들은 유럽으로 이주한 예수의 후손이 아직도 살아 있다고 주장합니다. 심지어 예수의 친부는 로마 군인이라고 주장하는 역사서도 있습니다. 또 어떤 이들은 예수가 공생활을 시작하기 전 3년 동안 인도에 다녀왔을 것이라며, 그 증거를 수집하기 위해 네팔, 티벳, 인도를 헤매고 다니기도 합니다. 산상수훈 등 예수의 많은 가르침이 부처의 가르침과 유사한 부분이 있기 때문이지요. 특히 바리사이파나 사두가이파와 달리 소수 세력이었던 에센파에 예수가 속했다고 말하는 이들이 많은데, 예수의 가르침이 불교의 이론뿐 아니라 은수자들의 수행과도 비슷한 점이 있기 때문입니다.

그럼에도 가장 신뢰가 가는 역사적 예수는 바오로의 서간과 4복음서에서 만날 수 있다는 데에는 아마 이견이 거의 없을 것입니다. 특히 예수의 변모를 따라가며 하느님 그 자체로 받아들이게 되는 과정을 그만큼 자세하게 기록한 책은 아직까지 없는 것으로 알고 있습니다.

예수와 관련되어 그토록 열렬하게 예수를 따랐던 사람들, 특히 혁명을 꿈꿨던 열혈당원(Zealot)이나 일반 대중이 왜 예수에게서 등을 돌렸는지 저에게는 오랫동안 의문이었습니다. 저는 종교사학자도 아니고 주석학자도 아니어서 그다지 권위 있는 추론이 될 수는 없지만 그래도 오늘날 우리에게 주어진 여러 사회적 과제에 대한 생각과 연결하면서 함께 고민하는 경험을 공유할 수는 있을 것 같습니다.

먼저 예수는 극심한 위기와 격동의 시기에 탄생했다는 점이 지금 우리의 환경과 겹치는 부분이 있습니다. 역사는 끊임없이 변하지만, 항상 비슷한 점을 발견할 수 있어서 현재 우리의 처지를 돌아보게 합니다. 혼란스러운 당시 이스라엘 상황에서 메시아가 절대적으로 필요했듯이, 전쟁과 대역병은 물론, 영혼마저 물질문명에 잠식되어 좀비처럼 변하고 있는 현대인들 역시 구원의 메시지가 필요한 상황입니다.

예수가 죽은 후 이스라엘 왕국이 완전히 망하기까지 당시 사람들은 엄청난 절망과 혼돈 속에서 그래도 희망을 갖고 살았을 것입니다.
예수가 탄생하기 전인 기원전 63년 로마 제국의 동방 원정군 사령관 폼페이우스가 예루살렘을 점령했을 때부터 생각해 봅시다. 당시 권세 가였던 헤로데 1세는 로마에 기대 '유다와 사마리아의 왕'이라는 칭호를 받은 후 약 33년간 팔레스티나를 다스리는 위치에 오릅니다. 이미 전란과 침략으로 피폐할 대로 피폐해진 상황에서 헤로데 1세는 민중의 살림은 돌보지 않고 자신이 살 왕궁과 예루살렘 성전 증축 공사를 단행합니다. 에돔(이두메아)에서 태어난 헤로데 1세는 온전한 유대인도 아니면서 로마를 등에 업고 왕이 된 처지라 자신의 위치를 확인시키기 위해 로마 문화를 찬탄하며 흉내 내기에 열중했을 수도 있습니다. 아니면 정권과 결탁한 지방 토호들과 토건족의 배를 불려주어 자기의 비호세력으로 만들려고 했을 수도 있습니다.

헤로데 왕가의 성전 건축 전후의 행동을 보면 신앙심이나 애국심으로 성전을 건축한 것은 확실히 아닙니다. 자신의 왕권이 흔들릴까 봐 "베들레헴과 그 일대에 사는 두 살 또래와 그 아래 아이들을 모두 죽여 버렸다"(마태 2:16)는 것을 보면, 헤로데 왕가는 국가나 민족보다는 자신의 안녕에 삶의 목적을 둔 부패한 권력자였으니 공포와 혐오의 대상이었을 수도 있습니다. 특히 구약 시대부터 이스라엘에는 왕을 견제하는 제사장과 사제들이 있었습니다. 게다가 로마의 총독까지 생겼으니 왕은 더 이상 절대권력이 될 수가 없었던 거지요. 그러니 더 불안해서 계속 무리수를 둡니다. 헤로데 왕가의 또 다른 왕 헤로데 안티파스는 자신의 이복동생 헤로데 필립보 1세의 아내 헤로디아와 결혼하였는데 이는 유대법상 금지된 비윤리적인 행동입니다. 이를 지적하는 요한 세례자를 미워한 헤로디아와 헤로디아의 딸이 요한 세례자의 머리를 달라고 하자 얼른 요한 세례자를 죽여 버립니다(마르 6:17-29). 도덕이 땅에 떨어지고 율법과 전통을 무시한 권력자가 전횡을 휘둘렀던 것입니다. 이후 헤로데 일가는 팔레스티나를 분할 통치하면서 로마에 세금을 바치고, 각 지역에서 공물을 뜯어냈으니 이스라엘 백성들의 분노는 극에 달했을 것입니다. 외세인 로마를 등에 업은 데다 정통성을 잃은 새 왕가에 대한 반감으로 열혈당에 속해 테러와 혁명을 꿈꾸는 사람도 생기고 에센파처럼 사막으로 칩거하는 이들도 생기게 됩니다.

이스라엘 민족에게 빛이 될 것 같던 요한 세례자가 허무하게 죽은 후, 마지막 희망을 잃은 백성들은 지푸라기라도 잡는 심정으로 새로운 지도자를 원했을 수도 있습니다. 하느님의 왕국에 대해 가르치고 격려와 위로를 보내며 병을 낫게 해주는 예수를 중심으로 세속의 세력을 모을 수 있다고 꿈꾸게 된 것입니다. 이렇게 역사적 맥락으로 예수의 존재를 이해하게 되면, 단순히 신비하고 거룩한 신이 아니라, 고통과 좌절과 혼란의 현장에 함께하는 신의 존재가 마음속에 자리잡게 됩니다.

생각해 봅시다

이스라엘 민족에게 빛이 될 것 같던 요한 세례자가 허무하게 죽은 후, 마지막 회망을 잃은 백성들은 절망과 갈등을 해결해 줄 새로운 지도자를 원했을 것입니다. 하느님의 왕국에 대해 가르치고 격려와 위로를 보내며 병을 낫게 해주는 예수를 중심으로 세속의 세력을 모을 수 있다고 꿈꾸게 된 것입니다. 역사적 맥락으로 예수의 존재를 이해하게 되면, 단순히 신비하고 거룩한 신이 아니라, 고통과 좌절의 현장에 함께하는 신의 존재가 마음속에 자리 잡게 됩니다. 예수가 살아 있던 당시 혼란스러운 이스라엘에서 메시아가 절대적으로 필요했듯이 전쟁과 대역병은 물론, 영혼마저 물질문명에 잠식되어 좀비처럼 변하고 있는 현대인들 역시 구원의 메시지가 필요한 것 같습니다. 예수가 우리 곁에 온 의미와 지금 우리에게 필요한 구원의 메시지는 무엇인지 생각해 봅시다.

✝

신약의 핵심인
4복음서

어렸을 때는 신약을 펴면 마태오복음이 맨 처음에 나오기 때문에 예수에게 가장 먼저 일어난 일을 가장 빨리 기록한 것이 마태오복음이라고 생각했습니다. 그러나 제가 마흔이 되어 뉴욕의 유니언 신학대학원에서 교회사를 배우면서 성경의 편찬과 편집이 그렇게 간단하지 않다는 점을 알게 되었습니다. 그때도 세세한 연대까지 따져 보지는 못했고, 집필된 시기의 중요성이나 저자의 특징들을 철저하게 알고 졸업하지는 못했습니다. 당시 뉴욕의 융 연구소에서 분석가 과정을 함께 밟으며, 한편으로는 상담하고, 한편으로는 사춘기에 있는 두 아들과 씨름하며 저의 성경 공부는 입문 과정에서 거의 멈추었던 것 같습니다. 꽤 오랜 시간이 지난 후, 다시 성경에 대해 찬찬히 살펴보게 되면서 성경에 대한 제 지식이 얼마나 피상적이었는지 깨닫게 되었습니다. 지금도 마찬가지이지만, 부족하나마 제가 읽고 배운 것을 정리해

독자들과 나누어 보려고 합니다.

우선 4복음서 중 첫 기록인 마태오복음에 대한 이야기입니다. 신약에서 가장 먼저 쓰인 것은 아니지만 가장 앞부분에 편집되어 있습니다. 세속의 역사서들은 통상 가장 먼저 일어난 일을 앞부분에 기록합니다. 이를 편년체 기술이라고 합니다. 그러나 성경은 일어난 사건을 시간 순으로 편집하지 않았습니다. 특히 구약에는 신학적으로 가장 중요하다고 생각하는 부분을 맨 앞에 등장시키고, 다른 사료가 있으면 다시 그 부분을 되풀이하는 경우가 많습니다. 당연히 읽는 현대의 독자는 어리둥절하게 됩니다.

마태오복음이 신약에서 가장 처음 등장하는 이유는 그만큼 교회에서 중요하고 교회로부터 받은 권위가 크다는 뜻이라고 보아도 무방할 것 같습니다. 마태오복음은 마르코복음과 겹치는 부분이 많지만, 그렇지 않은 장면들도 많아서 현재까지 발견되지 않은 다른 복음서 자료들(편의상 'Q사본' 혹은 'M사본'이라고도 합니다)을 토대로 만든 것이라고 추측하고 있습니다. 그 중에서도 마태오복음에는 예수의 어린 시절과 공생활 전후의 세세한 일화들이 다채롭게 포함되어 있고 유대인으로서의 정체성과 전통을 강조하는 장들이 많습니다. 또 마태오복음을 읽으면 예수의 인간적인 모습을 좀 더 쉽게 그릴 수 있습니다. 19세기 이전에는 마태오복음은 마태오 사도가 쓴 것이라고 생각한 학자나 사람들이 많았습니다. 그러나 현대의 고증적 역사 연구가 일반화된 요즘은 저작 시기나 문체 형식, 일화들을 토대로 유대 전통과 법률에 익숙한 후대의 저자가(혹은 저자들이) 저술하고 편집한 것이라는 주장이 대세입니다.

한편 마르코복음은 모든 군더더기를 떼어 버리고 담백하게 예수의 수난과 부활을 집중적으로 기록한 것이 특징입니다. 일설에는 마르코복음의 저자가 베드로의 통역이었다는 말도 있고, 베드로가 바로 전한 것이 아니라 전승의 하나라는 말도 있습니다. 마르코복음에서는 확인할 수 없는 예수의 사생활에 대해서는 언급하지 않았는데 이를 보면 저자가 매우 철저하고 엄정한 시각으로 예수의 생애와 말씀을 기록한 것 같습니다. 특히 마르코복음은 다른 신약성경에 비해 바오로의 영향을 가장 덜 받았다고 말합니다. 그래서 베드로파의 일원이 쓴 것이라는 말이 나오기도 합니다. 판단과 수사를 아꼈기에, 현대인이 받아들이기 힘들거나 이해되지 않는 고대의 과장된 수사와 묘사가 거의 없습니다. 한편으로는 달변가인 바오로가 활발하게 공생활을 하기 전에 기록한 경전이 아닌가 추측하는 사람도 있습니다. 마르코복음이 쓰인 당시는 서기 70년의 독립 전쟁 실패로 처참하게 성전이 파괴된 이후라, 과장된 서술이나 아름답게 문학적 묘사를 해낼 여유가 없었을지도 모릅니다. 비교적 자신을 내세우는 바오로에 비해 모든 것이 완벽하고 하느님 앞에서 철저히 자신을 비운 예수의 차원은 완전히 다르기 때문에 저는 개인적으로 마르코복음을 읽을 때가 가장 편하고 좋습니다.

　루카복음은 사도행전이 완성되기 전 집필했다고 전해집니다. 특히 루카복음은 병자를 포함해 사회에서 소외된 약자의 치유 기적을 많이 다루고 있어서 의사 역할을 하는 이가 기록한 것이 아니냐는 주장도 있습니다. 의사인 저로서는 예언자나 구원자의 이미지보다 치유자로서 예수를 받아들이며 개인 생활에 적용하고 배워 나가는 부분이 많기 때문에 루카복음에서도 많은 도움을 받고 있습니다. 특히 세속적인 조건들과 상관없이 모든 병자를 애틋하게 여기고 따뜻하게 어루만져 주는 루카복음 속 예수의 모습은 개인적으로 의사로서의 삶에 회의가 들거나 지칠 때 많은 위로가 됩니다. 모든 이들의 흐려지는 판단과 인식 그리고 자기 중심적인 생활과 세계관을 반성하게 하는 기록이 바로 루카복음인 것 같기도 합니다.

단어 사용이나 배경 설명 등을 보았을 때 요한복음은 가장 늦게 기록했을 것으로 추측합니다. 그러므로 요한 사도가 저자는 아니라고 봅니다. 또한 요한 묵시록의 저자와 요한복음의 저자가 어떻게 연결되는 것인지는 확실하지 않습니다. 다만, 다른 공관복음서가 사건 중심인 것에 비해 요한복음은 심층적으로 재해석한 영적 영역에 대해 자세히 기록했기 때문에 요한 묵시록의 분위기와 비슷한 점이 있습니다. 영적 스승으로서의 저자 요한은 당시 특출한 성령의 능력을 받아들인 분이라는 점은 확실해 보입니다. 예수라는 인물을 역사적 인간 이상의 존재, 즉 하느님의 아들이자, 성령의 육화된 모습으로 볼 수 있게 도와주는 영혼을 위한 복음서이기 때문입니다. 그래서인지 교회의 주류가 아닌 영지주의와 연결하는 이들도 많습니다. 신앙의 비밀스러운 핵심을 알려 주고 양육해 주는 특별한 신비를 체험할 수 있다고도 합니다.

4복음서는 공통적으로 고대 이스라엘 문명이 붕괴되고 있던 시점, 평범한 사람들이 겪어야 했던 절박함과 불안 그리고 깊은 슬픔이 행간이나 문장 곳곳에서 읽힙니다. 유대인들을 이끌어 줄 지상의 왕에 대한 민중의 기대와 달리 예수는 '하느님의 나라'라는, 이해하기도 받아들이기도 힘든 희망을 말해서, 구체적이고 즉각적인 해결책을 기대한 민중으로서는 실망스러웠을지도 모릅니다. "적과 싸워 이기라"는 폭력적인 선동 대신 "내 평화를 주고 가니 하느님의 나라를 구하라"라는 메시지는 고대 이스라엘뿐 아니라, AI와 인터넷 때문에 스스로 매우 똑똑하다고 생각하는 현대인으로서도 도저히 이해하지도 실천하지도 못할 주문으로 보이기도 합니다.

제자들도 예수의 깊은 뜻을 재빨리 알아챌 수 없어 속절없이 예수를 십자가로 보내야 했습니다. 거대한 존재인 예수를 사랑하고 존경했으나, 배반하고 지켜주지 못한 깊은 죄책감은 수천 년이 지난 지금 상상해도 가슴이 아픕니다. 어떤 문학적인 수사나 관용구 없이, 예수를 사랑하는 사람들이 어떻게 살고 어떻게 죽어야 할지 몸으로 보여 주는 장면은 잊을 수 없는 역사의 기록이기도 합니다.

물론 4복음서가 성경에서 서로 다르게 기록된 부분을 지적하면서 역사적으로 검증할 수 없는 허구이며 예수라는 인물은 신화로 만든 것이라고 깎아내리는 사람들도 있습니다. 철저하게 고증을 거친 사료에 근거해야 참이라고 주장하는 융통성 없는 실증적 역사학의 한 관점일 수 있습니다. 그러나 고대는 종이나 필기도구가 귀했고, 주로 사람들의 불안전한 기억을 바탕으로 구전을 통해 사료가 전달되었으니 기록이 서로 다른 게 당연합니다. 비디오와 녹음기로 사실을 그대로 기록하는 현재에도 모든 증인과 증거 자료가 일치하는 경우가 거의 없습니다. 만약 4복음서가 철저하게 동일하다면 오히려 각자의 시각에서 엄정하게 쓰인 것이 아니라 표절, 혹은 복제한 것에 불과하다고 반론할 수 있지 않을까요. 복음서와 신약의 서간들이 서로 다른 것은 그만큼 성경 저자들이 다양한 관점으로 기록했다는 점을 역설적으로 보여 주는 것입니다. 일부의 차이로 모든 성서의 사실들이 오류라고 주장하면서 자신의 역사기술적 이론을 자랑하는 학자들의 진짜 의도는 무엇인지 저는 받아들이기 어렵습니다. 반대로 성경 무오류설을 주장하면서 모든 문장을 문자 그대로 받아들여 한다며, 실제 우주 창조조차 1주일 안에 끝났다고 구체적으로 믿는 관점도 신뢰가 가지 않습니다.

지금은 많은 성서학자와 교회학자들이 성경을 문화인류학적 기반에서 다각적으로 이해하는 연구를 통해 일반 신자들에게도 많은 도움을 주고 있습니다. 앞으로도 더 많은 새로운 자료들이 제공되면서 21세기에는 미처 생각지 못했던 깊은 해석이 나오리라 기대해 봅니다.

각 개인이 생각하는 진실과 오류들은 시간이 지나면 변하기 마련입니다. 또 자신이 깨달았다고 주장하는 어떤 말들도 우주를 관통하는 진실에 비하면 티끌 안의 한 원자나 분자보다도 작고 그 시효도 짧습니다. 반대로 겨자씨 안에 수미산을 상상할 수 있는 것도 인간의 능력인 것 같습니다. 그러니 4복음서가 진실인지 아닌지 어떤 오류가 있는지 숨은 그림을 찾듯이 자신의 지적 능력을 뽐내면서 그 시대의 눈물과 피땀에 대한 기록을 깎아내리는 대신, 성경을 읽는 자신의 마음이 어떻게 변화하고 성장하고 있는지 그리고 그 엄청난 역사적 사건을 간접적으로라도 알게 되었고 상상이라도 해볼 수 있다는 기적에 감사해 보면 어떨까요. 저는 분석심리학과 정신건강의학을 전공했기 때문에 역사나 신학적인 공부가 깊지 않습니다. 다만 이렇게 4복음서의 저술 배경에는 여러 가설이 있음을 듣고 보면서, 하느님을 만난 사람들에 대해 더 잘 이해하고 싶다는 소망을 가져 봅니다.

생각해 봅시다

4복음서는 예수와 예수를 만난 사람들에 대한 기록입니다. 4복음서에서는 공통적으로 고대 이스라엘 문명이 붕괴되고 있던 시점, 평범한 사람들이 겪어야 했던 절박함과 불안 그리고 깊은 슬픔을 읽을 수 있습니다. 4복음서가 성경에서 서로 다르게 기록된 부분을 지적하면서 역사적으로 검증할 수 없는 허구이며 예수라는 인물은 신화로 만든 것이라고 깎아내리는 사람들도 있습니다. 그러나 고대에는 종이나 필기도구가 귀했고, 사람들의 불안전한 기억을 바탕으로 구전을 통해 사료가 전달되었으니 기록이 서로 다른 게 당연합니다. 4복음서를 통해 성경을 읽는 자신의 마음이 어떻게 변화하고 어떻게 성장하고 있는지 생각해 봅시다.

4복음서는
누가 썼을까

    마태오복음의 집필 장소는 그리스 헬라어를 공용어로 사용하였던 안티오키아, 즉 지금의 시리아 지방이라고 알려져 있습니다. 따라서 지중해 연안에 흩어져 사는 사람들이나 베들레헴 근처에 사는 사람들의 시각과는 조금 다를 것이라는 사실을 짐작해 볼 수 있습니다. 마태오복음에서는 첫 시작에 다윗의 족보를 길게 나열하는데, 이는 예수의 민족적 정통성 및 유대 전통과 율법의 완성이라는 점을 강조하기 위해서인 듯합니다. 즉 이스라엘 민족으로서의 정체성이 가장 중요한 가치가 아닌가 짐작하게 됩니다. 그러나 마태오복음서에는 "여러분에게서 하느님의 나라를 빼앗아 가실 것이다." "여러분은 랍비 아버지라 하지 마시오" 등 불충실한 유대인의 앞날에 대한 경종을 울리는 대목이 역설적으로 더 많습니다.

    마르코복음은 베드로의 통역이자 바오로의 협조자인 마르코가 집필했다는 설도 있지만, 서기 50년대 이후 일어난 내용이 등장하는 데다, 베드로가 직접 성경 저자로서 참여한 증거는 없다고 합니다. 다만 이스라엘이 멸망하고 '남의 나라'에서 살아야 했던 유대인들을 상대로 복음서를 썼다는 설도 있습니다. 마르코복음에서 히브리어나 아람어를 수록한 경우는 언제나 그리스 헬라어로 번역했고 유대인들의 관습도 친절하게 풀이해 주었기 때문입니다. 그리스 동전을 로마 동전으로 환산하고, 아내에게 이혼할 권리를 인정한 그리스 로마 법률도 거론한 것으로 보아 로마 왕국에 속하지만 여전히 그리스 문화의 영향을 받고 있다는 점도 짐작할 수 있습니다. 저자가 누구인지 확실하지는 않지만, 그리스도를 따르는 유대인이며 해외 문물과 이민족에 비교적 개방적인 사람일 거라고 추측해 봅니다. 온 세상 모든 민족이 복음을 믿어 축복받을 것이라 하고, 시로페니키아 부인과 로마군 백부장을 신앙인의 본보기로 내세우기도 했기 때문입니다.

또한 예수의 사생활보다는 공생활을 주로 기술했으며, 메시아의 비밀과 관련되어 함구령을 내린 언급들(귀신, 기적으로 치유된 이들, 제자들에게 내린 함구령)로 볼 때 외향적이고 참여적인 예수가 아닌 사랑과 신앙의 대상으로 예수를 바라보았던 것 같습니다. 마르코복음은 매우 엄격하게 사실에 기초한 일을 중립적인 관점에서 기록했는데 아마도 복음사가 역시 철저한 학자적 태도와 내향적 인성을 가진 사람일 거라고 분석심리학자로서 나름 상상해 봅니다.

다음, 루카복음은 바오로의 협조자 가운데 의사인 루카가 사도행전과 루카복음을 썼다는 설이 있습니다. 루카복음의 특수 사료에는 '묵은 포도주와 새 포도주', '불행 선언', '나인 과부의 아들을 살리다',

'안식일에 곱사등이 부인을 고치다', '수종병자를 고치다', '피부병 환자 열 사람을 고치다' 등 치유와 관련된 언급들이 많습니다.

또 죄인들에 대한 따뜻한 시각이 많습니다. 죄인으로 몰려 박해받는 여성을 용서하고, 잃은 아들을 되찾고 기뻐하는 아버지 이야기, 또 마지막에 "저 사람들을 용서하소서"라고 말하는 부분, 함께 처형된 두 악인 중 한 명에게 "당신은 오늘 나와 함께 낙원에 있을 것입니다"라고 하는 대목 등이 우리 마음을 울립니다. 그래서 흔히 루카복음을 '소외자들의 복음서'라고 이야기합니다.

요한복음은 영적 복음서라고 알렉산드리아의 클레멘스(Clement; 150~215)가 이야기했듯이 영적인 관점에서 예수를 표현한 부분이 많습니다. 신비스러운 인격, 계시, 생명 등에 대한 주제가 많습니다. 그래서 때로는 '영지주의자의 복음'이라고 오해받기도 했습니다. 요한 세례자를 예수의 증인으로만 등장시키고 있는 점도 다른 공관복음서와 차별되는 점입니다. 이는 철저한 그리스도 중심주의의 증거가 아닌가 하는 분석이 있습니다. 다른 공관복음서가 권세와 영광 가운데 수난을 겪는 '사람의 아들'에 초점을 뒀다면, 요한복음은 천상에서부터 와서 다시 천상 영광에로 들여 높여지는 '세상의 구원자'에 초점을 둡니다. 유대인과 이방인의 구별이 없어지고, 회개보다는 신앙인과 비신앙인에 관해 자주 언급합니다. 공관복음서에서는 메시아라는 점을 감추고 있지만 요한복음에서는 신비스러운 인격을 공개적으로 슬쩍 드러냅니다. 영지주의, 요한 세례자 종파, 유대교와의 대립이라는 관점에서 복음서를 볼 필요가 있을 것 같습니다. 특히 우주론적이고 보편적인 구원론과 종말론의 의미가 두드러집니다. 그러나 예수와 함께 인간 구원이 가능해짐으로써 이미 종말 사건은 이루어진 것일 수도 있어서 영원한 생명의 현재적 의미가 강조된다고 할까요. 미래에 대해 불안하거나 절망할 때 읽으면 위로가 되는 기록인 것 같습니다.

요한 묵시록의 저자 요한과 요한복음의 저자 요한이 같은 사람이라는 설도 있고, 제자라는 설, 혹은 상관없는 사람이라는 설도 있지만, 특히 요한 묵시록에 대해서는 함부로 말할 수 없습니다. 워낙 상징이 다양하고 복잡해서 요한복음의 비교적 단순한 표징이나 비유를 보는 방식과는 다른 점도 많습니다.

4복음서를 상징으로 표현하는 전통도 재미있습니다. 각기 사람, 사자, 황소, 독수리라는 상징입니다. 마태오복음은 예수의 인간성을 뚜렷이 부각시키고 구약의 전통과 연결되기 때문에 사람의 얼굴로 나타냅니다. 마르코복음은 예수의 품위를 강조하며 복음이 장중하게 시작되고, 인간적인 약점보다는 유대인의 전통을 복원하면서도 그리스도교의 웅혼함을 강조했기 때문에 사자로 상징되는 것 같습니다. 루카복음은 그리스도의 죽음이 죄를 대신 속죄하는 대속의 의미로 묘사됐기 때문에 황소, 즉 열심히 일했지만 결국 속죄의 제물이 되는 소로 표현된 것 같습니다. 요한복음은 창공을 높이 나는 독수리처럼 하늘과 관련된 영성, 즉 예수의 신성한 성령을 기록했기 때문에 독수리로 표현된 것으로 이해해 봅니다. 혹시 성경 기자들의 모습이 투영되었을까요?

생각해 봅시다

마태오복음은 다윗의 족보를 길게 나열하며 시작하는데, 이는 예수의 민족적 정통성 및 유대 전통과 율법의 완성이라는 점을 강조하기 위해서인 듯합니다. 마르코복음은 외향적이고 참여적인 예수가 아닌 사랑과 신앙의 대상으로 예수를 바라보았습니다. 루카복음의 특수 사료에는 치유와 관련된 언급들이 많고 죄인들에 대한 따뜻한 시각도 많습니다. 그래서 흔히 루카복음을 '소외자들의 복음서'라고 이야기합니다. 요한복음은 미래에 대해 불안하거나 절망할 때, 위로가 되는 복음서로 인식되고 있습니다. 성경 읽기를 학문의 영역으로 가두지 말고 영성적 체험으로 변환시켜 봅시다. 4복음서를 읽는 동안 자신의 마음이 더 확장되고 평강해지는 경험을 할 수 있습니다.

✝
|

우리의 슬픔과
함께하는 예수

　성경에는 예수를 닮으려 하면서 다른 사람의 슬픔을 껴안고 함께
가는 인물들이 많이 등장합니다. 로마서 9장 2절에는 "내게 크나큰
슬픔이 있고 내 마음에 끊임없는 아픔이 있다는 것입니다"라는 대목
이 나옵니다. 또한 2코린 7장 10절의 "하느님의 (뜻에) 맞는 슬픔은 회
개를 자아내어 구원받게 하니 후회할 필요가 없습니다. 그러나 세상
의 슬픔은 죽음을 빚어냅니다"라는 구절을 생각해 봅니다. 두 구절은
비슷해 보이지만, 아픈 이웃을 위해 기도하고 하느님의 마음을 따라
가지 못하는 반성에서 오는 거룩한 슬픔과, 물질과 세속에 집착하는
비루하고 자기중심적인 슬픔은 차원이 다르다는 것을 알 수 있습니
다. 더구나 이편과 저편을 갈라가며, 죽음과 고통 그리고 슬픔을 '적에
대한 분노'로 슬쩍 바꾸어 놓는다면, 슬픔과 고통이 우리의 영혼을 구
원할 기회를 잃게 됩니다.

특히 분쟁과 분열의 시대라면, 슬픔은 내 사랑하는 가족이나 친구를 죽게 만든 적에 대한 강렬한 분노로 바뀌게 됩니다. 9·11 사건으로 미국인들이 엄청난 슬픔에 싸였을 때 그 슬픔을 이용한 것이 미국의 일부 정치인들입니다. 있지도 않은 대량 살상무기가 있다며 이라크 전쟁을 일으켜 죄 없는 많은 민간인을 죽였습니다. 팔레스타인과 이스라엘의 싸움 역시 연이은 테러와 영토 및 물싸움으로 수천 명 이상의 군인과 민간인이 희생되었습니다. 언제 자기에게도 그런 죽음이 다가올지 모른다는 죽음의 현저성(Mortality Salience)은 슬픔을 공포와 분노로 만들어 분쟁을 일으키기도 합니다. 개인적으로도 마찬가지입니다. 누군가의 폭력으로 인한 상처와 그로 인한 슬픔은 자해나 타해의 모습으로 변화되어 폭력의 원인이 되기도 합니다. 우리의 슬픔은 이처럼 악마의 유혹에 쉽게 빠지게 만드는 일종의 덫입니다.

그러나 예수의 슬픔은 자신의 처지가 아니라 구원받지 못하는 다른 사람들에 대한 슬픔입니다. 루카복음 19장 41-44절에는 "예수께서 예루살렘 가까이 이르러 그 도성을 보시고는 그것을 두고 우시며…… 너와 네 안에 사는 자녀들을 짓밟고 돌 위에 돌 하나도 네 안에 남겨 두지 않을 것이다"라며 불쌍한 이스라엘 사람들의 앞날을 생각하고 슬퍼하는 장면이 나옵니다.

또한 에페소서 2장 14-15절에는 예수가 자신 안에서 둘을 하나로 만들어 적개심을 없앴다고 기록합니다. 예수는 하나 된 새 인간으로 평화를 이룩했으며 한 몸 안에서 십자가를 통하여 나와 적이라는 두 편을 하느님과 화해시켜 그 안에서 인류의 적개심과 분노에 대한 해결책을 제시해 줍니다.

"그분은 두 편을 하나로 만들고 자신의 몸으로 장벽 곧 적개심을 없애셨으며, 조문들로 된 계명들의 율법을 철폐하셨습니다. 이처럼 그분은 평화를 이룩하여 자신 안에서 둘을 하나의 새 사람으로 만드시고, 한 몸 안에서 십자가를 통하여 두 편을 하느님과 화해시켜, 자신 안에서 적개심을 죽이셨습니다. 그분은 오셔서, 멀리 떨어져 있던 여러분에게도, 또한 가까이 있던 사람들에게도 평화의 복음을 전하셨습니다."(에페 2:14-17)

예수 덕분에 양쪽으로 갈라진 우리는 그분을 통하여 하나인 영 안에서 아버지께 다가갈 수 있게 되었습니다. 그러니 이제 우리는 더 이상 임시 거류자가 아니라 하느님의 가족이며, 그분 안에서 온 건물이 조화를 이루며 커져서 주님 안에서 성전이 될 수 있습니다. 그분 안에서 우리가 하느님의 거처로 영 안에서 함께 세워질 수 있으니 얼마나 기쁜 일입니까. 아프고 약한 이들과 항상 함께했던 예수를 알게 되고 성경을 읽으며 위로받을 수 있게 되었습니다.

정보와 기술이 발달로 이제 사람들은 기계를 통해 좋거나 나쁜 소식을 접합니다. 나와 별로 상관없는 이들의 행운이나 불행도 실시간으로 만나게 되니, 점차 감각이 무뎌지면서 다른 사람의 처지에 대한 위로나 안타까운 감정도 사라지는 것 같습니다. 공감 능력도 따라서 조금씩 쇠퇴하는 것은 아닐까 의심하게 됩니다. 다른 사람들과 따뜻한 마음, 슬픈 마음, 기쁜 마음을 나누지 않는 사회는 엄밀한 의미에서 공간만 함께하는 것이지 공동체라고 말하긴 힘들지 않을까요. 예수가 살았던 시절에 비하면 많이 누리고 사는 우리가 다른 사람에 대한 관심과 배려의 마음은 오히려 잃어버리고 있다니 참으로 애석

한 일입니다.

SNS 등으로 인해 대중의 슬픔은 공감이 아니라 적개심과 분노로 바뀔 때가 많습니다. 내가 뽑은 정치인이 권력을 잃게 되면, 정치인과 자신을 동일시하는 대중의 상실감은 극우나 극좌의 폭력을 부릅니다. 자기 팀이 졌기 때문에 다가오는 허탈감과 속상함 때문에 축구장의 보통 사람인 관중이 서로에게 폭도가 되기도 합니다.

일상의 고단함으로 인해 타인의 슬픔에 대해서는 무관심하고, 내 작은 일에는 예민하게 반응하면서 감정이 폭발할 때가 있습니다. 또 누군가를 적으로 만들고 복수의 칼을 갈아야 슬픔을 이겨내고 다시 살아갈 에너지를 얻는 사람들도 있습니다. 폭력의 희생자가 잔인하게 복수를 하는 드라마에 시청자들이 열광하는 것도 이 때문이겠지요. '이에는 이, 눈에는 눈'이라는 구약적 사고방식을 초월한 예수는 약자의 슬픔은 나누고 보듬으며, 슬픔의 원천인 적은 용서하고 내 안의 적개심부터 제대로 훈육하라고 말합니다.

악은 강하지만 그 수명이 길지 못하고, 선은 약해 보이지만 오래 지속됩니다. 계란 하나로 높은 성벽을 부술 수는 없습니다. 하지만 호화스러운 성벽은 시간이 지나면 쇠락하고 허물어질 것이고, 계란을 낳는 닭은 어쩌면 인류가 멸망해도 계속 멸종하지 않고 살아남을 수 있습니다. 분노의 불길은 순식간에 나와 남을 삼켜 버리지만, 슬픔의 강은 시간이 지나도 마르지 않고 흐르면서 미움과 무관심으로 메마른 땅을 비옥하게 만듭니다.

생각해 봅시다

일상의 고단함으로 인해 타인의 슬픔에 대해서는 무덤덤

해지고 작은 일에도 예민하게 반응하면서 감정이 폭발할

때가 있습니다. '이에는 이, 눈에는 눈'이라는 구약적 사고

방식을 초월한 예수는 약자의 슬픔은 나누고 보듬으며,

분노의 원천인 적은 용서하고 내 안의 적개심부터 제대

로 훈육하라고 말합니다. 아프고 약한 이들과 항상 함께

했던 예수를 알게 되고, 신약을 읽으며 위로받으면 어떨

까요. 다른 사람의 슬픔을 보듬은 예수를 기억하며 내

안의 적개심을 다스리는 방법을 생각해 봅시다.

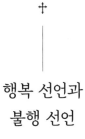

행복 선언과
불행 선언

마태오복음에서 예수는 아홉 가지 행복 선언을 했지만 불행 선언은 하지 않았습니다. 그에 비해 루카복음에서는 네 가지 행복 선언을 하고 그에 맞추어 네 가지 불행 선언을 합니다. 가난한 사람들, 굶주리는 사람들, 우는 사람들, 박해받는 사람들을 행복하다고 말하고, 부유한 사람들, 배부른 사람들, 웃는 사람들, 칭찬받는 사람들을 불행하다고 말합니다. 루카복음의 행복 선언에서는 이사야서를 인용하는데 거기서는 예수를 사명을 다하는 분으로 제시하기도 합니다.

"복되어라, 지금 굶주리는 사람들! 그대들은 배부르게 되리니"(루카 6:21)에서 굶주림은 영적 굶주림(아모 8:1)으로 이해할 수도 있고, 실제 가난한 사람들에 대한 하느님의 애정으로 생각해 볼 수 있습니다.

"복되어라, 지금 우는 사람들! 그대들은 웃게 되리니!"(루카 6:21)에서 '울다'라는 동사인 클라이오는 괴로움을 내포하고 있다고 합니다.

울음과 괴로움을 위로하시는 하느님에 관한 구약과 연결되는 대목입니다. (이사 25:5 / 40:1 / 40:29 / 40:31 ; 예레 33:6 ; 즈카 2:10-17)

"사람들이 인자(사람의 아들) 때문에 그대들을 미워하면, 또한 그대들을 쫓아내고 모욕하며 그대들의 이름을 사악하다고 내치면! 그날엔 기뻐하고 뛰노시오. 정녕 그대들이 받을 상이 하늘에는 많습니다."(루카 6:22-23) 이 부분은 예수와 그 제자들이 겪어야 할 일을 미리 예언한 것 같습니다. 탄식하며 인간이 겪어야 하는 불행에 대해 언급한 대목은 루카복음에만 나오는데 루카복음은 예수를 예언자 역할을 하는 사람으로 이해했던 것 같고, 저주하는 듯한 문체는 율법이나 예언서들과 유사합니다. "불행하여라, 그대들, 부유한 사람들아! 그대들은 스스로 받을 위로를 받고 있으니. 불행하여라, 그대들, 지금 배부른 사람들아! 그대들은 굶주리게 되리니. 불행하여라, 지금 웃는 사람들아! 그대들은 슬퍼하며 울게 되리니. 불행하여라, 모든 사람이 그대들을 좋게 말하면! 사실 그들의 조상들도 거짓 예언자들에게 꼭 그와 같이 대했습니다."(루카 6:24-26)

예수는 아무리 부자라도 끝없는 갈망과 욕심에 휘둘린다면 불행에서 벗어나기 힘들 것이라고 말합니다. 현재의 만족스러운 삶이 과연 얼마나 갈 것인지에 대해서도 경고합니다. 특히 "모든 사람이 그대들을 좋게 말하면!"과 같은 문장은 인정 욕구에 굶주린 현대인들에게도 경종을 울립니다. 허명 때문에 보여 주기 위한 가짜 삶을 살면서, 바로 그 위선적인 태도 때문에 허망하게 세월을 보내는 이들도 많으니까요.

예수는 개인뿐 아니라 이른바 이름을 떨치는 권력자와 여러 분야의 지도자들이 그릇된 길로 인도하는 것에 대해 경각심을 가지라고

'산상 설교(*Sermon on the Mount*)', Carl Bloch, 1877, CC0

했습니다. 요즘은 권력자가 아니더라도 자극적이고 폭력을 유발하는 부도덕한 영상을 올려 사람들을 호도하는 유튜버, 영상 제작자들이 늘어나는 것 같습니다. 오래 참는 사랑의 지복을 모른 채, 쾌락의 끝만 끊임없이 체험하고 또 다른 자극만 갈급하면서 계속 부족함을 느끼는 삶은 얼마나 불안하고 불만스러울지 생각해 봅시다.

불교에서는 행복의 반대되는 개념으로 여덟 가지 고통, 즉 팔고(八苦)를 말합니다. 기본적인 존재 그 자체에서 오는 고통인 생로병사(生老病死)와 함께 네 가지 고통으로 애별리고(愛別離苦), 원증회고(怨憎會苦), 구불득고(求不得苦), 오성음고(伍盛陰苦)를 자주 언급합니다. 사랑하는 사람과 이별하는 고통, 미워하는 사람과 계속 만나야 하는 고통, 구하지만 얻지 못하는 고통, 몸이라는 존재의 조건 때문에 누구에게나 주어지는 고통 들입니다.

현실적 삶의 실체를 직면하고 집착을 버리도록 노력하라는 것이 불교의 가르침이라면, 그럼에도 이런 고통 그 자체 때문에 결국 하느님의 사랑을 알게 된다고 가르치는 것이 성경의 메시지가 아닐까 싶습니다. 어찌 보면, 존재의 실체에 대해 의심을 갖고 "이 뭐꼬"라는 화두를 물으면서 진리를 깨치는 선사들의 적요한 상태나, 고통을 직접 체험하는 와중에 하느님의 신비를 경험하는 성인들의 황홀경이 비슷한 것이 아닐까도 싶습니다. 쾌락의 추구를 행복이라고 오인하는 세속의 사람들과는 반대로 고통, 그 자체를 인식하고 경험하는 것이 참된 행복이라고 가르치는 위대한 성인들의 가르침 앞에 스스로의 보잘것없음, 무지, 속절없는 무능력을 절감하게 됩니다.

생각해 봅시다

수단 방법을 가리지 않고, 즐거움을 느끼면 그게 행복이라고 생각하는 사람이 많습니다. 그러나 오래 참는 사랑의 지복을 모른 채, 쾌락의 끝만 끊임없이 체험하고 또 다른 자극만 갈급하면서 계속 부족함을 느끼는 삶이란 얼마나 허망하고 불안한가요. 예수는 루카복음에서 네 가지 행복 선언을 하고 그에 맞추어 네 가지 불행 선언을 합니다. 가난한 사람들, 굶주리는 사람들, 우는 사람들, 박해받는 사람들을 행복하다고 말하고, 부유한 사람들, 배부른 사람들, 웃는 사람들, 칭찬받는 사람들을 불행하다고 말합니다. 예수가 눈물과 절망과 외로움을 통하여 깨닫는 행복의 참된 가치를 우리에게 알려준 이유에 대해서 생각해 봅시다.

✝

고난으로 빛나는
예수의 리더십

　예수가 살아 있을 때의 위정자들도 대부분 세계사의 다른 절대 권
력자들처럼 백성의 희망과 행복에는 크게 관심이 없었습니다. 대부분
의 바리사이파, 사두가이파들 역시 율법에 사로잡혀 사람들이 어떻게
아파하고 힘들어하는지 고민하지 않았던 것 같습니다. 배가 고파 안
식일에 알곡을 따 먹었다고 시비를 따지고, 아픈 사람을 치유해 주는
예수를 비난했으니, 율법에 갇힌 답답하고 냉혹한 사람들이라고 짐작
할 수 있습니다. 인생이 무겁고 힘겨운 짐이라면(마태 11:28 ; 사도 15:10),
당연히 그 짐을 덜어 주는 것이 지도자들의 의무입니다. 그러나 정치
지도자들은 물론 학자나 종교 지도자들 중에도 참된 마음으로 사랑
을 실천하는 이들보다는 자기 이익부터 챙기는 사람들이 적지 않습니
다. 하지만 예수는 그들과는 완전히 달랐습니다.
　"수고하고 짐을 진 여러분은 모두 내게로 오시오. 그러면 내가 여러

분을 쉬게 하겠습니다. 여러분은 내 멍에를 메고 나에게서 배우시오. 나는 온유하고 마음이 겸손하기 때문입니다. 그러니 여러분의 영혼이 안식을 얻을 것입니다. 사실 내 멍에는 편하고 내 짐은 가볍습니다."(마태 11:28-30)

어떤 직업을 갖든 어떤 위치에 있든, 누군가를 이끌고 가야 하는 리더의 위치에 있다면 깊이 새겨들어야 할 대목입니다. 자기 일신의 영달만 생각하면서 교묘하게 자기를 포장하다가 사람들을 크게 실망시키는 지도자들을 너무 많이 봐 온 터라 그 반대편에 선 예수가 더욱 그립습니다. 작은 공동체에도 해당되는 말이니, 나 자신도 실천해야 하는 덕목이 아닌가 싶습니다.

나이가 들수록 누군가를 이끌고 나가야 할 상황이 조금씩 생깁니다. 자식에서 부모로, 학생에서 선생으로, 공동체의 평범한 구성원에서 리더로, 크고 작은 권력을 쥐게 될 때, 특히 자신을 따르는 사람들을 쉬게 하는 역할을 얼마나 하고 있는지 돌아보게 됩니다. 아들, 며느리, 딸, 사위, 손주가 방문하면 예전 같으면 뭔가 일을 시키고 야단도 칠 터인데, 요즘 젊은 노인들은 반대로 자녀들에게 일을 시키는 대신 대접을 하고 칭찬할 말만 해야 한다고 합니다. 젊은 사람들을 쉬게 하려는 의도이겠지요. 직장에서도 쉽게 상처받는 젊은 직원들이 혹시 잘못한 일을 하더라도 일단 넉넉한 가슴이 되어 주는 상사들도 적지 않을 것입니다.

그러나 여전히 오만함에 취해 전쟁과 폭력적 상황을 야기하는 강력한 지도자들이 노골적으로 또는 위장된 방법으로 사람들의 분열과 파괴를 조장하고 있기도 합니다. 분쟁과 테러 소식이 국내외로 끊이지 않습니다. 이럴 때일수록 특히 내게 와서 쉬라고 평안하게 말하는 예수의 선언이 간절합니다. 평민들은 인간 이하의 짐승같이 취급당했던 중세 이전은 물론, 일하느라, 노느라, 싸우느라, 겉으로는 자유 민주주의 국가이지만 인간으로서의 최소한의 존엄성을 지키는 것도 버거운 현대에도 예수의 말씀은 큰 위로가 됩니다.

눈부신 과학기술 덕택에 현대에 들어선 이후 보통 사람도 예전의 왕과 귀족들도 누려보지 못한 편리함을 누리게 되었지만, 인간의 정신적 삶은 오히려 퇴행한 면이 있습니다. 나누는 마음은 사라지고, 아름다움과 성스러움을 지향하고 존중하는 태도는 점점 소멸되는 것 같습니다. 다양한 문명의 이기가 없었던 2,000년 전보다 우리는 과연 더 행복해지고 더 자부심을 느끼며 살고 있을까요. 편리한 기계들, 화려한 매스미디어와 AI 로봇에 둘러싸여 살고 있지만 정작 우리를 위로해 주고 보듬어 주며 잘 가르쳐 줄 살아 있는 어른과 지혜로운 현자를 만나기는 더욱 어려워진 것 같습니다.

약자와 고통받는 이들에게는 한없이 온유한 예수였지만, 회개하지 않는 거만한 이들에게는 가차 없었던 예수에게서 저는 참된 지도자의 모습을 발견합니다. "불행하다, 너 코라진아! 불행하다, 너 베싸이다야! 사실 너희 가운데서 행한 기적들을 띠로와 시돈에서 행했더라면 벌써 자루와 재를 뒤집어쓰고 회개했을 것이다" 하고 꾸짖으면서 "실상 너희에게 이르거니와, 심판 날에 소돔 땅이 너보다 더 수월할 것이다"라고 예언한 대목(마태 11:20-24)에서는 아첨하는 지도자, 영합하는 지도자, 분열을 부추기는 지도자가 아닌 진심으로 민중들을 걱정하는 참 지도자의 모습을 보게 됩니다. 코라진, 베싸이다, 가파르나

'성전 정화(*The Purification of the Temple*)', El Greco, 1600, CC0

움(가버나움), 띠로(티레), 시론, 가이사리아(카이사리아), 필리피(필립보) 같은 곳은 지금으로 말하자면 뉴욕, 도쿄, 파리처럼 번성한 도시들입니다. 나자렛, 갈릴래아처럼 가난한 시골 마을과 대비가 되는 곳들입니다. "그런 땅들이 지옥처럼 변한다니, 거짓말이겠지" 하고 생각하는 분들도 있을 것입니다. 높은 빌딩들이 다 없어진다면 이 도시에 남는 것은 황량한 사막입니다. 전 세계의 유적지들을 자주 다니신 분들은 무슨 뜻인지 아실지 모르겠습니다. 캄보디아의 앙코르와트, 이집트의 피라미드, 그리스의 파르테논 신전, 이탈리아의 폼페이, 중국의 둔황 등 찬란했던 고대의 유적지가 어떻게 변해 버렸는지 생각해 봅시다. 뉴욕, 파리, 도쿄, 서울의 미래가 과연 많이 다를까요.

부와 권력을 자랑하기 위해 화려한 궁궐과 성전을 만들고 백성들에게 착취한 재물들을 창고에 쌓아 두었던 헤로데 왕가, 가짜 사제들과 총독 일가와 로마에 빌붙었던 이스라엘 귀족들은 예수가 십자가에 못 박혀 죽은 후, 불과 몇십 년 만에 이스라엘이라는 국가가 완전히 망할 줄은 상상도 하지 못했을 것입니다. 난민이 되어 시리아, 소아시아, 그리스, 로마로 이주하게 되고, 반대로 다른 이방인들이 이스라엘을 점령하게 됩니다. 정치적 불의는 경제적인 쇠락도 몰고 옵니다. 평화보다 전쟁을 도발하는 이들이 많아진다면 한반도 역시 당시 이스라엘의 전철을 밟지 말라는 보장이 있을까요.

리더로서의 예수의 모습은 성전 정화 장면에서 뚜렷하게 드러납니다. 그분은 성전에서 상인들을 쫓아내고(마태 21:12-17;마르 11:15-17;루카 19:39-40/45-48;요한 2:13-17) 환전상들의 상과 비둘기를 파는 이들의 의자를 뒤엎습니다. 그때의 예수를 보면서 저는 위기의 시대, 다시 평화로운 공동체를 회복하는 열쇠를 찾아봅니다. 4복음서 모두에 공통적으로 등장하는 대목이 많지 않은데 성전이 기도하는 곳이어야 하지 "상인과 강도들의 소굴이 되어서는 안 된다"라는 예수의 가르침이 모두 기록된 것을 보면, 성전을 성전답게 보존해야 할 의무가 정말 중요한 것 같습니다.

당시 이스라엘 사람들 중에는 아무리 일해도 병들고 가난한 사람이 많았을 것입니다. 성전에서 물건을 내다 파는 이들 역시 돈 몇 푼이라도 벌기 위해 그런 선택을 했을지도 모릅니다. 하지만 예수는 사소해 보이더라도, 성스러움과 세속을 식별하지 못하는 우둔한 선택들이 쌓이면, 결국 공동체 전체가 붕괴될 수 있다는 사실을 예견한 것 같습니다. 특히 환전상들의 상과 비둘기를 파는 의자를 뒤엎은 것은 즉흥적인 분노 표현이 아니었다고 생각합니다. 당시 로마에서 주조한 화폐가 유통되어 이스라엘 민족이 점점 더 가난하고 피폐해졌기 때문입니다. 예수가 죽은 후 반란과 전쟁이 계속되다 결국 나라가 망한 것을 보면, 당시 사회의 취약성이 극에 달하지 않았던가 싶습니다.

21세기 지구촌의 모습도 크게 다르지 않습니다. 과학자들은 이구동성으로 환경오염과 기후 위기가 심각해서, 근본적인 변화가 없다면 지금과 같은 지구촌이 지속되기 힘들다고 경고하고 있습니다. 그러나 정책을 만들고 이를 실천해야 하는 사람들은 그만큼 위기감을 느끼고 있지 않습니다. 선진국보다 인프라와 위생 및 보건이 취약한 후진국이 먼저 위험에 처하기 때문일까요. 공짜로 버린 선진국의 쓰레기 하치장이 되어, 비싸게 선진국의 지식과 기술을 사서 써야 하는 후진국의 환경은 상상할 수 없을 만큼 나빠지고 있습니다. 예수 시대에도 로마의 기술과 화폐를 쓰면 쓸수록 주변 식민국가의 빈곤 상황은 더욱 악화되었던 것입니다.

그리스 로마의 신화는 인간의 욕망을 그 무엇보다 중요한 현실적인 덕목으로 묘사합니다. 긍정적으로 보자면 휴머니즘의 뿌리라고도 할 수 있지만, 윤리나 영성에 기대기보다는 본능이나 육체에 경도되는 세계관일 수 있습니다. 아마도 당시 예수뿐 아니라 요한 세례자나 요한 묵시록의 저자 등 많은 영적 지도자가 걱정했던 바일 것입니다. 특히 성전에 가득 찼던 비둘기나 화폐는 개방, 세계화, 무역 등을 상징하는 표상들입니다. 기도와 성서 읽기가 중심이 되어야 할 공간을 차지한 물질들입니다.

그러나 당시 사람들은 현대 우리와 마찬가지로 예수의 비유나 가르침을 알아들을 귀와 머리를 갖고 있지 않았습니다. 대신 자신들의 분노와 좌절을 진실로 고귀하고 도덕적인 삶을 가르치는 예수에게 투사했습니다. 예수를 질투하는 바리사이파, 사두가이파, 열혈당, 로마와 이스라엘의 관료들, 왕족과 귀족들은 무지몽매한 대중을 은근히 혹은 노골적으로 부추겼습니다. 당시의 불의와 불공평한 사회의 모순을 예수를 죽임으로써 은폐할 수 있다고 생각했을지 모릅니다. 유럽의 중세에서 근세까지 계속되었던 마녀사냥이 당시 부패한 지도층들에 대한 분노를 다른 곳으로 돌리기 위한 장치였던 것과 비슷하다 할까요. 나치 독일이 유대인들을 박해하고, 일본 군국주의가 재일 조선인들을 학살하는 심리도 이런 데서 나왔던 것 같습니다. 권력자들에게 세뇌당하는 대중은 자기들이 무슨 일을 하는지 모르면서 군중심리에 휘둘리게 되어, 자신들을 결국 구원하게 될 진실한 리더인 예수에게 모든 부정적 감정을 쏟아붓고 십자가에 못 박으라고 소리친 것입니다.

요즘도 누군가에게 죄를 물으면 마치 자기들의 책임은 다한 것처럼 착각하는 이들이 많습니다. 권력의 사주를 받은 집단이 공포 정치를 하게 되는 이유 중 하나이지요. 하지만 구조적으로 무엇이 잘못되었는지 모르는 보통 사람들은 가짜 지도자들에게 세뇌되어 우상을 섬기며 살게 됩니다. 명철한 이성과 따뜻한 사랑으로 힘든 이웃을 포용하기보다 "누군가를 감옥에 넣어라", "사형시켜라" 같은 살벌한 언어들만 난무하니, 평화적 출구를 찾지 못하는 답답한 사회가 되어 버림니다. 예수를 죽인 유대인들에게서 우리의 모습이 보입니다. 약한 자들을 무시하고 경멸하고 함부로 대하는 지도자들, 그리고 그런 이들을 모방하려는 군중들, 내가 누리는 행복과 즐거움은 당연하고, 다른 사람의 불행과 고통에 대해서는 무관심하거나 방조하는 이들이 많은 소돔과 고모라 같은 사회입니다.

약한 사람, 힘든 사람을 보호해 주어야 할 지도자들이 적자생존 법칙, 우월한 유전자, 능력 제일주의와 같은 말들로 힘센 사람에게는 더 힘을 보태어 주고 약자는 더 약하게 만들고 있습니다. 무슨 일이 일어날지 모르고 별다른 보호 장치도 없이 사는 이들은 불안과 공포에 허덕입니다. 그런 이들이 많은 사회는 사실 부자들에게도 안전하지 않습니다. 개인적으로 총을 사고, 보초를 세우고 담벼락을 높이는 미국, 필리핀, 중남미 등등 빈부 격차가 큰 나라에서는, 각자 알아서 자신을 지켜야 한다고 합니다.

"가장 약하고, 가장 아프고, 가장 헐벗은 사람을 도와주는 것이 곧 나를 돕는 것"이라고 말한 예수의 가르침을 기억해 봅니다. 부모로부터 받은 좋은 유전자, 편안한 성장 과정과 교육 환경, 훌륭한 스승과 제도 덕으로 성공했으면서도 마치 자신의 능력과 노력으로 모든 것을 일군 줄 착각하며 '능력 제일주의'를 외치는 냉혹한 현대인들은 약자를 경멸하고 무시합니다. 예수와는 정반대입니다. 굳이 왜 나를 비천한 것들과 비교하는가, 자신은 태생적으로 다른 사람이라고 강조하는 이들은 마구간에서 태어난 예수를 지금 만나도 무시할 것 같습니다.

성전에서 화를 낸 예수의 답답했던 마음을 조금은 이해한다 하더라도, 십자가에서 죽음을 맞으며 이스라엘 백성들을 용서한 점은 여간해서는 받아들이기 힘듭니다. 자신의 죽음으로 "이제 다 이루어졌다"라고 말할 수 있는 용기를 가진 극소수의 헌신적인 위인들은 예수의 모습과 닮은 것 같습니다. 참된 지도자와 지혜로운 스승의 모습을 보여 준 예수를 제대로 따라가지 못하고 있는 저 같은 이들은 감히 흉내 낼 수 없는 경지입니다.

생각해 봅시다

내게 와서 쉬라고 평안하게 말하는 예수의 선언은 중세 이전은 물론, 인간으로서 최소한의 존엄성을 지키는 것도 버거운 현대의 우리에게도 큰 위로가 됩니다. 약자와 고통받는 이들에게는 한없이 온유한 예수였지만, 회개하지 않는 거만한 이들에게는 가차 없었던 예수의 모습을 우리는 잊지 않고 기억해야 합니다. '가장 약하고, 가장 아프고, 가장 헐벗은 사람을 도와주는 것이 곧 나를 돕는 것'이라고 말한 예수의 가르침이 지금 우리에게 필요한 이유를 생각해 봅시다.

✝

예수 시대의
팔레스티나 공간

많이 알려진 대로 이스라엘은 끊임없이 외세의 침공을 받고, 또 내부적으로 분열되어 예수가 죽은 지 몇십 년 만에 세상에서 사라지게 되었습니다. 이스라엘은 우리나라보다 더 심하게 지정학적으로 침공을 받는 위치에 있습니다. 주변에 큰 강대국들이 있는 데다, 유목민족이나 대상들이 지나다니는 교통의 요지라서 많은 갈등을 일으킬 수밖에 없는 곳입니다. 또한 다른 언어, 다른 종교를 갖고 있는 여러 작은 민족이 이 공간에서 함께 부대껴야 했습니다.

이런 상황에서는 민족주의적인 생각, 선민의식 등이 공고화되어야 공동체가 생존할 수 있었을 것입니다. 이러한 지리적 위치 때문에 이스라엘은 다윗과 솔로몬처럼 훌륭한 지도자가 다스렸을 때는 나라가 강건해져 엄청난 부를 누리기도 했지만, 이후 계속 정권이 부패하고 국민의 도덕적인 힘이 쇠락하면서 결국 멸망하게 됩니다.

한편 이스라엘은 아시리아, 바빌로니아, 페르시아, 그리스 마케도니아, 로마 등의 외침을 통해 엄청나게 다양한 문화적 영향을 받습니다. 그런데 이스라엘의 종교와 문화를 어느 정도 존중해 준 페르시아나 로마의 통치 하에서는 오히려 더 교묘하게 이스라엘의 고유 언어와 문화가 변질됩니다. 게다가 예수가 살던 시기에는 고도로 발달된 헬레니즘 문화의 영향력도 무시할 수 없어서 히브리어보다도 그리스 헬라어나 그리스 헬라어로 거의 변화된 아람어 등을 썼는데 이는 그만큼 외부의 문화적인 힘이 강했다는 뜻입니다.

외부의 침공과 나라가 분열된 예수 시대의 팔레스티나 지도를 보면서 예수가 유혹당한 광야에 대해 상상하게 됩니다. 또 예수가 왜 그렇게 바리사이파나 사두가이파들에게 "가난한 나자렛 사람이다", "갈릴래아에서 무슨 인물이 나오겠느냐"며 무시당했는지, 어떻게 사마리아인들과 만나고 그들을 포용했는지, 어떻게 갈릴래아 호수에서 베드로 등 제자들을 만나게 되었는지 등을 이해하게 됩니다. 예수가 죽은 후 사도들이 멀리 로마와 인도까지 진출하게 되는 과정도 상상해 보게 됩니다. 갈릴래아는 대상들의 종착역 중 하나인 다마스쿠스와 가깝습니다. 또 부유한 항구 도시였던 시돈, 띠로, 가이사리아 등에서 사도들이 떠나는 모습도 상상해 보게 됩니다. 로마 여행의 출발점인 가이사리아에서 배를 타고 떠나거나, 시리아의 안티오키아에서 육로와 항로로 흩어지는 유대인들의 모습이 신산해 보입니다.

테살로니카서는 바오로의 편지 중 가장 먼저 쓰인 것이라고 하는데, 그곳은 그리스 북부의 가장 중요한 항구 도시였습니다. 테살로니카는 로마인들이 그리스를 합병한 후 마케도니아의 수도로 삼은 곳입니다. 매우 번창한 지역이라 로마인과 다양한 외국인들이 살았던 국제도시였고 바오로가 한동안 활동하다가 추방당한 곳이기에 그리스도교가 세계 종교로 확장되는 데 큰 역할을 한 곳이라 할 수 있습니다.

로마서 이후 가장 먼저 등장하는 코린토 역시 이스트모스 지협, 즉 그리스 본토와 펠레폰네소스 반도를 잇는 교량 역할을 한 지역입니다. 양쪽으로 항구가 있어 동쪽으로는 에게해를 거쳐 소아시아로 향하고, 서쪽으로는 레카이온 항구가 있어 로마 제국으로 향할 수 있는 곳입니다. 국제적 상업 중심지로 다종교, 다민족의 개방적 분위기이지만, 바로 그 때문에 신앙의 고유성이 지켜지기 힘든 곳이기도 했습니다. 바오로가 그리스도교의 우월성과 순수성을 특히 강조했던 이유를 짐작해 볼 수 있습니다.

예수와 예수 사후에 사도들이 활동했던 영역을 보면 아프리카의 에티오피아, 토마스 사도가 떠났다는 인도까지 엄청난 이동성을 보여주고 있습니다. 로마와 헤로데 왕가의 탄압 때문이기도 했지만, 그만큼 그리스도교인들이 당시에 개척 정신과 혁명 정신 등으로 단단히 무장해 매우 용감하지 않았나 생각해 봅니다.

성경이 『오디세이(Odysseia)』와 거의 유사하다면서 표절 의혹을 제기한 학자도 있지만, 제 생각에는 그리스도교인들이 활동했던 지정학적 특성과, 이동이 많았던 시대적 특성에 대해 무지해서 그런 것이 아닌가 짐작해 봅니다. 신약이 쓰인 공간은 테살로니카나 코린토처럼 번성한 곳도 있지만, 콜로새처럼 아주 작은 소도시로 61년 대지진으로 파괴되어 역사에서 사라진 곳도 있습니다. 성경에 등장하는 공간의 흥망성쇠를 보면서 현대의 호화로운 도시들에 대해 다시 한번 생각하게 됩니다.

지금으로부터 수백 년 후, 과연 계속 번성할 수 있는 도시는 어디일까요. 지금처럼 지구 온난화가 계속되면 바닷가 도시들은 거의 물에 잠긴다고 하지요. 또 환경오염 등으로 인해 살 수 없는 도시들은 어떻게 될까요.

짧은 인생을 살기 때문에 우리는 모두 근시안적인 눈으로 당장 코앞에서 얼마나 더 잘 살 것이냐 하는 문제로 씨름하다 인생을 보내는 것 같습니다. 우리의 자손은 과연 어떤 공간에서 살지, 또 우리 자손은 우리를 어떻게 평가할까요. 한 걸음 더 나아가 다윗과 솔로몬의 왕국이 멸망한 후 2,000년을 헤맸던 유대인들의 전철을 밟지 않으려면, 이 땅의 우리는 어떤 삶을 살아야 할까요.

외부의 침공과 나라가 분열된 예수 시대의 팔레스티나 지도를 보면서 예수가 왜 그렇게 바리사이파나 사두가이파들에게 "가난한 나자렛 사람이다", "갈릴래아에서 무슨 인물이 나오겠느냐"며 무시당했는지, 어떻게 사마리아인들과 만나고 그들을 포용했는지, 어떻게 갈릴래아 호수에서 베드로 등 제자들을 만나게 되었는지 등을 이해하게 됩니다. 예수가 죽은 후 어떻게 해서 사도들이 멀리 로마와 인도까지 진출하게 되었는지도 상상해 보게 됩니다.

또한 조금 더 눈을 넓혀 내 삶이 끝나는 시점 이후를 생각해 봅시다. 우리의 자손은 과연 어떤 공간에서 살지, 또 우리 자손이 우리를 어떻게 평가할지 생각해 봅시다. 한 걸음 더 나아가 다윗과 솔로몬의 왕국이 멸망한 후 2,000년을 헤맸던 유대인들의 전철을 밟지 않으려면, 어떻게 살아야 할지 생각해 봅시다.

✝

우리가 신약을
읽어야 하는 이유

　사회적 동물인 인간은 사막이나 숲속의 은수자를 제외하고는 누군가와 부대끼며 살 수밖에 없습니다. 그런데 두 명 이상의 사람이 모이면 항상 갈등이 따라오기 마련입니다. 서로의 의견이 언제나 하나로 수렴될 수는 없으니까요. 그런 상황에서 사람들은 어떤 생각이나 행동들에 대해 각자의 의견을 갖게 되고 판단하게 됩니다. 이런 의견이나 판단은 사실 사람을 사람답게 하는 기본요소입니다. 무조건 주인에게 충성하는 반려동물이나, 그저 생존을 위해 본능에 충실할 수밖에 없는 짐승들과 다른 점이지요.

　무리 생활 동물들은 집단 생존에 도움이 되는 갈등 해결 방식이 이미 내장되어 있습니다. 반면, 인간의 갈등은 시간이 갈수록 진화되어 DNA에 내장된 원형적인 해결 방식으로는 부족할 때가 있습니다. 갈등 상황과 그에 따라 판단해야 할 지점들이 셀 수 없을 정도로 다양합니다. 그런데 이런 갈등 해소 과정에서 사람들은 종종 선을 넘습니다. 객관적이고 합리적인 분석 대신 감정적이고 원색적인 비난이 난무합니다. 이럴 때 우리가 읽고 묵상해야 할 성경의 유명한 구절이 있습니다. "(남을) 심판하지 마시오. 그것은 여러분이 심판받지 않도록 하려는 것입니다. 여러분이 심판하는 그대로 여러분도 심판받을 것입니다. 그리고 여러분이 되어 주는 되만큼 여러분에게 되어 주실 것입니다. 왜 당신은 형제 눈 속의 티는 보면서도 당신 눈 속의 들보는 깨닫지 못합니까?"(마태 7,1-3) 이 구절은 죽을 때까지 우리가 잊지 않고 가슴속에 새겨야 할 도덕률입니다.

정신의학에는 투사라는 개념이 있습니다. 내 속의 문제를 남에게 덧씌우는 것입니다. 내 속에 있는 선악(善惡)과 미추(美醜)를 보지 못하고 상대방에게서 그것을 찾는 것입니다. 칸트의 도덕철학의 개념으로 설명해 볼까요? 정언 명령(Categorical Imperative) 대 가언 명령(Hypothetical Imperative)으로 어렵게 번역했지만, 도덕적 판단과 관련된 핵심 개념은 사실 그리 어렵지 않습니다. 정언 명령은 조건 없이 하는 도덕적으로 옳은 생각과 행동, 가언 명령은 개인적인 이해관계나 계약 조건에서 하는 좋은 일로 이해해 봅니다. 그렇다면 왜 Categorical, 즉 '분류하는'이라는 말을 왜 썼을까요. 라틴어 의미에 그 비밀이 있습니다.

우리는 흔히 Category라고 하면 구분이나 분별로 생각하지만, 본래 라틴어에서는 집단이 모여 하는 판단, 확신이라는 뜻이 있다고 합니다. 이런 개념으로 칸트 시대에는 정언 명령을 '집단이 함께 판단하는'이라는 뜻으로 썼습니다. 분석심리학의 원형이론에 기대자면 정언 명령은 인류 대대로 본능적으로 옳다고 생각하는 착한 행동을 뜻합니다.

그렇다면 과연 인류 대대로 옳다고 생각하는, 그래서 '모두가 동의하는 선함이라는 것이 있을까?' 하는 질문으로 옮겨갑니다. 그렇지 않을 수도 있기 때문에 레비나스의 '타자철학으로의 이행', 가브리엘 마르셀(Gabriel Marcel)의 '의견(Opinion)에 대한 불투명성의 이론'으로 보충해야 할 것 같습니다. 여기서 길게 설명할 수는 없지만, "나는 절대 틀린 말 하지는 않아"라고 확신하는 이들에게 필요한 철학이 아닌가 생각해 봅니다. 기본적으로 우리는 자기의 주관적인 잣대로 대상을 판단합니다 그러니 절대적으로 자신이 옳다고 어떻게 주장하겠습니까.

동양에서도 맹자가 사단(측은지심(惻隱之心):불쌍함을 앎, 수오지심(羞惡之心):부끄러움을 앎, 사양지심(辭讓之心):양보하는 마음, 시비지심(是非之心):옳고 그름을 판단)을 이야기한 이래 도덕에 대한 여러 사상이 분화, 발전되었습니다. 자칫 신비주의나 극도의 개인주의에 빠지게 만들 위험이 있었던 노장 사상의 도교에도 근본적으로는 사람과 자연에 대한 예의와 배려가 깔려 있습니다. 인의예지(仁義禮智:인내, 의로움, 예절, 지혜를 추구하는 마음)와 경(敬), 성(誠), 서(恕:타인의 입장에 대한 이해와 관용), 신(信:믿음) 등으로 요약되는 유교에서는 나와 다른 이들에 대한 배려는 절대 생략해서는 안 될 필수적인 조건이었습니다.

그렇다면 다시 예수의 가르침으로 돌아가 "심판하지 마시오"라는 단순하지만 심오한 명제에 대해 생각해 봅시다. 우리는 자신의 이성과 주관, 집단의 이성과 상식 등이 합리적이며 결국 옳은 방향으로 갈 것이라고 곧잘 낙관합니다. 대중이 항상 옳다고 주장하면서도 자신의 이해관계에 따라 얼마든지 선악의 개념을 뒤집는 정치인들, 또 인간

의 선함을 낙관해서 사회 혁명만 하고 계급투쟁만 완성되면 유토피아
가 올 것이라고 주장하는 극단적인 이상주의자들도 생각해 봅시다.
이들은 개인이나 집단 선택이 합리적으로 옳을 것이라고 믿고 주장합
니다. 그러나 예수는 그런 생각들이 위험하고 불온하다는 것을 이미
2,000년 전 예측하고 경고했습니다. 여기서 우리가 신약을 읽어야 하
는 이유가 생깁니다. 특히 판단이 어려운 시기에는 "판단하지 말라"는
신약의 계명을 들여다보길 권합니다.(마태 7:1-5;마르 4:24;루카 6:37-42)

생각해 봅시다

"심판하지 마시오"라는 예수의 단순하지만 심오한 명제에 대해 생각해 봅시다. 우리는 자신의 이성과 주관, 집단의 이성과 상식 등이 합리적이며 결국 옳은 방향으로 갈 것이라고 곧잘 낙관하지만, 그런 생각은 위험하고 불온할 수 있습니다. 모두가 동의하는 완벽한 선함이 과연 있을까요? 개인이나 집단의 선택이 언제나 정의로울 수 있을까요? "판단하지 말라"는 2,000년 전 예수의 말씀에서 지금 혼란한 시대의 해답을 찾아 봅시다.

2장

나눔의 기적

예수의 탄생과 어린 시절

예수 탄생에 대한
우리의 기대

예수의 탄생은 마태오복음과 루카복음에서만 자세히 다루고 있습니다. 그런데 두 이야기는 서로 다른 점이 있는 데다 그 모티프가 구약의 예언들과 들어맞기 때문에 후세의 복음사가들이 편집하는 중에 신화적 내용을 삽입했다고 보는 학자들이 많습니다.

마태오복음에는 예수의 출생지가 베들레헴이라고 명시되어 있는데. 이는 구약의 예언을 따르기 때문입니다. 사마리아보다 북쪽에 위치한 나자렛 사람 예수의 탄생지가 남쪽 지방인 베들레헴이라고 굳이 밝힌 이유도 그 때문인 것 같습니다. 구약 미카서 5장 1절의 "너 에프라타의 베들레헴아(베들레헴 에브라다야) 너는 유다 부족들 가운데에서 보잘것없지만 나를 위하여 이스라엘을 다스릴 이가 너에게서 나오리라"라는 대목은 신약 마태복음 2장 6절의 "너, 유다의 땅 베들레헴아, 결코 너는 유다의 요지 가운데서 가장 작은 고장이 아니다. 네게서 영도자가 나와서 나의 백성 이스라엘을 양치듯 돌보리라"라는 대목과 조응합니다.

루카복음 2장에 로마의 아우구스투스 황제가 칙령을 내려 유대인들이 호적 등록을 하게 되고, 요셉도 갈릴래아를 떠나 베들레헴 즉 다윗 고을로 가는 대목이 나옵니다. 역사적으로는 굳이 호적 정리를 위해 먼 길을 떠나게 했다는 사실을 고증할 수는 없습니다. 다만 예수가 다윗의 자손임을 강조하기 위해 베들레헴으로 가는 설정이 기록된 것이 아닌가 짐작합니다.

또 마태오복음 2장의 이집트로 피신했다 돌아온다는 상황 역시 구약의 출애굽기 1장(이스라엘 자손들이 번성하고 강해지는데 이집트인들이 강제 노동으로 그들을 억압하는 장면, 히브리 여자들이 아들을 낳으면 죽이고 딸을 낳으면 그대로 두라고 말하는 장면, 죽음을 피해 성장한 후 다시 이스라엘로 돌아오는 장면)을 복원하여 역사적 상황으로 만들기 위한 편집이라는 설도 있습니다. 즉 예수가 모세의 율법을 완성하기 위해서는 이집트의 흔적이 필요하다는 뜻이지요.

예수가 베들레헴에서 태어났고 시골인 나자렛에서 성장했다는 대목에서 저는 한국에서 고향이라는 의미가 무엇인지, 또 성장지는 어떤 의미가 있는지 생각해 봅니다. 전주에 가면 조선의 태조 이성계가 태어난 곳이 유적지로 되어 있습니다. 태조의 어진을 모신 경기전, 이성계가 황산대첩 승리 후 전주 이씨 종친들과 축하연을 펼친 오목대, 이성계의 고조부 이안사가 살았던 이목대 등이 모여 있습니다. 장수의 뜬봉샘은 금강의 발원지인데 이성계가 100일째 기도를 올리던 새벽, 골짜기에서 무지개를 타고 오색찬란한 봉황이 하늘로 올라갔다고 합니다. 진안 마이산에서는 100일 기도를 하면서 꿈에 금척(金尺, 금으로 된 잣대)을 받았다고 하고, 임실 상이암에서는 '성수만세(고려 태조 왕건이 백일기도를 끝내고 못에서 목욕하던 중 하늘로부터 용이 내려와 몸을 씻어주고 승천하면서 '성수만세'라 했다는 전설. 또 조선 태조 이성계가 조선을 세우기 전에 이곳에 와서 백일기도를 드리고 목욕재계하고 치성을 드리니 하늘에서부터 "앞으로 왕이 되어라"라는 소리가 들렸다는 전설)'라는 소리를 들었다고 합니다. 이성계의 시대는 예수의 시대보다 무려 1,500년 가까이 흐른 후인데도 신화적 모티프가 잔뜩 담겨 있습니다. 예수의 시대는 그보다 앞선 고대이니 그 당시 사람들의 마음과 글에 당연히 신화적인 흔적이 남아 있겠지요.

예수에 대해 상당히 객관적이고 때로는 냉소적이기도 한 요세푸스의 『연대기』, 수에토니우스(Gaius Suetonius Tranquillus)의 『황제 열전』 등 다른 역사서를 참고해 봅니다. 타키투스나 요세푸스는 그들의 책에서 '그리스도인(Christeans) 예수 그리스도(Christois)'라는 말을 처음 쓰고 '본디오 빌라도 치하에서 죽음을 당했다'는 사실을 알려주고 있지만, 예수의 생에 대한 언급은 하지 않았습니다. 신화적인 묘사와는 다른 역사적 관점의 기술입니다.

마리아의 무염시태, 즉 처녀가 임신하게 된 상황도 다시 그 당시 현실을 되살려 봅니다. 구약의 신명기 22장에는 처음 혼인할 때 처녀라는 점이 중요하고, 처녀가 아니라는 누명을 쓰면 물증을 보이며, 여자의 부모가 처녀성을 입증해야 한다는 대목이 있습니다. 구약의 이사야서 7장 14절에는 젊은 여인이 잉태하여 아들을 낳고 이름을 임마누엘이라 할 것이라는 예언이 나옵니다. 결혼을 앞둔 젊은 여인을 뜻하

'동정녀 마리아(*The Virgin in Prayer*)', Giovanni Battista, 1650, CC0

는 히브리어는 Almah입니다. 그런데 신명기에 따르면 결혼을 앞둔 젊은 여인은 처녀여야 합니다. 특히 아담과 하와가 선악과를 먹은 뒤 벗었다는 점을 깨닫고 수치심을 느끼면서 서로를 알게 된다는 대목이 성적인 교류와 연관되기 때문에 예수가 '원죄 없이 태어난다'는 교리가 생겨난 것이 아닌가 추측해 봅니다. 1545년 트렌트 공의회와 1854

년 교황 비오 9세(Pius IX)가 'Ineffabilis Deus' 즉, '원죄 없이 태어난 예수'에 대한 교리를 확립하였지만, 성모 마리아의 중요성에 대해서는 개신교는 대부분 인정하지 않습니다.

성모 마리아가 동정을 지켰다는 교리에 의거해서 많은 순교자가 생겨났고, 신부들이 결혼하지 않게 된 전통이 바오로 성인의 고백(결혼하지 않고 오로지 예수를 섬기는 것이 자신에게는 필요했다는 고백)에서 비롯된 것처럼 성모 마리아를 닮기 위해 동정서원을 하는 여성 수도자들도 생기게 되었습니다. 성에 대해 개방적인 현대인의 눈으로 보자면, 동정녀의 순결이 뭐 그리 중요한가 싶을 수도 있습니다. 하지만 가부장적인 유대 전통이 성에 대해 지나치게 개방적이었던 로마 신화에 맞서 새로운 사회 질서를 만들었으며, 이것이 도덕적 우위를 유지하게 된 데에는 마리아의 동정에 대한 강조가 큰 기여를 하지 않았을까 하는 생각도 듭니다. 현대인들에게는 구체적인 처녀성이 문제가 아닌 '영혼의 순결'이라는 관점이 더 설득력이 있을 듯싶습니다.

생각해 봅시다

예수의 탄생은 신화나 전설에 가깝지, 역사적 사실이 아니라고 주장하는 사람들도 있습니다. 하지만 신앙인의 입장에서 보면, 인류의 죄를 대신해 속죄양이 되기 위해 태어난 예수의 탄생은 그 개연성이 충분한 아름다운 이야기입니다. 예수 탄생의 기적을 생각해 봅시다.

✝

동방박사의 방문과
요셉의 역할

마태오복음의 시작에서 마리아는 요셉과 정혼했는데, 그들이 동거하기 전에 잉태한 사실이 드러납니다. 마리아의 남편 요셉은 의로운 사람이라 마리아의 일을 폭로하기를 원치 않았으므로 남몰래 그녀와 이별하기로 마음먹습니다. 이런 생각을 하고 있을 무렵 꿈에 주의 천사가 나타나 그 속에 수태된 아기는 성령으로 말미암은 것이고 자기 백성을 죄에서 구원할 것이라고 알려줍니다.(마태 1:18-22)

천사가 요셉에게 나타나 마리아와 그 아기를 돌보아 줄 것을 명령한 부분은 비 그리스도교인들에게도 잘 알려진 사실입니다. 이 때문에 후에 바리사이파, 사두가이파 중 일부는 예수가 음행으로 태어난 자식이라며, 우리는 적어도 그런 비윤리적인 일은 하지 않는다며 그리스도교인들을 조롱하기도 합니다.

공관복음서 중 가장 먼저 쓰인 것으로 생각되는 마르코복음에는 성령으로 잉태되어 태어났다는 내용이 등장하지 않는 것으로 보아, 아마도 후에 마태오복음의 성경 저자에 의해 첨가된 것이라고 짐작할 수 있습니다.

융 심리학에서는 무의식과 만나는 통로로 꿈을 매우 중요하게 생각하므로, 요셉의 태도가 꿈으로 인해 어떻게 변화했는지에 대해 살펴보고 싶습니다. 융 심리학은 개인의 무의식도 있지만, 집단의 무의식도 자세히 살핍니다. 개인적으로는 전혀 상상하거나 경험해 보지 못했던 일들이 꿈속에 등장할 수도 있다는 뜻입니다. 융은 세계대전이 일어나기 전 유럽이 불바다에 휩싸이는 꿈을 꿉니다. 그 후 큰일이 곧 벌어지는데, 처음에는 그 의미가 무엇인지 몰라 매우 당황했던 경험을 기록한 바 있습니다. 비슷하게, 요셉의 꿈도 개인적인 체험을 넘어서는 집단적 사건과 연결됩니다.

구약에서도 개인적인 꿈을 통해 극적인 역사적 변화가 일어나는 예가 많습니다. 요셉과 관련된 꿈들, 다니엘서에 등장하는 꿈 등 구약의 꿈들은 개인과 집단 무의식의 존재를 알려주는 귀중한 사료들입니다. 원래부터 점잖고 따뜻한 마음을 가졌지만 당시 율법과 관습에서 벗어나지 못했던 요셉은 천사를 만나 큰 변화를 겪게 됩니다. 요셉이 마리아와 예수를 위해 평생 조용히 헌신하는 모습을 보며 우리 무의식의 무한한 잠재적 가능성을 생각하게 됩니다. 요셉은 평범한 목수의 신분으로 세계사를 바꾼 아들을 키우는 영광을 누리게 되지만, 그가 가장으로서 견뎌야 했던 질곡도 그만큼 크지 않았을까 싶습니다. 만삭의 아내를 데리고 이집트와 베들레헴으로 떠돌아다녀야 했던 일들. 또 아들이 성전에서 누가 나의 아버지이고 어머니냐며 당돌하게 물었을 때 그런 아들을 품어 주었던 일. 이런 상황을 상상해 보면 묵묵히 가족을 위해 헌신하는 아버지, 한없이 관대하고 따뜻한 아버지의 모습이 그려집니다. 하지만 소박한 목수 아버지만으로 예수의 성장 과정이 다 설명될 수는 없을 것 같습니다. 아마도 어린 예수는 성전을 드나들며 랍비로부터 성경과 유대의 역사 등 많은 것을 배웠을 것입니다.

여기에 더하여 또 하나의 중요한 비밀을 상상해 봅니다. 바로 동방박사들의 존재입니다. 동방박사의 원어는 마고스(Magos), 즉 별을 보고 점을 친 점성가라 할 수 있습니다. 당시 점성가는 최고의 엘리트이자 학자였습니다. 성경에는 구체적으로 이름이나 그 지역을 언급하고 있지 않지만, 후에 서구 그리스도교인들은 점성가들을 임금으로 추대하고, 이름(멜키오르, 가스파르, 발타사르)까지 지었습니다. 점성술은 그후 많이 변질되어, 태어난 날짜를 가지고 자신의 운명을 결정하는 유사과학으로 기능하기도 합니다. 그러나 원래의 정신은 우주와 한 개인이 하나의 인연 즉 동시성(Synchronicity)의 개념으로 서로 연결되어 있다는 우주 원리와 관련되어 있습니다.

동서양을 막론하고 큰 인물이 태어날 때와 죽을 때, 별의 움직임이 달라졌다는 기록이 많습니다. 재난이 닥칠 때 역시 마찬가지입니다. 현대는 자연과 인간이 분리되어 자연의 신성한 영향력을 이해하거나 수용하지 못하고 있지만, 고대와 중세에는 오히려 자연에 대한 깊은 존경심을 갖고 있어 인간의 운명에 대해 좀 더 겸손할 수 있었습니다.

또 동방박사가 가져온 황금, 유향, 몰약의 예물도 상징적 의미를 담고 있습니다. 이들이 가져온 물건을 통해 예수의 탄생과 성장, 영화로

'동방박사들의 경배(*Adoration of the Magi*)', Leonardo da Vinci, 1480~1481, CC0

운 삶뿐 아니라 죽음까지도 이미 예견할 수 있다는 점이 놀랍습니다. 예수의 죽음과 부활을 준비하는 데 유향과 몰약이 필요한데 이미 그 것이 탄생 설화에 등장하고 있기 때문입니다.

마지막으로 동방이란 과연 무엇인가 하는 문제입니다. 사실 갈릴래 아는 시리아의 안티오키아 등과 연결된 곳으로 당시 실크로드가 거

의 끝나는 지역입니다. 다시 말해, 동방의 여러 문물이 지나갔던 공간
일 수 있습니다. 게다가 예수가 태어난 시기는 북인도와 아프가니스
탄 등을 포함하는 쿠샨 왕조가 융성하던 시기이고, 이 왕조는 갈릴래
아 지방에서도 통용이 되는 그리스 헬라어를 썼다고 합니다. 즉 실크
로드를 통해 들어온 동방의 문물을 영특한 어린 예수가 얼마든지 배
우고 받아들일 수 있지 않았을까 상상할 수 있는 지점입니다.

생각해 봅시다

평범한 목수인 요셉은 세계사를 바꾼 아들을 키우는 영광을 누리게 되었지만, 그가 가장으로서 견뎌야 했던 질곡은 컸습니다. 만삭의 아내를 데리고 이집트와 베들레헴으로 떠돌아다녀야 했던 일들. 또 아들이 성전에서 누가 나의 아버지이고 어머니냐며 당돌하게 물었을 때, 그런 아들을 품어 주었던 일. 이런 상황을 상상해 보면 묵묵히 가족을 위해 헌신하는 아버지, 한없이 관대하고 따뜻한 아버지의 모습이 그려집니다.

동방박사가 가져온 황금, 유향, 몰약의 예물은 예수의 탄생과 성장, 영화로운 삶뿐 아니라 죽음까지도 이미 예견하고 있습니다. 예수의 죽음과 부활을 준비하는 데 유향과 몰약이 필요한데 이미 그것이 탄생 설화에 등장하고 있으니 놀랍습니다. 요셉과 동방박사만 봐도 예수의 탄생과 성장에는 수많은 신비가 숨어 있음을 알 수 있음을 알 수 있습니다.

✝

빛바랜 모성을 넘어서는
성모 마리아 서사

몇십 년 전만 해도 '어머니'라는 단어에서 희생, 그리움, 헌신, 겸손 같은 고귀한 의미를 떠올리는 경우가 많았습니다. 그러나 요즘에는 맘충, 맘카페, 경력 단절, 육아 지옥 등의 부정적인 단어를 떠올리는 사람들이 많아졌습니다. 모성은 '극성스럽고 이기적'이거나 아니면 '희생해서 불행한' 아이콘이 되었고, 어머니 되기의 행복함과 보람은 드러나지 않는 것 같습니다. 못 배웠고 못 먹었어도 그저 자식 잘되는 것을 보면 행복하다는 전통적인 어머니상은 단절되어 사라진 것 같습니다. 이제는 그나마 더 건강하고 똑똑하고 자아가 뚜렷한 어머니상으로 대체되고 있지만 여전히 어머니란 무엇인가에 대해 혼란스러워하는 이들이 많습니다. 분석심리학에서는 이런 심리적 상황을 모성 콤플렉스 이론으로 설명합니다. 하지만 성경 속의 여성에 대해 묵상하다 보면, 의학적 관점에서는 볼 수 없었던 새로운 것들이 또 보입니다.

성모 마리아에 관한 글과 말들이 너무나 많아 때론 '미신이다' '우상 숭배다'라며 공격을 받을 때가 종종 있습니다. 각자 자신이 투사하는 무엇을 성모 마리아에게서 찾기 때문일지도 모릅니다. 또 성모에 대한 상투적 표현이나 감정의 홍수에 대해 경멸의 시선을 보내는, '논리'와 '이성'을 신보다 더 숭배하는 사람들도 있습니다. 한편으로는 제가 성경에서 느끼고 읽어내는 성모와 다른 이들의 성모, 또 교회에서 공적으로 선포된 성모의 상이 다를 수도 있을 것 같아 조심스럽습니다.

알려진 대로 마리아의 서사는 기구합니다. 나이 많은 요셉과 정혼한 상태에서 동거하기도 전에 성령으로 예수를 잉태하게 됩니다. 세속의 눈으로 보면 불륜이요, 미혼모입니다. 당시 혼인 풍습에 의하면 마리아의 나이는 14세에서 15세쯤 되었을 것이라고 합니다. 성령에 의해 잉태된 것이 아니라 하더라도, 고대 이스라엘의 경제적 조건을 고려하자면, 영양 상태도 좋지 않은 어린 소녀에게 그런 가혹한 상황이 벌어졌다는 것은 끔찍한 일이기에 로마 병사의 강간설까지 이야기하는 이들도 있습니다. 여성의 인권이 많이 신장되었다고 하는 21세기에도 여전히 중동, 인도와 그 주변, 중남미 등 가난한 나라의 여성들이 초경이 시작되기도 전에 나이 많은 남성에게 팔려가는 일이 많다고 합니다. 납치되어 성매매를 강요받는 경우도 많습니다. 노동을 제공하여 집안 살림에 보탬이 되는 아들에 비해 약한 어린 딸들은 가난한 부모들이 어쩔 수 없이, 혹은 무식함과 무심함 때문에 버리거나 팔게 되는 것이지요. 저는 마리아가 성령으로 잉태했다는 구절을 읽을 때마다 지금도 여전히 벌어지는 여성과 모성에 대한 폭력적인 상황을 떠올려봅니다.

전승에 의하면 당시 요셉은 이미 나이가 많아 전처소생의 자녀를 두고 있었다고 합니다. 나중에 예수가 성전에 있을 때 부모님과 함께 예수를 찾아간 형제들이 아마도 그 이복형제들일까요. 어린 마리아가 나이 많고 가난한 목수에게 시집가, 나이 차가 별로 없는 전처 자식을 뒷바라지했다는 맥락입니다. 요즘처럼 자신의 삶을 중요하게 여긴다면 당연히 그런 결혼은 거부했겠지요. 능력이 있다면 차라리 미혼모의 삶을 살겠다는 여성들도 늘어나는 추세가 아닙니까. 그러나 당시는 그런 해결책은 상상도 못 할 때입니다. 결혼하지 않았는데 아이를 가진 여성들은 돌로 쳐 죽이는 관습이 있었기 때문이지요. 그래서 아마 선한 요셉도 고민했을 것입니다. '혼인을 취소할까, 그냥 살면서 몰래 잘 해결할까' 하는 인간적인 계산도 있었겠지요. 바로 그때 요셉의 꿈에 주의 천사가 나타납니다. 우리 의식을 뛰어넘는 꿈에는 무의식이 주는 지혜가 풍부하게 담겨 있습니다. 더구나 요셉은 하느님의 목소리를 받아들일 만큼 신앙도 깊고 겸손했기에 꿈속에서 성령의 목소리를 들을 수 있었습니다. 마태오복음 1장 20-23절에 의하면 요셉은, 아기는 성령으로 말미암은 것이니 아들 이름을 예수라 하고, 동정녀가 잉태하여 아들을 낳으리니 그 이름은 임마누엘(하느님께서 우리와 함께 계시다는 뜻)이라 부르리라는 예언까지 듣게 됩니다. 이는 이사야서 7장 14절의 예언(젊은 여인이 잉태하여 아들을 낳고 그 이름을 임마누엘이라 할 것입니다)과 조응합니다. 요셉의 의심과 걱정을 하느님께서 한순간에 없앤 거룩한 순간입니다.

간혹 성모 마리아에 대한 가톨릭 신자들의 신앙심과 태도를 우상 숭배라고 비판하는 사람들이 있습니다. 마리아를 신적인 존재라고 말한 적이 없는데도 말이지요. 예수를 목숨 걸고 잉태해 낳고, 많은 어려움 속에서 키워냈으며, 마침내 그 억울하고 참혹한 죽음의 마지막 순간까지 함께했지만 마리아는 하느님을 원망한 적도 없고, 흔들리는 모습을 예수에게 보인 적이 없습니다. 이렇듯 참 어머니, 참 신앙인이기 때문에 마리아는 깊이 사랑받고 존경받는 것입니다. 그래서인지 개신교에 비해 가톨릭 신자들이 자녀를 더 많이 낳는다는 통계도 있습니다. 모성과 부성의 소중함을 알려주고 아이를 키우는 데 있어 공동체, 특히 종교적 가치관과 태도가 얼마나 중요한지도 짐작할 수 있습니다. 특히 과학주의적 관점에 몰입되어 있다면 성모 마리아의 승천, 무염시태, 동정녀 같은 교리들을 받아들이기 힘들 수 있습니다. 그렇지만 자신의 부모 그리고 자신의 자녀에 대한 사랑에는 과학주의로만은 설명할 수는 없는 신비로움과 기적적인 순간들이 있다는 사실은 모두 인정할 것입니다.

그런 의미에서 마리아의 예수에 대한 사랑 그리고 예수의 마리아에 대한 존중은 인류가 모두 그리워하고 본받을 수밖에 없는 또 하나의 기적이자 신비가 아닐까 싶습니다. 하느님의 사랑에 대해 우리가 언어로 설명할 수 없는 것처럼 부모와 자식 간의 애정에는 언어를 넘어서고, 역사와 공간을 넘어서는 숭고한 무엇이 숨어 있습니다. 아이를 낳는 데 '얼마가 든다, 무엇을 지원해 주어야 한다'와 같은 계산적인 말들만 넘쳐나서 아이를 낳지 않는 이유가 돈 없고 집 없고 잘살거라는 보장이 없기 때문이라고 생각하는 이들이 있습니다. 혹시 우리가 부모 자식간 숭고한 사랑마저도 돈으로 환원해, 보이지 않는 행복의 가치는 무시하고 있는 것은 아닐까요. 어버이에 대한 사랑, 자식에 대한 사랑처럼 인간으로서 가장 중요한 원형마저 무시해 버리는 사회와 집단에 과연 미래가 있을까 생각하면, 모골이 송연해집니다.

종교계뿐 아니라 사회에서도 모성, 혹은 어머니 역할을 무시하거나 부정적으로 볼 경우 그 사회는 몹시 각박해집니다. 인간 본성 속에 숨어 있는 잔인함이 부각되면 결국 붕괴되는 경우를 세계사에서 찾아보기란 어렵지 않습니다. 혹시라도 이 시대 한국이 그런 시대는 아닐까요? 여성성과 모성성에 대한 사회의 시선과 대우가 참혹하게 일그러져 돌이킬 수 없는 중병이 든 것은 아닌지 걱정이 됩니다.

루카복음의 아이를 낳지 못하는 나이 많은 여성 엘리사벳 이야기도 중요합니다. 구약의 아브라함과 사라 역시 마찬가지였고, 야곱과 에사오의 어머니 리브가, 삼손의 어머니, 사무엘의 어머니 한나 역시 아이를 낳지 못하는 시간이 길었습니다. 마리아는 엘리사벳이 수태한 지 여섯째 달에 예수를 수태하게 되고, 친척인 엘리사벳을 찾아갑니다. 엘리사벳은 마리아의 방문을 받고 아이가 태내에서 뛰놀자 성령을 받게 됩니다. 마리아는 엘리사벳에게 앞날에 자신에게 일어날 일, 그리고 예수가 할 일에 대해 노래하게 됩니다(교만한 자들을 흩으시고, 비천한 이들을 들어 올리시고, 배고픈 이들은 좋은 것으로 채우시고, 아브라함의 후손에게 영원토록 자비가 미칠 것이라는 내용, 루카 1:46-55). 같은 어머니로서의 연대가 아닐까요.

간혹 천주교는 마리아라는 우상을 믿는 사이비라고 말하는 사람들이 있습니다. "오로지 하느님 한 분인데 왜 마리아에게 바치는 성모송을 드리느냐, 미신이다"라고 말하는 이들도 있습니다. 그런 이들의 마음에는 혹시 유일신을 믿는다는 기치를 내세우면서 여성을 무시하는 가부장적인 사고방식이 있는 것은 아닌지 묻고 싶습니다.

자손을 많이 낳아 기르는 것이 복이자 권력이었던 그 당시에, 나이 많을 때까지 자손이 없어 다른 사람들에게 부끄러움과 치욕을 당했던 즈가리야와 엘리사벳. 이들이 아이를 갖게 되고, 즈가리야는 아이 이름을 요한이라고 말하기 전까지 말하지 못하는 채로 지내야 했습니다. 이런 남편의 모습을 지켜봐야 했던 늙은 산모 엘리사벳과 어린 처녀로서 남편에게 소박당할 수도 있는 처지에 놓인 마리아. 이들의 이야기는 현대의 미혼모, 불임 여성뿐 아니라 임신과 출산 육아를 담당해야 하는 여성들의 불안한 마음에 위로가 됩니다. 루카복음에 나오는 마리아의 노래에는 사실 시편, 창세기, 욥기 등 구약의 구절들이 녹아 있어서 실제로 어린 마리아가 혼자 부른 내용은 아닐 수도 있습니다. 그러나 복음사가가 마리아의 입을 통해 이런 노래를 기록했다는 사실은 예수와 요한 세례자의 일생이 어떤 방향으로 가게 될지에 대한 암시가 아닐까 싶습니다. 또한 어머니들에게 경쟁 관계가 아닌 연대라는 의무와 기쁨을 알려줍니다.

구약과 신약이 관통하는 주제는 권력자, 재산가, 학식을 자랑하는 사람들에 대한 경고와 견제, 비판이 아닐까 싶습니다. 세상의 어떤 역사서도 자신들의 잘못에 대해 이렇게 엄정한 눈으로 기록하지 못했습니다. 또 예수가 탄생하기 전까지는 어떤 정신적 지도자도 예수처럼 철저하게 소외된 사람들(이방인, 지체장애인, 전염병자, 힘없고 이름 없는 여성, 아이, 만성병자, 외세에 부역해야 하는 세리, 창녀 등)을 보호하면서 자신의 목숨을 바친 경우가 없었습니다. 예수처럼 박해받는 사람을 위해 스스로 박해당하면서도 용서와 사랑의 마음을 잃지 않았던 역사적

'마리아의 엘리사벳 방문(*The Visitation*)', Raphael, 1517, CC0

인물이 있었는지 묻고 싶습니다. 그런 역사적 사건이 유대 사회처럼 철저하게 가부장적인 사회에서 보잘것없는 두 여성의 신앙 고백과 연대 의식으로 시작된다는 점이 매우 감동적입니다.

생각해 봅시다

성모 마리아는 예수를 목숨 걸고 잉태해 낳고, 많은 어려움 속에서 키워냈으며, 마침내 그 억울하고 참혹한 죽음의 마지막 순간까지 함께했습니다. 그러나 마리아는 하느님을 원망하거나 흔들리는 모습을 예수에게 보인 적이 없습니다. 이렇듯 참 어머니, 참 신앙인이기 때문에 마리아는 깊이 사랑받고 존경받는 것입니다. 마리아의 예수에 대한 사랑 그리고 예수의 마리아에 대한 존중은 인류가 모두 그리워하고 본받을 수밖에 없는 또 하나의 엄청난 기적이자 신비입니다. 하느님의 사랑에 대해 우리가 언어로 설명할 수 없는 것처럼 부모와 자식 간의 애정에는 언어를 넘어서고, 역사와 공간을 넘어서는 숭고한 무엇이 숨어 있습니다. 모성의 의미와 마리아의 헌신에 대해 생각해 봅시다.

어린 예수의 성장 과정과
소년 시절

마르코복음에는 예수의 탄생과 성장에 대한 이야기가 나오지 않고, 곧장 세례받는 장면이 나옵니다. 그러나 마태오복음에는 동방박사들의 예방, 이집트로의 피신, 헤로데 1세가 두 살배기 이하의 아기들을 죽이라고 명령한 부분이 나옵니다. 또한 예수가 이집트에서 돌아와 갈릴래아 지방으로 가서 나자렛에서 살게 되었다는 대목이 나옵니다. 그런데 이 장면에서는 해석이 좀 다른 부분이 있습니다. 마르코복음 2장 23절의 "'나조라이오스'라고 불리리라(그는 나자렛 사람이라 불리리라)"라고 하는 대목의 그리스 헬라어 원전의 뜻이 '나지르(Nazir)'를 뜻할 수도 있다는 것입니다. '나지르'란 적어도 30일 이상 머리를 자르지 않고, 술을 마시지 않으며 시체를 가까이하지 않기로 서원한 사람, 즉 삼손 같은 사람을 뜻할 수 있습니다. 또 다윗의 아버지인 이새의 뿌리에서 돋아난 새싹, 곧 메시아를 뜻할 수도 있습니다. 학자들에 따라서는 이런 대목이 붙여진 것에 대해 메시아로서의 예정된 이미지, 즉 구약과의 조응 때문이라고 해석합니다.

루카복음 2장에는 마리아의 해산 장면이 구체적으로 묘사됩니다. 해산할 날이 되었는데, 여관에는 그들이 들어갈 자리가 없어 아들을 낳아 구유에 눕혔다는 설명이 나옵니다. 구유란 말이나 소의 먹이가 담긴 나무나 돌로 만든 통입니다. 크리스마스 때 마구간을 꾸미는 전통이 여기서 나왔습니다. 가장 고귀하신 하느님의 아들이 천한 짐승의 먹이가 담긴 구유 통에 눕혀졌다는 사실은 심리학적으로 매우 중요한 상징입니다. 가장 고귀한 영적인 존재가 구유(인간이 다스리거나 돌보는 가금류의 먹이통)에 뉘어졌다는 것은 고귀한 영적 측면과 자연, 혹은 본능적 측면을 다 갖춘 통합적 인간 예수에 대해 통찰하게 하는 대목입니다.

또 동방박사를 강조한 마태오복음과 달리 루카복음에는 목자들에게 주님의 천사가 나타나 구원자인 그리스도가 나타났음을 알려주는 대목이 나옵니다. 천사와 함께 수많은 하늘 군대가 나타나 "지극히 높은 곳에서는 하느님께 영광, 땅에서는 그 사랑받는 사람들에게 평화!"(루카 2:14)라고 외칩니다. 그리고 목자들은 주께서 알려주신 대로 베들레헴으로 가서, 마리아와 요셉 그리고 구유에 누워 있는 갓난아기를 보게 됩니다. 목자들은 이것이 모두 천사에게 들었던 사실이라는 점에 놀라게 됩니다.

지식인인 바리사이파, 사두가이파도 아니고, 귀족인 헤로데파, 총독파도 아니고, 사제인 레위인도 아닌, 직업상 그리 우대받지 못하는 목자들에게 천사가 나타났다는 대목도 흥미롭습니다. 목자들은 종종 주인의 양을 몰래 훔치거나 젖을 내다 팔아서 죄인으로 몰리기도 했습니다. 예수가 인류 대신 속죄양이 되어 죽임을 당하게 되는 사건에 대한 예언인 것 같습니다.

할례를 줄 여드레가 되어 이름을 예수라고 하는데, 이는 태중에 잉태되기 전에 천사가 알려준 이름입니다. 그런데 히브리어로 Yeshua는 구원(Salvation)이라는 뜻입니다. Yeshua란 이름에 대해서는 구약의 말라키서와 예수가 태어날 즈음 사이의 약 수백 년간 예언자도, 하느님도 나타나지 않는 시기와 연결하기도 합니다.

사실 여드레라는 날짜는 매우 의미가 있습니다. 우선은 유대인들의 잔치일인 하누카(Hanukkah)와의 관계입니다. 하누카는 봉헌이라는 뜻으로, 유대력으로는 9번째 달, 그레고리오력으로 12월 즈음 시작됩니다. 하누카 축제는 크리스마스와 비슷하지만 유대력을 따르기 때문에 차이가 있습니다. 하누카는 유대인의 빛의 축제입니다. 촛불이 9개가 켜지는데, 가운데 촛불은 Servant 즉 하인의 촛불이라고 하여 다른 촛불에 불을 붙이면서 하루에 하나씩 켜게 됩니다. 이 대목은 요한복음 등에서 빵 하나로 5,000명, 7,000명을 먹이는 대목과 연결이 됩니다.

하누카는 원래 마카베오 혁명(기원전 167년~142년에 팔레스티나에서 벌어진 전쟁. 이 전쟁에서 승리한 결과 유대인들은 잠시나마 독립국인 하스모니안 왕조를 창설하게 됩니다) 때 시리아 왕 안티오쿠스가 유대교의 풍습을 금지했기 때문에 일어났습니다. 촛불 혁명의 원조격이 되겠지요.

성전 등불에 불을 밝힐 올리브기름이 없으면 올리브를 찧어서 짠 순수한 기름을 가져다가 등불을 끊임없이 타오르게 하라는 출애굽기

27절 20장의 말씀. 또 요한복음 10장 22절, 성전 봉헌절 축제를 지내는 겨울철, 다시 말해 하누카 축제에서 솔로몬 주랑을 거닐고 있을 때 유대인들이 예수에게 당신이 그리스도라면 우리에게 분명히 말하라고 한 대목과도 조응합니다. 즉 증거를 내놓으라는 이야기지요. 이때 예수는 유대인들의 불신에 대해 다시 환기시킵니다.

　루카복음은 할례를 한 후 정결례, 즉 속량의 대목에 대해 묘사합니다. 정결법에 의하면 산모가 남아를 낳으면 40일간, 여아를 낳으면 80일간 불결하게 됩니다. 레위기 12장 1-8절을 보면 이때 성전에 가서 어린 양 한 마리와 비둘기 한 마리를 제물로 바치면 다시 정결하게 되고, 가세가 가난하면 제물로 비둘기 한 쌍만 바쳐도 되었다고 합니다. 맏아들을 속량할 때 예루살렘으로 데려가야 한다는 법은 없지만, 예수가 특별하게 성전이 곧 그가 있어야 할 자리라는 점을 강조했다는 점은 엘카나와 한나가 어린 자식 사무엘을 성전에 바쳤다는 이야기(1사무 1:24-28)와 연결지어 해석할 수 있습니다. 이렇게 많은 축제와 절기 등은 서로 연결됩니다.

　열서너 살 이후 청소년은 자신의 정체성을 어느 집단에 속하고, 어느 공간에 머무르는가에서 찾는 경우가 있습니다. 그전까지는 부모와 있으면 되었지만, 부모로부터 독립되어 어른이 되는 중간 단계에서는 어디에 소속되었는지가 매우 중요한 자아 형성 조건 중 하나입니다. 어린 예수가 성전이 집보다 더 편해서 부모가 오히려 찾아 나서게 만들었다면 이미 이때 예수가 어디로 향하게 될지는 결정된 것이라고 봐도 됩니다.

　마침 예루살렘에는 시므온이라는 의롭고 경건한 사람이 있었는데.

어쩌면 시므온이 당시 사회에서는 일종의 아버지상(Father Figure) 같은 인물이 아니었을까 상상해 봅니다. 이스라엘 백성을 위로해 주는 아버지 같은 손길이 필요했던 시대이기 때문입니다. 성령이 시므온에게 머물러 계셨는데, 시므온은 그리스도를 보기 전에는 죽지 않을 것이라고 하여, 영의 인도를 받아 성전으로 가서 예수와 만나게 됩니다. 그리고 하느님을 찬양하면서 이 아기가 이 민족에게는 계시의 빛이고, 당신 백성 이스라엘에게는 영광이며, 나는 당신의 구원을 보았다고 고백합니다. 시므온은 마리아에게도 예언을 합니다. 아이 때문에 백성 가운데 넘어지는 사람도 있고, 일어서는 사람도 생기며, 또 배척당하는 표징이 될 것이라고요.(루카 2:25-35)

예언해 주는 또다른 인물 안나가 나타납니다. 안나는 7년 만에 남편을 잃고 여든네 해가 되도록 성전을 떠나지 않고 단식과 기도로 섬겼습니다. 안나 역시 예수에게 다가와 예수로 인해 예루살렘이 속량될 수 있을 것이라는 예언자 같은 말을 합니다(루카 2:36-38, 루카복음에는 항상 쌍으로 남녀가 등장해서 예언의 말씀도 남녀 모두에게 받습니다).

고대 설화나 소설 속에서 이 아이는 큰일을 할 것이라고 예언해 주는 스님이나 도사의 이미지와 비슷해 보입니다. 고대인들의 신비 서사에 어울리는 기록인 것도 같습니다. 성스러운 사람이 나타날 때는 이를 알아보는 특별한 선인, 신선, 예언자들이 나옵니다. 불교 경전 『숫타니파타』에도 부처가 탄생하자 아시타라는 선인이 나타나 샤아카족에게 부처의 앞날에 대해 예언하는 내용이 나옵니다.

다음에는 예수가 열두 살 되던 해 파스카 축제 때, 모든 가족이 예루살렘으로 함께 가는 이야기가 나옵니다. 부모는 일행과 함께 집으로 하룻길을 돌아간 다음에야 뒤늦게 아이가 사라진 것을 알아채고 다시 예루살렘으로 돌아가 찾아다닙니다. 사흘 뒤에야 성전에서 예수를 찾아냈는데, 예수의 말을 듣는 이들이 그의 총명함과 답변에 어안이 벙벙해졌습니다.(루카 2:41-47)

얼마나 애타게 찾았는지 모른다며 보통 부모들처럼 책망의 마음을 내보일 때, "왜 저를 찾으셨습니까? 제가 제 아버지의 집에 있어야 하는 줄을 모르셨습니까?"(루카 2:49)라고 서늘하게 되묻는 장면은 앞으로 예수가 나아갈 길에 대해 쐐기를 박는 선언이었지만, 부모는 아직 그 뜻이 무엇인지 알아채지 못합니다. 따져 보면, 평범한 자식의 마음을 알아차리고 읽어주는 것도 얼마나 어려운가요. 더구나 보통 사람들의 생각 너머, 고귀한 차원을 이미 알고 있는 예수의 계획을 어떻게 짐작이나 할 수 있겠습니까.

생각해 봅시다

가장 고귀하신 하느님의 아들이 천한 짐승의 먹이가 담긴 구유 통에 눕혀졌다는 사실은 심리학적으로 매우 중요한 상징입니다. 이를 통해 고귀한 영적 측면과 자연, 혹은 본능적 측면을 다 갖춘 통합적 인간 예수에 대해 통찰할 수 있습니다. 영적인 존재이자 본능적인 자연의 이미지를 동시에 품은 인간 예수의 어린 시절에 대해서 생각해 봅시다.

✝

첫 기적,
가나의 혼인 잔치

가나의 혼인 잔치는 요한복음에만 등장하는 요한복음 일곱 표징사화 중 하나입니다. 혼인 잔치에서 물을 포도주로 변화시키고(2:1-12) 왕실 관리의 아들을 살리며(4:43-54), 벳자타 못가에서 38년 동안 중풍을 앓고 있던 병자를 고치고(5장), 보리 빵 다섯 개로 5,000명을 먹이고(6장) 눈 먼 이를 치유하고(9장) 죽은 라자로를 살리는(11장) 여섯 표징이 있습니다. 물 위를 걷는(6:16-21) 것을 일곱 표징이라고 말하는 이들도 있고, 십자가에 못 박혀 죽은 후 사흘 만에 다시 살아나는 것을 일곱 번째 표징이라고 말하기도 합니다. 표징(Semeion)은 영어로 Sign이나 Mark로 표현하므로 신호나 족적으로 번역할 수도 있지만, Semeion이라는 단어 안에 기적이라는 뜻이 포함되어 있으니, 표징이라는 번역이 딱 맞을 것 같습니다.

첫 번째 표징은 아주 특별한 사건이어야 하는데, 기대와 반대로 평범한 결혼식 장면이라는 점이 의미심장합니다. 앞으로 십자가에 매달려 죽을 분이라는 사실을 우리는 알고 있는지라, 기쁜 일부터 개입하는 상황이 좀 당황스러울 수도 있습니다. 당시 나라가 망해가고 있고, 로마는 물자와 사람들을 빼앗아 가는 비극적인 상황임을 감안하면 더 이상합니다. 하지만 전쟁의 와중에도 삶은 계속됩니다. 전쟁이 터지고 내란이 일어나고 난리가 나면 모든 사람이 좀비처럼 넋을 놓고 아무것도 하지 않을 것 같지만, 막상 전쟁과 기근이 일상이 되면 사람들에게는 놀랄 만한 회복력이 생깁니다. 더 많이 결혼하고, 더 많이 아이를 낳습니다. 바로 그 덕분에 인구가 확실하게 늘어난 세대가 전후 베이비부머들이지요. 예수가 살아 있던 그 시대 역시 아무리 사회가 불안하고 학정이 끔찍해도 우리 삶은 계속되어야 한다는, 평범한 민중의 조용하지만 확실한 노력이 있었을 것입니다. 가난할수록 결혼과 육아와 교육에 온 힘을 다하던 한국인의 과거 모습이 겹쳐지기도 합니다.

특히 마리아가 포도주가 떨어졌다고 예수에게 말한 대목은 매우 흥미롭습니다. 이 결혼은 특별히 예수와 가까운 이의 결혼은 아닌 것 같습니다. 요셉이나 마리아의 사촌이나 형제라는 언급이 없기 때문이지요. 그렇다면 그냥 아는 이웃이거나 아주 먼 친척의 결혼이겠지요. 더구나 그것이 나와 무슨 상관이냐고 예수가 말했으니, 이 결혼식은 예수의 큰 그림에는 별로 가치 있는 일이 아닌 것처럼 보입니다. 그럼에도 마리아는 사뭇 오지랖 넓게 예수에게 포도주가 없다고 넌지시 말합니다. 하지만 어디 가서 포도주를 가져오라는 구체적인 말은 없습니다. 원래 마리아의 성정이 하느님의 말씀도 수용하고, 예수의 말씀도 수용하고, 자신의 운명도 그대로 수용하는 분이니, 이번에도 예수가 무슨 선택을 하건 기다린다는 뜻입니다.

예수는 아직 때가 오지 않았다고 말하지만, 정결례를 위해 돌로 만든 물독 여섯 개를 보고는 물독에 물을 채운 다음 잔치 주관자에게 가져가라고 명합니다. 이에 잔치 주관자는 맛을 보면서, 이렇게 맛있는 포도주를 왜 이제 내놓느냐고 말합니다. 물이 포도주로 변한 기적을 알아채지 못한 것입니다. 이 첫 기적을 보고 제자들은 그분을 믿게 됩니다. 물이 포도주로 변하는 기적은 마치 연금술사들이 허름한 광석에서 금을 캐내겠다고 수련하는 과정을 연상시킵니다. 이 부분을 엘리야의 기적 중 번제물과 장작과 돌과 먼지를 삼켜 버리고 도랑에 있던 물도 없애는 대목(1열왕 18:30-38), 또 남편이 죽은 후 남편의 빚 때문에 자식마저 잃게 된 과부의 기름병에 엘리사가 기름을 채워 준 기적(2열왕 4,1-7)과도 연결해 봅니다. 또 엘리사의 기적 중 독이 든 국에 밀가루를 뿌려 그 독을 제거하는 기적, 즉 정화(2열왕 4,38-41)도 물을 포도주로 바꾸는 것과 같은 변환의 과정 중 하나일 것 같습니다.

물을 술로 바꾸고, 없던 기름이 채워지고, 또 국 속의 독이 없어지는 과정들은 얼핏 그냥 마술 같은 일을 기록한 것처럼만 보이지만, 상징적으로 해석하면 우리가 해야 할 씻어냄, 정리, 청소, 정화, 죄를 씻어내는 의무와 연결시킬 수 있습니다.

가나의 기적을 하느님이 주신 소명을 실천해 나가는 과정과 연결시켜 봅니다. 우선 타자뿐 아니라 나 자신이 가난하게 되는 상황, 혹은 뭔가 결핍된 상황을 알아차리고 이에 관심을 가져야 합니다. 다음은 기존에 있던 정결한 재료인 독에 시중꾼이 물을 붓는 장면에서 볼 수

'가나의 혼인잔치(*Marriage at Cana*)', Gerard David, 1500, CC0

있듯이 무언가 좋은 일을 할 때는 그저 선한 의지만 갖는다고 되지 않는다는 것을 알아야 합니다. 그 선한 의지를 담을 그릇, 즉 실력과 꾸준한 노력 그리고 협동이 필요한 것이지요. 마지막으로 생각해야 할 일은 예수나 마리아가 이런 일을 하면서 아무런 대가를 바라지 않았다는 점이지요. 평범한 어머니라면 아들에게 신기한 재주가 있다면서 이제부터 돈을 많이 벌어 보자고 하지 않았을까요. 그런데 마리아는 당신 아들을 곧 떠나보내고 맙니다. 예수도 가족이나 고향 땅에 얽매지 않고 자기 길을 계속 갈 것이라고 선언한 것이라 볼 수 있습니다. 거기에 여러 날 머물지 않았으니까요.(요한 2:12)

예수의 첫 번째 표징이 가나의 혼인 잔치이며 포도주를 만들어 낸 것이기 때문에 어떤 이들은 예수를 먹보, 혹은 술꾼이라고 농담하기도 합니다. 실제로 단식을 매우 열심히 했던, 아마도 에센파였을 요한 세례자와 항상 비교하면서 예수가 왜 그리 잘 먹느냐고 시비를 걸었던 이들도 있었습니다. 현대에는 자신의 알콜 중독을 예수의 표징과 연결지어 합리화하는 이들까지 있습니다.

그러나 성경에는 예수가 지나치게 먹고 마셔서 취하거나 아팠다고 하는 대목이 한 군데도 나오지 않습니다. 음식을 폄하하지도 않았지만 이에 대한 욕심을 경계하는 것은 부처, 공자 모두 마찬가지였습니다. 부처는 대중에게 법문을 할 때 항상 정갈하고 소박한 음식을 나누고 발을 씻고 가난하지만 청결하고 단정한 옷매무새를 챙겼다 합니다. 공자도 음식을 지나치게 먹거나 함부로 다루지 않았고, 정갈하지 않은 고기나 음식은 아예 입에 대지 않았다 합니다.

한국인의 먹방이 외국 사전에 오르고, TV를 켜면 한순간도 빠짐없이 먹는 장면이 여러 채널에서 나올 만큼, 요즘 한국인들은 음식에 진심입니다. 말이 좋아 진심이지, 인생의 목표를 멋진 경관 속에서 좋은 음식 찾아다니며 먹는 것에만 두는 이도 있습니다. 성경에서는 음식이나 술은 항상 주변과 나누고 기적을 확인하는 도구로만 등장했지, 그 자체를 추구하는 인물에 대해 언급하지 않았습니다.

토할 때까지 먹고, 누워서 먹곤 하던 로마 문명을 아는 우리로서는 구약 시대부터 전해졌던 위생적이면서 철저하게 절제하는 유대 전통이 얼마나 의학적으로도 우수한지 알 수 있습니다. 비신자들도 익히 잘 아는 구절인 "무엇을 먹을까, 무엇을 입을까, 걱정하지 말라"고 했던 예수의 말씀을 환기하게 됩니다.

하느님이 보시기에 정말 좋았던 우리 인류가 건강하게 삶을 살며 후손을 보존하는 일은 매우 중요합니다. 그런데 타인에 대한 사랑의 표현 방법인 음식 나누기보다는 개인의 본능적인 식욕 만족이 더 거룩한 것으로 숭배되지는 않았으면 좋겠습니다.

생각해 봅시다

가나의 기적을 하느님이 주신 소명을 해 나가는 과정과 연결시키면, 우선 타자뿐 아니라 나 자신이 가난하게 되는 상황, 혹은 뭔가 결핍된 상황을 알아차리고 이에 관심을 갖는 게 첫 번째입니다. 두 번째는 기존에 있던 정결한 재료인 독에 시중꾼이 물을 붓는 장면을 통해, 무언가 좋은 일을 할 때는 그저 선한 의지만 갖는다고 되지 않고, 그 선한 의지를 담을 그릇, 즉 실력과 꾸준한 노력 그리고 협동이 필요하다는 것을 아는 것입니다. 다음은 예수나 마리아가 이런 일을 하면서 아무런 대가를 바라지 않았다는 점을 깨닫는 것입니다. 예수가 물을 술로 바꾸고, 없던 기름을 채우고, 또 국 속의 독을 없애는 과정들을 통해 우리가 해야 할 씻어냄, 정리, 청소, 정화, 죄를 씻어내는 의무에 대해서 생각해 봅시다.

요한 세례자
이해하기

말라키서 3장 1-3절에 요한 세례자에 대한 구약의 예언이 나옵니다. "그는 제련사의 불 같고 염색공의 잿물 같으리라. 그는 은 제련사와 정련사처럼 앉아 레위의 자손들을 깨끗하게 하고 그들을 금과 은처럼 정련하여 주님에게 의로운 제물을 바치게 하리라."

이 대목은 요한 세례자에 대한 완벽한 예언이라고 봅니다. 특히 융심리학자들은 '제련사의 불과 염색공의 잿물'이라는 대목에 주의를 기울입니다. 제련사의 불과 염색공의 잿물은 금과 은을 만드는 과정의 묘사로, 중요한 심리학적 상징입니다.

깊은 비극이나 고난 앞에서 사람들은 자신들의 죄, 잘못과 약점이 무엇인지 종종 묻습니다. 혹시 무언가 고치고 싶은 것이 있다면 물로 씻어내서 새롭게 태어나고 싶은 마음이 듭니다. 또 아직 영글지 못하고 충분히 담금질이 되어 있지 않다면 불같은 열정으로 스스로 단련

시킨다는 표현도 합니다. 그래서 아마도 중세의 연금술사는 자신들을 요한 세례자와 동일시했을 수도 있습니다. 말라키서에서 요한 세례자를 '계약의 사자'이며 '단련하는 이'로 설명하는 것은 예수를 만나기 위한 준비 기간으로 생각할 수 있습니다.

요한 세례자의 탄생에 관해서는 특히 즈가리야와 엘리사벳의 늦둥이 자식이라는 점에 주목해야 합니다. 제관인 즈가리야에게 가브리엘 천사가 나타나서 자식을 낳게 될 것이라고 예언합니다. 하지만 즈가리야는 천사의 말을 의심하고 믿지 않으려 했기 때문에 잠시 말을 하지 못하게 됩니다. 기쁜 일이 일어날 것이라는 사실을 믿지 못하는 이가 말하는 법을 잊게 되는 이 상황을 어떻게 이해할 수 있을까요.

흔히 너무 감동하면 사람들은 나쁜 일을 당했을 때와 비슷하게 자신의 감정을 말로 표현하지 못합니다. 한데 즈가리야가 말을 하지 못하는 과정은 너무나 기뻐서라기보다는 믿지 못하는 회의적 태도로 인해 벌어진 상황입니다. 어떤 면에서 사람들은 자신의 신념이나 상황에 대해 확신할 수 없을 때 입을 닫습니다. 즈가리야는 본인의 뜻은 아니고 주님의 뜻이지만, 제관으로서 아직 제대로 된 말할 준비가 되어 있지 않은 상황이 아니었을까요?

아이를 낳고 나서 사람들이 아이의 이름을 아버지 이름을 따라 즈가리야로 하자고 했지만 엘리사벳은 친척 가운데에는 없는, 전혀 새로운 이름인 요한으로 해야 한다고 고집합니다. 이제까지 말을 하지 못하고 있었던 즈가리야가 아내의 의견에 동의해 아이 이름을 요한이라고 결정하자 입이 열리고 혀가 풀려 말을 하기 시작해 하느님을 찬미하게 됩니다. 가부장제적인 당시 이스라엘 사회에서는 아주 예외적인 상황입니다. 요한은 그리스 헬라어로 요하네스(Yohanness) 즉 Yahweh+Hanan으로 '하느님은 자비로우시다(Yahweh is Gracious)'라는 뜻이며, 히브리어로 Yohannan, '하느님으로 말미암아 우아해졌다'는 뜻을 가지고 있습니다. 루카복음에는 그런 이름은 친척 중에 없었다는 언급이 있습니다. 실제로 구약에 요한이라는 이름이 등장하지 않았다는 사실은 우아(Grace)라는 개념이 신약 시대에 만들어진 것이 아닌지 상상하게 만듭니다.

마리아의 정결을 의심했던 요셉과, 아내의 임신과 출산에 회의적이었던 즈가리야는 유사한 점이 많습니다. 엘리사벳과 성모 마리아의 한 팀과 대비되는 것도 같습니다. 남성에 비해 여성의 지위가 터무니없던 그 시대에 어쩌면 있을 수 없는 상황이었을 지도 모릅니다. 예수가 어떻게 여성 제자들을 그리 많이 몰고 다녔는지, 특히 억울하게 취급받고 배우지 못하고 누리지 못했던 약한 여성들의 든든한 성벽이 될 수 있었는지, 그 시작을 짐작하게 하는 훌륭한 여성 가문입니다.

예수와 비슷한 점이 많지만 요한 세례자는 찬미 중에 자신의 좌표를 명확하게 보여 줍니다. 그리스도를 앞서가 그분의 길을 준비하고, 죄를 용서받아 구원됨을 백성에게 깨우쳐 주려는 것이 그의 역할이라는 것을 알려줍니다.

요한 세례자는 제관의 아들이었음에도 스스로 광야로 나가 낙타털로 만든 겉옷을 입고, 메뚜기와 꿀을 먹으면서 살게 됩니다. 금욕적인 태도 때문에 아마도 금욕을 실천하면서 개인적이며 신비적 신앙생활을 했던 에센파(Essenes)의 일원이 아닐까 추측하는 학자들도 있습니다. 그러나 에센파라 하기에는 따르는 제자가 너무 많았고, 당시 정치인들에게 할 말은 하는 등 사회적 활동이 대단했기 때문에 사막의 은수자 이미지와는 또 다릅니다. 특히 요한복음에는 요한 세례자의 두 제자인 시몬 베드로와 안드레아가 예수를 따라갔다는 대목이 나옵니다. 두 제자가 예수를 따라가게 된 상황은 복음서마다 조금씩 차이가 있긴 하지만, 당시 요한 세례자와 예수의 제자가 점점 증가하는 상황임을 보여줍니다.

요한 세례자는 예수에게 세례를 베풀었지만 자신을 예수보다 낮추면서 예수가 하느님의 어린 양이라고 말합니다. 또한 "내 뒤에 한 분이 오시는데 그분이 나보다 앞서게 되셨으니, 이는 그분이 나보다 먼저 계셨기 때문이다"(요한 1:30)라고 합니다. 그는 "영이 하늘로부터 비둘기처럼 내려와 그분 위에 머무는 것을 나는 보았습니다. 나는 그분을 알지 못했습니다. 그러나 물로 세례를 베풀라고 나를 보내신 그분이 나에게 말씀하시기를 '영이 어떤 분 위로 내려와 그 위에 머무는 것을 네가 볼 터인데 그 분이 곧 성령으로 세례를 베푸시는 분이시다' 하셨습니다"(요한 1:32-34)라고 증언합니다.

당시 요한 세례자는 제관인 즈가리야의 아들로 예수보다 집안도 좋고 영향력도 컸기 때문에, 많은 이들이 두 예언자를 서로 비교하면서 요한 세례자를 부추겼을지도 모릅니다. 그러나 요한 세례자는 자신은 빛 자체가 아니고, 예수를 위해 미리 길을 닦고 준비하는 사람이라고 믿었습니다. 참여적이면서도 희생하는 추종 정신(Followship)입니다.

요한 세례자는 특히 헤로데 안티파스가 동생의 아내와 결혼하는 비윤리적 행동을 하자, 이에 대해 거침없이 비판하여 감옥에 갇히게 됩니다. 이 점에 대해서는 공관복음서(마태 14:3-4;마르 6:17-18;루카

3:19-20)에서 언급이 되어 있습니다. 또 요한 세례자가 당시 많은 사람에게 영향을 미쳤고, 헤로데 안티파스나 로마 총독의 권위를 위협하다가 끝내 사형당했다는 사실은 요세푸스의 기록에도 등장합니다.

요한 세례자가 살아 있을 당시나 그 후 일정 기간에는 많은 사람이 예수보다 요한 세례자가 더 위대한 진짜 메시아라고 믿기도 했습니다. 하지만 요한 세례자의 제자들은 곧 그 힘을 잃었고 에센파에 속했던 사람들도 사라져 갔다고 합니다. 반면 예수가 죽은 다음에도 제자들의 숫자는 계속 늘어났고, 그 활동 영역도 괄목할 만한 확장을 보이게 됩니다. 요한 세례자가 예언한 것이 이루어진 셈이지요.

생각해 봅시다

말라키서에는 요한 세례자에 대한 구약의 예언이 나옵니다. 거기서 요한 세례자를 '계약의 사자'이며 '단련하는 이'로 설명하는데 이는 예수를 만나기 위한 준비 기간으로 생각할 수 있습니다. 요한 세례자는 자신은 빛 자체가 아니고, 예수를 위해 미리 길을 닦고 준비하는 사람이라고 믿었습니다. 참여와 봉사 정신이 필요한 요즘, 요한 세례자의 성품이 그리울 따름입니다.

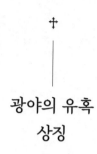

광야의 유혹
상징

예수는 요한 세례자에게 세례를 받은 후, 성령으로 가득 차 요르단 강에서 돌아와 영에 의해 광야로 인도되어 40일 동안 유혹을 받게 됩니다.(마태 4:1-11;마르 1:12-13;루카 4) 이 부분은 공관복음서에서 모두 중요하게 다루고 있으며, 현대인들에게도 의미 있는 상징들이 매우 많습니다.

우선 40일 동안 아무것도 먹지 않아 허기가 진 상태에서 악마에게 유혹을 받는 상황부터 들여다봅시다. 우리는 아무리 마음을 갈고 닦아도, 몸의 상태에 휘둘리기 쉽습니다. 물도 마실 수 없고 먹지도 못하면 생존할 수 있는 이른바 골든 타임이 며칠 되지 않습니다. 먹는 것은 물론 며칠 동안 잠을 계속 재우지 않는다든가, 빛도 소리도 들리지 않는 곳에 가둬 놓기만 해도 곧 광인이 됩니다. 예수가 공생활 전, 먼저 단식을 하고 광야에 홀로 있게 되는 상황은 그래서 사는 내내 심리적 고통은 물론, 신체적 조건에서 자유롭지 않은 우리에게 큰 의미를 남깁니다.

먼저 허기가 진 상태에서 받은 악마의 유혹으로, "당신이 하느님의 아들이거든 이 돌들이 빵이 되라고 해 보시오"(마태 4:3)라는 구절이 나옵니다. 보통 사람이라면 돌을 빵으로 만드는 순간, 하느님의 아들이라는 것도 입증하고 허기까지 해결할 수 있는 일석이조의 기회라고 쉽게 오해할 만한 제안입니다. 심리학적 용어를 쓰자면 나르시시즘적 욕구도 충족시키고 자아의식도 팽창하게 되는 것이니 일시적인 고양감과 충만함을 느낄 수도 있는 상황입니다. 하지만 이런 세속적인 마술쇼는 하느님의 뜻과는 거리가 멉니다. 아무리 결과가 이롭다고 해도, 악마가 제안한 의도는 배고픈 사람을 자비로운 마음으로 도와주는 것이 아니었기 때문입니다. 예수까지 조종할 수 있다며 자신의 능력을 과시하고, 하느님을 시험해서 이겨 보자는 악마의 속내를 예수는 미리 알아차린 것입니다.

더욱 놀라운 것은 예수가 악마의 유혹에 화를 내거나 야단을 치며 가르치려고 하지 않았다는 것입니다. 예수는 우리가 상상할 수 없는 의외의 답변을 합니다. "사람이 빵으로만 살지 못하고 하느님의 입에서 나오는 모든 말씀으로 살리라"(마태 4:4)라며, 조용하지만 단호한 태도로 악마의 속삭임을 일축하고 근원적인 존재의 의미를 대신 가르칩니다.

두 번째는 발아래의 모든 왕국을 보여 준 후 자신에게 절을 하면 이 모든 권세와 왕국들의 영광을 당신에게 주겠다는 악마의 제안입니다. 돌로 빵을 만들어 보라는 제안이 청소년에게나 어울릴 것 같은 나르시시스트적인 느낌이라면, 모든 왕국의 권세를 주겠다는 제안은 세속적인 사람이라면 모두 혹할 것 같은 어마어마한 유혹입니다. 대부분의 현대인은 돈과 권력의 추구가 인생의 목표일 것입니다. 그래서 그런 목표를 달성할 수 있는 조직이나 사람 혹은 이념에 맹목적인 충성이나 헌신을 한 뒤 마치 뜻있는 인생을 산 것처럼 착각하는 경우가 많습니다. 그러나 대부분 그런 기대는 여지없이 무산되고 말지요. 설령 죽기 직전까지 요행히 돈이나 권력을 붙잡고 있다 하더라도 그 때문에 정말로 중요한 사람이나 일들과 의미있는 관계를 지속하지 못했다는 것을 알게 된다면, 회한에 잠기고 때로는 피눈물을 흘리기도 합니다. 예수는 그런 인생의 엄정한 진실을 이미 알고 있기 때문에, 우리가 섬길 대상은 속세의 그 어느 것도 아니라 세속을 뛰어넘는 절대자라는 점을 알려 줍니다.

세 번째는 성전 꼭대기에서 당신이 하느님의 아들이라면 천사들이 당신을 보호할 것이니 여기서 아래로 몸을 던져보라는 제안입니다. 언뜻 보면, 마치 신앙의 진실을 테스트해 보라는 이야기처럼 들립니다. 네가 신심이 깊은데, 그저 위험이나 죽음 따위 상관없이 하느님께서 보호해 주실 것만 생각하고 행동해 보라는 것입니다. 이런 제안을 현대인의 구체적인 상황으로 번역해 보자면, "하느님께서 도와주시고 있으니 위험한 일, 네 몸에 해로운 일을 해도 돼.""너는 사랑받는 자식이니 별일 없을 것이야"라는 근거 없는 긍정 심리라고도 할 수 있습니다. 자아 중심적인 궤변이지요. 이번에도 예수는 단칼에 "너의 하느님이신 주님을 떠보지 말라"(마태 4,7)고 말합니다. 우리 몸이 거룩한 성전이라는 말은 몸이 시키는 대로 무슨 짓을 해도 나를 하느님께서 지켜주신다는 뜻이 아니라, 귀하고 거룩한 장소이므로 잘 가꾸고 보존하여 하느님의 뜻이 머물 수 있도록 준비하라는 뜻일 것입니다. 내 몸의 만족, 그 자체가 인생의 목표가 아니라 거룩한 무언가를 건강하게 잘해 낼 수 있는 방편으로서의 내 몸을 잘 관리하는 것은 일종의 의무이기도 합니다.

내 몸은 내 것이니 내 맘대로 한다는 생각이 지나치면 자기 몸을 해칠 수도 있습니다. 당장 달콤한 쪽으로 기울거나 그저 편한 것만 추구하고 혹은 화려한 사치에 절어 있다면, 결국 우리 마음에 남는 것은 허무감, 공허감 그리고 해로운 선택이 누적되어 쌓이는 독입니다. 대개 모든 종교는 인간의 선악 판단의 한계, 지적인 부족함 등 욕망과 충동의 문제를 건드립니다. 불교에서는 그래서 탐욕(貪慾), 진에(瞋恚), 우치(愚痴), 즉 욕망, 분노·노여움, 어리석음을 열반에 이르는 데 장애가 되는 삼독이라고 가르칩니다. 자꾸 무언가를 갖고 누리겠다는 탐욕과, 그런 욕구가 만족이 되지 않으면 터뜨리는 분노인 진 그리고 자신이 그런 바보 같은 행동과 선택을 하고 있다는 것도 알아채지 못하는 어리석음인 치를 말합니다. 칠죄종(七罪宗:Septem Peccata Mortalia 혹은 Capitalia)은 그리스도교에서 규정하는 죄의 근원으로, 즉 교만(Superbia), 인색(Avartia), 시기(Invidia), 분노(Ira), 음욕(Luxuria), 탐욕(Gula), 나태(Acedia)를 말하는데 이 죄들이 모두 정신분석에서 말하는 쾌락원칙(Pleasure Principle)과 연결됩니다. 또 현대인들이 좋아하는 '멋진', '최고의'라는 Super라는 단어가 라틴어 교만(Superbia)과 연결되고, 시기나 질투를 의미하는 Invidia가 개인(Individual)의 어근이 되는 것, 명품과 화려함을 의미하는 사치(Luxury)의 어원이 음욕(Luxuria)인

것도 의미심장합니다. 칠죄종이라는 관점에서 보면 현대인은 거의 중죄를 짓고 사는 것 같습니다.

그중에서도 자기 몸에 대한 집착과 우상화는 비논리적입니다. 따지고 보면 내가 내 몸을 만든 것도 아니고 키운 것도 아닙니다. 내가 이 몸을 벗어나고 싶다고 해서 쉽게 벗어날 수 있는 것도 아닙니다. 정신건강의학과 의사로서 자살 기도를 한 후 심각한 후유증으로 지옥 같은 세월을 보내는 이들을 적지 않게 보았습니다. 어른이 되기까지 가족이나 주변 사람이 내 몸을 먹이며 돌봐 준 날들을 생각하면 은덕을 갚지 않고 자신을 함부로 하는 것도 매우 무책임하고 배은망덕한 일입니다. 언제 몸과 마음이 분리되는지, 즉 죽음이 찾아오는지도 알 수 없는데 어떻게 내 몸의 주인이 '나'이겠습니까. 크게 보면 창조주가 만든 것이고, 부모님, 선생님, 또 나를 도와준 많은 이들의 결과일 뿐입니다. 자신의 몸을 숭앙할 것도 아니지만 그렇다고 함부로 해칠 권리도 없습니다. 그런 몸을 빌려 쓰고 있는 사람으로서 잘 관리할 의무는 있습니다.

마태오복음과 루카복음이 자세하게 악마의 유혹을 기록한 반면 마르코복음은 간단하게 언급하고 있습니다. 40일 동안 악마에게 유혹당하고 들짐승들과 함께 지내며 천사들이 그분의 시중을 들고 있었다고 기록합니다. 2,000년 전의 고대어로 기록된 사실이므로 현대인이 문자 그대로 이해하기에는 어려움이 있을 수도 있습니다. 마치 만화처럼 느껴질 수도 있으니까요. 저는 이 장면을 다시 심리학적으로 이해해 보았습니다. 악마의 영리한 유혹을 받았으나 그 허상을 금방 알아차린 예수가 인간의 자연적 본능과 영적인 세계를 통합시켜 보다 완전한 전체 정신을 구현했다는 뜻으로 말입니다.

우리는 살면서 끊임없이 내적, 외적 유혹과 난관에 부딪히게 됩니다. 그럴 때 하느님께서 뭐라 말씀하실 것인지에 대해 고민하고 혼란에 빠지게 됩니다. 바로 그 순간 이 부분을 자세히 읽고 묵상하다 보면 명쾌한 해답이 나오지 않을까 싶습니다.

광야의 유혹 사화에는 중요한 상징 코드와 전승들이 숨어 있습니다. 우선 40일 동안의 단식이라는 설정입니다. 모세도 하느님께 율법을 받은 후 백성에게 선포하기 전 시나이 광야에서 40일 동안 식음을 전폐했다고 합니다.(출애 34:28; 신명 9) 성경뿐 아니라 다른 신화, 전설, 영웅담에도 영웅이 탄생할 즈음 사막, 광야, 바다 등으로 나가 몇십 일 동안 음식을 먹지 못하거나, 짐승들과 사투를 벌이거나, 적들에게 쫓겨 다니는 신화적 모티프들이 등장합니다. 일종의 입문식, 성인으로 가는 의례라고 볼 수 있습니다. 원시인 종족 사이에서는 번지 점프를 하거나, 몸에 심한 문신을 하거나, 위험한 사냥을 하거나, 절벽에서 구르는 등의 풍속을 관찰할 수 있습니다. 우리나라 옛 결혼 풍속에도 신랑을 거꾸로 매달아 발바닥을 때리는 풍습이 있었지요. 또 무당들이 신내림을 받을 때는 몇 날 몇 주일 동안 아프기도 하고 산을 혼자 돌아다니기도 했습니다. 기술 문명이 발달한 후에도 이런 입문 의례를 거쳐야 하는 경우가 종종 있습니다. 군대에 들어가 신참이 겪는 고초나 기업에 첫 입사 했을 때, 또 대학이나 고등학교 입학 시 선배들에게 시달리는 순간 등이 그 예입니다. 어떤 직업을 갖든 가장 처음 하는 모든 일은 매우 어렵고 힘들고 그만큼 외롭기도 합니다. 40일 동안의 단식은 우리가 성장하면서 참아야 할 시간들의 상징 같습니다.

두 번째로는 예수의 대답 방식입니다. 악마가 아무리 할 것이냐 말 것이냐 하는 식의 이분법적인 답을 유도해도, 예수는 근본적인 부분을 짚으면서 흑백논리에 빠져 선택을 강요하는 악마의 논리를 무력화시킵니다. 사람들은 쟁의나 갈등의 한가운데 있을 때 과연 무엇 때문에 싸우는지도 모르고, 무엇을 추구하는지도 모르는 채 서로 말꼬리를 잡으면서 내가 옳다, 너는 틀리다, 하면서 끊임없이 자기 입맛에 맞는 정의와 공정을 외칩니다. 그리고 너는 어느 편이냐, 우리 편이냐 저쪽 편이냐, 하면서 진영을 만들어 가기도 합니다. 심지어는 부부끼리도 남편은 남의 편만 들기 때문에 남편이라 하고, 자식들에게도 부모나 배우자 중에서 고르라고 택일을 강요합니다.

흔히 많은 사람이 힘들 때 "답이 없다"고 말합니다. 그런데 그런 말을 하는 분들에게 다시 한번 그 질문의 본래 뜻이 뭐냐고 물어보면 막상 정확하게 알지 못하는 경우가 많습니다. 질문이 무엇인지 모르는데 당연히 답이 나올 수 없겠지요. 예를 들어 우리나라의 빈부 격차가 나날이 커지고 있는 상황에 대해 생각해 봅시다. 이런저런 대책을 세우고 세금 정책을 바꾸는 등 정부 기관이 노력하는데, 빈부 격차는 점점 더 심해집니다. 교육 격차, 건강 격차 등 모든 것이 최근 몇십 년 동안 전 세계적으로 증가하고 있습니다. 그럴 때 사람들은 답이 없다고 말하는데, 왜 자본이 자본을 점점 더 먹고 공룡이 되어 가는지, 또 그와 같은 시스템은 왜 고착화되는지 그리고 그런 부조리에 대해 무감각해진 사람들의 마음에 내면화된 차별의식은 어디서 왔는지 근본적 이유에 대해서는 그만큼 철저하게 묻지 않습니다. 사람들의 욕구, 이기심을 승화시키고 나눌 수 있는 구조적 장치와 교육은 있는지 등의 근본적인 질문은 인기가 없습니다. 단순히 몇 명의 경제 관료들이 나서면 마치 모든 경제적 불평등과 빈곤 문제가 해결되는 것처럼 몇 사람, 혹은 몇 가지 이론이나 정책에 답을 기대는 태도 자체가 잘못된 것은 아닐까요?

예수는 악마의 답을 유도하는 질문에 끌려들어 가지 않고, 인간으로서 우리가 지켜야 할 근본적인 조건들에 대해 우리의 관심을 환기시킵니다. 특히 한국처럼 사지선다, ○나 × 질문에만 익숙한 교육 환경에서 성장한 사람들이라면 다시 한번 '제대로 질문하기'를 배워야 할 것 같습니다.

세 번째로 우리에게 과연 생존을 위한 본능은 무엇이며 이를 어떻게 다룰까 하는 문제입니다. 악마와 거래하면 모든 것을 다 소유할 수 있게 해주겠다는 유혹은, 영혼을 팔더라도 일단은 잘살고 보자는 의미일 수 있습니다. 가지고 싶은 것은 가지겠다는 인간의 눈먼 욕망에 대한 묘사라고 생각할 수 있습니다. 악마는 말합니다. "당신이 하느님의 아들이거든 아래로 몸을 던지시오. '(하느님께서) 그대를 위해 당신 천사들에게 명하시리라' 또한 '그들은 손으로 그대를 받들어 그대의 발이 돌에 다치지 않게 하리라'고 기록되어 있소."(마태 4:6) 이 대목은 특히 명민한 예수와 악마가 지적인 대결을 하는 장면처럼 보입니다. 그래서 지식욕과 연결할 수 있겠지만, 하느님, 즉 인간 능력을 넘어서는 무언가에 끊임없이 도전하고 싶은 인간의 또 다른 욕망으로도 읽어 봅니다. 성경을 보면서 성경 속에 있는 내용들의 비논리성, 비합리성 같은 것을 따지거나, 혹은 교회사에 있는 많은 모순에 대한 지식을 자랑하면서 그러니까 그리스도교는 가짜라고 말하는 사람들에게 예수는 "너의 하느님이신 주님을 떠보지 말라"고 말할 것 같습니다.

그렇다면 "하느님을 떠보지 말라"는 말은 또 무슨 뜻일까요. 우리가 신과 대결할 때, 우리의 마음을 살펴보면 이해가 갈 것입니다. '과연 신이 있다면, 나를 이번에 대학 시험에 붙여 주실 거야, 우리 어머님 병환을 고쳐 줄 거야, 가난하게 살았는데 로또에 당첨시켜 줄 거야' 하는 식으로, 절대자를 세속적인 욕망을 들어주는 시시한 존재로 환원시키는 태도이지요. 그만큼 자기 팽창적이면서 오만할 때, 또 반대로 뿌리 뽑힌 상황이거나 절망적일 때, 우리는 자신과 절대자의 관계에 대해 의심하고, 절대자와 대적해 보려고 허우적댑니다. 시간과 공간에 갇혀 있는 유한한 존재인 우리는 하다못해 우리가 쓰는 언어의 감옥에도 갇혀 삽니다. 그러나 어떤 사람의 지식도 은하수 너머, 우주의 탄생과 소멸을 모두 꿰뚫지 못합니다. 어떤 사람의 눈도 원자와 양자 그보다 더 작은 존재의 실체에 대해 모두 파악하지는 못합니다. 가능하지 못한 신비의 영역을 마치 다 알 수 있다고 생각하는 오만이 다시 우리의 마음을 황폐하게 만들 뿐입니다.

나같이 어리석은 이에게 왜 이런 귀한 기회와 행복을 주셨을까, 그 뜻이 무엇인가 깊이 숙고하고, 반대로 어려움이 닥쳤을 때는 이런 힘든 과정을 통해 나를 어디에 쓰실지 질문해 봐야 할 것 같습니다. 질문의 방향과 내용은 그 말을 담을 수 있는 그릇을 벗어날 수 없으니, 내 지적 능력의 한계가 무엇인지 먼저 챙겨봐야 할 것 같습니다. 물론 말처럼 쉽지 않기 때문에, 40일간의 단식을 마치고 악마의 유혹을 물리치는 예수의 행동이 그만큼 더 강렬하게 다가오는 것 같습니다.

생각해 봅시다

광야의 유혹 사화에는 중요한 상징 코드와 전승들이 숨어 있습니다. 일종의 입문식, 성인으로 가는 의례를 엿볼수 있으며, 악마에게 답하는 예수의 침착하고 슬기로운대화법을 엿들을 수 있습니다. 또한 과연 생존을 위한 본능은 무엇이며 이를 어떻게 다룰까에 대해서도 생각해볼 수 있습니다. 우리는 살면서 끊임없이 내적, 외적 유혹과 난관에 부딪히게 됩니다. 그럴 때 하느님께서 뭐라 말씀하실 것인지 고민하고, 광야의 유혹이 상징하는 것들에 대해 묵상하다 보면 해답이 나오지 않을까요. 어려움이 닥쳤을 때 이런 힘든 과정을 통해 하느님이 나를 어디에 쓰시려고 하는지 스스로에게 질문해 보면 어떨까요?

✝

갈릴래아 제자들과
기적의 상징

갈릴래아(히브리어로는 갈릴리)는 역사학자 프톨레마이오스, 요세푸스가 중요성을 강조하며 자세하게 언급한 장소 중 하나입니다. 갈릴래아 호수와 지중해 사이 지역으로 돌이 많은 지형이지만, 강수량이 많아서 여러 작물이 재배되고 있으며 예수의 고향이기도 합니다.

우선 이사야 9장 1절, 갈릴래아 지방의 영광을 예언한 언급이 어떤 맥락에서 나왔는지를 살펴봐야 할 것 같습니다. 알렉산드로스 대왕이 기원전 323년에 죽은 후, 후계자인 안티오코스 1세는 제국의 재통일을 꿈꾸었으나 네 장군(카산드로스, 리시마쿠스, 셀레우쿠스, 프톨레마이오스)의 연합군에게 패배하고 죽임을 당한 후 제국의 영토는 분할됩니다. 그리고 다시 팔레스티나 지방부터 갈릴래아 지방까지 에피파네스, 즉 안티오코스 4세가 지배하면서 유대인들을 잔인하게 억압합니다. 갈릴래아 왕 헤로데 1세는 정통성 보강을 위해 이미 결혼해 아내와의 사이에 아들까지 두었음에도 이전 왕가인 하스모니안 왕조의 공주 마리암과 혼인합니다. 그러다 다시 마리암과 마리암의 자식들을 처형시키는데 이 일로 인해 헤로데 왕가는 유대인들에게 엄청난 비난을 사게 되었습니다. 나라가 망하는 과정 중엔 지도자들의 비윤리적 행동 때문에 보통 사람들의 마음도 함께 타락하게 됩니다. 서로에 대한 믿음이 없어지니 믿음과 도덕이 땅에 떨어지고 사람들은 각자도생. 즉 혼자 살겠다고 발버둥치게 됩니다.

요한 세례자는 헤로데 왕가의 비윤리성을 비난하다가 잡혀 갈릴래아에서 옥살이를 하다 처형됩니다. 요한 세례자는 예수와 비슷하게 서른 살이 되던 해부터 세례를 베풀기 시작하는데, 전승에 의하면 바리사이파와 사두가이파에게는 세례를 베풀지 않았다고 합니다. 이런 강직한 요한 세례자에 대한 민중의 기대가 그의 어이없는 죽음으로 다시 좌절감으로 바뀌면서 사회는 무기력한 아노미 상태에 빠졌을 것입니다. 예수에게 사회적. 세속적 기대가 쏟아지게 된 까닭을 당시 사회상을 보며 짐작해 봅니다.

또 하나 여기서 주목해야 할 사건은 이 시점부터 하느님과의 약속이 할례가 아니라 세례로 바뀌고, 세례가 요르단강에서 베풀어졌다는 점입니다. 요르단강의 어원은 아카디아어로는 '힘 센', 이집트어로는 '큰 강'이라는 뜻이고 갈릴래아 호수와 사해를 연결시킵니다. 풍요로운 호수와 죽음의 호수를 잇는 길인 셈이라 삶과 죽음을 연결하는 상징으로 이해할 수 있습니다. 요르단이라는 단어는 창세기 13장 10절, 소돔과 고모라가 멸망하기 전 롯이 아브람과 헤어지면서 "롯이 눈을 들어 요르단의 온 들판을 바라보니, 초아르에 이르기까지 어디나 물이 넉넉하여 마치 주님의 동산과 같고 이집트 땅과 같았다"는 대목에서 처음 나옵니다. 나일강처럼 크지는 않지만, 마치 나일강처럼 넉넉하게 생명을 품어주는 강이었다는 뜻이지요.

여호수아기 3장을 보면 모세의 뒤를 이은 지도자 여호수아가 시팀을 떠나 요르단강을 건널 때 기적이 일어납니다. 야훼의 궤를 멘 사제들의 발이 요르단강 물에 닿으면 강물이 끊어져 둑처럼 멈추어 설 것이라고 말하자, 곧 그대로 기적이 이루어져 요르단강을 건너는 장면이 나옵니다. 예수가 앞으로 보여 줄 기적의 서막이 등장하는 장소로서 갈릴래아 호수와 요르단강을 이해하게 되는 대목입니다.

마태오복음에서 예수는 갈릴래아 호숫가를 지나가다가 베드로라는 시몬과 그 동생 안드레아가 호수에 어망을 던지는 것을 보고 "내가 너희를 사람 낚는 어부로 만들겠다"라고 말합니다. 또 제배대오의 아들 야고보와 동생 요한이 아버지와 함께 그물을 손질하는 것을 보고 부릅니다.

마르코복음에서도 똑같은 장면이 등장하는데 루카복음에서는 조금 다릅니다. 예수가 호숫가에 서 있고 군중이 몰려들고 있을 때 시몬에게 깊은 데로 나아가라고 말합니다. 시몬이 시키는 대로 하자 배가 가라앉을 지경이 되고, 시몬 베드로가 "저에게서 떠나 주십시오. 저는 죄 많은 사람입니다"라고 말합니다. 시몬의 동업자인 야고보와 요한도 그렇게 말했지만, 예수는 "이제부터 너는 사람을 낚을 것이다"라고 말했고 그들은 모든 것을 버리고 예수를 따라나서게 됩니다.

갈릴래아 호수는 킨네렛바다(여호 12:3), 겐네사렛호수(루카 5:1), 티베리아스호수(요한 6:1) 등 다양한 이름으로 불렸습니다. 마리아 막달

레나의 고향인 미그달 누나야(Migdal Nunayah)도 근처에 있는데, 미그
달 누나야는 아람어로 물고기탑을 뜻합니다. 바다 모양이 키노르, 곧
수금을 닮아서 붙여진 이름이 킨네렛이라고 합니다. 겐네사렛은 킨네
렛을 그리스 헬라어로 음역한 말로 추정합니다. 성경을 읽을 때 이 호
수 이름들이 다 다른 것이 아닐까 헷갈리는 이유입니다. 신약에서는
갈릴래아 호수를 간혹 바다라고 표현하기도 합니다. 그만큼 크게 느
껴졌기 때문이겠지요.

융 심리학에서는 물고기 상징이 매우 중요한 자기, 온전하고 진실
한 개성화의 과정으로 자주 소개됩니다. 물고기가 사는 물은 호수든
강이든 바다든 깊은 물이라면 무의식의 상징이라고 할 수 있습니다.
수면 밑에는 엄청난 생명이 살아 있지만, 오로지 공기만 호흡하고 있는 우리로서는 물속에 무엇이 들어 있고, 어떤 일들이 일어나는지 알수가 없습니다. 무의식과 비슷합니다. 그러나 물과 무의식은 우리를 살게 해주는 생명의 원천 중 하나입니다.

물속에 사는 물고기는 물속의 영양분을 먹고 자유롭게 헤엄치는 존재입니다. 물고기는 알을 많이 낳고 그 알이 또 엄청난 속도로 불어 나면서 자유롭게 물속을 헤엄칩니다. 우리 무의식의 여러 생각들 역시 셀 수 없는 시간과 양으로 우리 마음속에 생겼다 사라지곤 합니다.

라틴어로 Vesica Piscis는 물고기의 움직임을 의미하며, 'Vessel of the Fish' 즉 두 개의 원이 만나는 아이콘입니다. 예수의 제자가 두 명씩 짝지어서 네 명이 되는 상징은 일종의 통합, 완전성을 지향하는 숫자로 이해해도 될 것입니다.

그리스 헬라어로 IΧΘΥΣ는 '물고기'라는 뜻으로, 익투스(이흐시스 또는 이크시스라고도 합니다)라고 발음합니다. 초기 그리스도교 신자들이 비밀스럽게 사용했다고 전해지며 두 개의 곡선을 겹쳐 물고기 모양으로 만든 상징입니다. "Ἰησους Χριστος Θεου Υιος Σωτηρ: 이에수스 크리스토스(예수 그리스도) 테우 휘오스(하느님의 아들) 소테르(구원자)"는 "하느님의 아들 구원자(구세주) 예수 그리스도"라는 뜻이라고 합니다.

생각해 봅시다

융 심리학에서는 물고기 상징이 매우 중요한 자기, 온전하고 진실한 개성화의 과정으로 자주 소개됩니다. 물고기가 사는 물은 호수든 강이든 바다든 깊은 물이라면 무의식의 상징이라고 할 수 있습니다. 또한 물은 우리를 살게 해주는 생명의 원천 중 하나입니다. 신약에서는 갈릴래아 호수를 바다라고 표현하기도 합니다. 예수는 갈릴래아 호숫가를 지나가다가 베드로라는 시몬과 그 동생 안드레아가 호수에 어망을 던지는 것을 보고 "내가 너희를 사람 낚는 어부로 만들겠다"라고 말합니다. 갈릴래아에서 제자들에게 전한 예수의 말씀과 그 상징에 대해 생각해 봅시다.

3장

용서의 기적

판단하지 않고 심판하지 않고
용서히는 에수

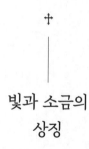

빛과 소금의
상징

마태오복음 5장 13-14절에 나오는 '빛과 소금'의 의미는 무엇일까요? 매우 짧은 구절이지만, 엄청난 뜻이 숨어 있습니다. 빛이란 단어는 구약의 창세기에도 많이 등장합니다. 하지만 구약에서는 신약에서처럼 너희가 세상의 빛이라고 간결하게 선포하기보다는 야훼 하느님의 빛을 강조하는 단어로 쓰이는 경우가 대부분입니다. 그러나 신약의 빛은 하느님만이 세상의 빛일 수 있다는 구약 시대를 뛰어넘는, 도발적인 사용법이 눈에 띕니다.

그래서인지 예수가 "나는 세상의 빛이다. 나를 따르는 이는 어둠 속을 걷지 않고 생명의 빛을 얻을 것이다"(요한 8:12)라고 말했을 때 바리사이파들은 반발합니다. 하느님만이 세상의 빛이라고 생각했던 이들에게 목수 출신의 이름 없는 젊은이가 자신이 감히 세상의 빛이라고 하였으니, 조롱과 비난을 하려 했던 것 같습니다. 그러나 예수는 마태오복음에서, 어두움 속에서 꼭 필요한 빛을 감추는 어리석은 사람이 있느냐고 반문합니다. 스스로 빛나 세상을 밝힐 좋은 소식을 갖고 왔는데, 그 빛을 믿지 않는 이들이 무서워 그 빛을 피하는 것은 좋지 않다는 뜻으로 읽을 수 있습니다.

빛의 비유는 불교 경전에서도 찾아볼 수 있습니다. 초기 경전인 『사십이장경』에는 '마음의 때가 다 없어져 깨끗해지면 이것이 가장 밝은 것이다'라고 적혀 있습니다. 세상이 시작되어 지금까지 생긴 일을 다 볼 수 있고, 알 수 있고, 들을 수 있어서 모든 것을 아는 지혜를 얻은 것이 가장 밝은 빛이라는 것입니다.

모든 것을 알고(Omniscience), 어디에나 있고(Omnipresence), 무엇이든 할 수 있고(Omnipotence), 모든 대상에 자비를 느끼는(Omnibenevolence) 주 예수라면 불교에서 말하는 일체지(一切智)를 이미 얻은 것이지요.

그런데 이런 밝은 빛을 예수는 제자들에게도 나누어 주려고 했습니다. 그래서 너희들이 세상의 빛이 될 것이라고 예언하고 임무를 주었습니다. 횃불을 가지고 어두운 방 안에 들어가면 어두움이 사라지고 환히 밝아지듯 예수와 그 제자들이 가는 곳은 사랑의 빛으로 가득 차는 것이지요.

광야에서 홀로 살며 은둔했던 요한 세례자에 비해 예수는 많은 곳을 돌아다녔습니다. 어떤 사람들과도 거리낌 없이 만나 그 빛을 전해 주려고 했고, 그분을 따라 제자들도 먼 거리를 여행하게 됩니다. 그들의 행적을 보면서, 공부하고 일하는 나와 세상과의 관계에 대해 다시 반성해 봅니다.

세상의 불의나 큰 부조리, 모순에 대해 무기력해지면서 제가 하는

'제자들을 부르다(*Calling of the Apostles*)', Domenico Ghirlandaio, 1481~1482, CC0

일들이 매우 하찮고 무의미하다고 느낄 때가 많습니다. 또 제가 가진 지식과 경험을 누군가와 나누는 것이 무슨 의미가 있는지, 제 능력이나 역할에 대해 회의를 느낄 때도 종종 있습니다. 마태오복음의 이 대목을 보면 그 빛이 비록 소소하고 보잘것없어도 자신에게 영광스럽게 주어졌고 또 그 빛을 나누는 것이 의무라면 나누는 것이 옳다는 생각이 듭니다.

요한복음 3장 19절에서 예수는 악한 행동을 하는 사람들은 빛보다는 어두움을 좋아한다고 말했습니다. 우리의 마음에는 악한 부분이 있기 때문에 당연히 어두운 공간으로 숨으려는 경향이 있습니다. 혼자 있을 때도 하느님의 빛 속으로 들어갈 수 있는 것은 사막의 은수자나 성인의 경지이고, 평범한 우리는 어둠 속에 숨어 하느님의 빛을 놓아버리고는 어둡다고 불평합니다.

주변 사람에게 자신의 빛을 나누는 것은 스스로 높이거나 자랑하려는 것이 아니라 오히려 자신을 불쏘시개로 삼아, 자신을 버리고 주변에 사랑을 나누는 행동일 것입니다. 이는 예수가 특히 어린아이를 좋아하고, 바리사이파나 사두가이파 사제들처럼 많이 배웠다는 사람들의 교만을 경계한 부분과도 통합니다.

빛의 비유 다음에 나오는 소금의 비유 역시 생각할 거리가 많습니다. 요르단강이 흘러 멈추는 사해, 또 강물이 모이는 바다는 왜 짤까요. 모든 생물이 모여 흐르는 강물이 커다란 바다로 바뀌며 짜게 변하는 것은 어찌 보면 마술 같고 기적 같습니다. 물론 과학적으로 설명할 수 있는 이야기이지만, 예수가 "소금이 되라"는 상징을 쓴 이유를 다시 생각해 봅니다. 소금의 비유는 구약의 민수기 18장 19절에도 등장합니다. 거룩한 예물들과 주님 앞에 맺은 영원한 소금 계약을 같이 언급한 대목입니다. 마태오복음에서는 소금이 그 맛을 잃어버리지 않도록 주의하라고 했기 때문에 우리가 소금의 맛이 되려면 어떻게 살아야 하는지 생각해 봅니다.

소금은 설탕 같은 감미료와 달리 그 자체로는 우리 혀에 아부하지 않습니다. 그러나 소금이 없다면 음식을 오래 보존할 수 없고 소금이 부족할 경우, 사람의 몸은 견디지 못해 병에 걸리고 심지어 죽을 수도 있습니다. 빛의 은유처럼 소금은 자기 자신보다는 그 주변을 더 값지게 하는 기능이 있습니다. 그러나 너무 뜨겁고 몰아치는 빛은 주변에 공포의 대상이 되듯, 지나치게 짜거나, 롯의 며느리처럼 아예 소금 기둥으로 변하게 된다면 이 또한 무서운 상황이 됩니다. 모든 강물이 사해처럼 변해도 무섭기는 마찬가지입니다.

빛은 어둠에 잘 가려집니다. 소금 역시 정제하지 않으면 오염이 되어 소금으로서의 기능을 하지 못하게 됩니다. 세상의 빛과 소금이 되라는 예수의 당부를 기억합니다. 동시에 우리가 종종 그 빛과 짠맛을 잃고 엉뚱한 짓을 하지 않도록 노력해야 합니다.

생각해 봅시다

주변에 자신의 빛을 나누라는 것은 자신을 불쏘시개로 삼아 사랑을 나누라는 의미입니다. 이웃에 소금이 되라는 말도, 빛의 은유처럼 주변을 값지게 하라는 뜻입니다. 그러나 소금은 정제하지 않으면 오염이 되어 기능을 하지 못하게 됩니다. 세상의 빛과 소금이 되려고 노력하는 동시에 그 빛과 짠맛을 잃지 않는 지혜를 가져야 합니다.

정의와 심판,
죄의 상징

예수는 사랑의 화신이라고 할 수 있기 때문에 고루한 율법을 뛰어 넘는 설교와 행적을 보여 주었습니다. 당시 사람들은 많이 놀라고 당황했을 것입니다. 예수는 간통죄로 맞아 죽게 생긴 여성의 생명을 구해 주고, 모든 사람이 혐오하고 경원시하는 세리와 함께 밥을 먹었으며, 구약에서는 절대 손대지 말라고 한 피부병 환자들을 거리낌 없이 만지고 고쳐 줍니다. 예수 때문에 전통과 문화와 사회 구조가 송두리째 흔들린다고 말하는 보수주의자들이 꽤 많았을 것입니다.

이에 대한 해답으로 예수는 마태오복음 5장 17절과 루카복음 16장 16-17절에 "내가 율법이나 예언자들의 (말)을 혁파하러 온 줄로 여기지 마시오. 혁파하러 온 것이 아니라 오히려 완성하러 왔습니다"라고 말합니다. 그러면서 예수는 가장 중요한 명제로 "성내지 말라"고 말합니다. "살인하지 말라"는 옛사람들의 말씀에 덧붙여, 자기 형제에게 분노하는 사람, 바보라고 하는 사람, 어리석은 놈이라고 하는 사람들은 각각 재판, 최고 의회, 불붙은 지옥에 회부된다고 말합니다. 그러니 제단에 무얼 바칠 생각을 하지 말고, 우선 형제와, 심지어는 죄수와도 화해하라고 당부합니다.

여기서 형제, 죄수는 누구이며, 화해는 또 무슨 뜻일까요. 형제는 내 편, 나와 이해관계나 혈연관계로 얽힌 사람들을 뜻하고, 죄수는 명백히 죄를 지은 남 혹은 타자를 뜻합니다. 우리가 화를 내는 대상을 크게 둘로 나눈다면, 나와 가까운 사람과 나와는 전혀 상관없는 사람으로 나눌 수 있을 것입니다. 가까운 사람은 가깝기 때문에 기대치가 높아 더 화를 낼 수 있고, 나와 상관없는 사람은 다시 볼 일이 없기 때문에 아마 가혹하게 더 죗값을 치르라고 화를 낼 수 있을 것입니다.

그런데 예수는 둘 모두에게 화를 내지 말고 용서하라고 당부합니다. 사랑의 하느님을 닮기 위해 용서하라는 뜻으로 해석할 수도 있지만, 심리학자인 저로서는 화내는 상대방의 어떤 좋지 않은 점이 내 안에 역시 존재하기 때문이 아닌가도 생각하게 됩니다.

'그림자 콤플렉스'라는 개념이 있습니다. 나는 선한 사람, 올바른 일을 하는 사람, 부끄러움 없이 산 사람이라고 스스로 자위하고 사는 이들도 물론 있겠지만, 대부분은 남모르게 지은 죄와 실수가 많습니다. 내 그림자를 보지 못하고 있는 것입니다. 용케 들키지 않으면 다행이고, 혹시 알려졌다면 가능한 한 빨리 용서받고 잊히길 바라는 것이 우리의 마음입니다. 남이 내게 잘못한 것은 절대 잊지 못하지만, 내가 남에게 잘못한 것은 뭘 그런 걸 마음에 두고 사느냐, 빨리 잊어달라고 하는 이율배반적인 모습을 보입니다. 그런 죄 많은 우리가 그나마 빨리 용서받고, 또 자신과 화해할 수 있는 방법으로, 먼저 다른 사람, 특히 내게 잘못한 사람들을 용서하고 받아들이라는 주문 같습니다.

"화내지 말라"는 자연스럽게 대당 명제 다섯 번째 "보복하지 말라", 여섯 번째 "원수도 사랑하라"와 연결이 됩니다. 우리는 정의를 구현한다면서 내게 잘못한 이들에게 자주 화를 내고 보복합니다. 서로 원수가 되어 대를 이어 보복에 나서기도 합니다. 인류 역사상 대부분의 분쟁, 분란, 전쟁들이 수십 년, 수백 년간 벌어진 이유이지요. 다른 사람이 원하지 않는 것은 하지 말고, 다른 사람이 내게 원하는 것을 남에게 해주라는 황금률을 도덕, 철학, 종교의 스승들이 가르치고 있지만, 대부분 실천하지 못합니다. 그 시작의 첫 번째 단계가 저는 함부로 '화내지 않기'라고 생각합니다.

역사를 되돌아보면 '정의'라는 이름으로 얼마나 많은 살육과 전쟁이 일어났는지 알 수 있습니다. 내가 말하는 '정의'가 얼마나 자의적이고 자기중심적인 좁은 소견인지도 깨닫게 됩니다. 서로 올바른 인생을 살지 못했다고 소송하는 부부도 있고, 부모나 자식, 형제에게 자기중심적인 도덕 원칙(나는 옳고 당신은 틀렸다는 생각)을 강요하면서 원수가 되는 가족을 보면, 일상의 정의도 얼마나 힘든가 알게 됩니다.

유교에서도 인내, 자비로움의 뜻으로 쓰이는 인(仁)을, 올바름, 정의로 풀이되는 의(義)에 선행해서 실천해야 하는 덕목으로 가르칩니다. 예수 역시 율법을 지키지만, 율법보다 차원이 높은 사랑, 화해, 인내, 자비 등을 가르친 것은 우리의 이중성, 자기중심적인 태도를 꿰뚫어 보았기 때문 아닐까요. 맹자는 성선설을 이야기했지만 순수한 아이의 마음을 계속 지니기는 어렵다고 말했습니다. 소크라테스의 명언 "너 자신을 알라"라는 이야기를 남들에게 종종 써먹지만, 자기 자신에 대해서도 엄격하게 그런 주문을 하고 있는지 돌아봅니다. 혹시 자기의 어두운 부분, 그림자 콤플렉스에 사로잡혀 다른 사람들에게 모든 악행과 어두움을 투사하는 것은 아닐까요?

자신이 미워하는 사람들, 자신을 미워하는 사람들을 용서하고 그들과 화해하라는 예수의 가르침은 단순한 윤리 선언이 아닙니다. 철학적인 추상적 개념도 아닙니다. 논리나 이성이 아니라, 온몸으로 실천하고 따뜻한 감정으로 실천해야 하는 덕행입니다. 예수는 스스로 하느님의 어린 양이 되어 고통 속에 죽어가면서도 자신을 팔고 조롱하고 모욕한 배신자들과 처형장으로 끌고 가 십자가에 못 박은 군중을 용서했습니다. 예수의 가르침은 그들에게 화해와 용서를 몸소 가르쳐주면서 완성되었습니다.

많은 사람이 사랑받기 위해 태어났다고 말합니다. 그런데 거기에 더하여 사랑하면서 어른이 되고, 화해하고 용서하면서 더 나은 삶을 만들기 위해 태어난 것이 아닐까, 생각해 봅니다. 돌이켜 보면 저는 다른 사람에 비해 결코 더 순수하지도 않고, 더 훌륭하지도 않고, 더 아름답지도 못한 삶을 살았습니다. 배우지 못하고, 가난하고, 남들에게 인정받을 만한 지위도 없지만, 선행하고 사랑으로 주변을 빛나게 하는, 허명은 없지만 훌륭한 이들을 만날 때마다 부끄러워지는 이유입니다. 그래도 예수는 그런 저를 용서해 주고 또 용서해 주는 것 같아 그나마 안심이 되니 기쁘고 감사합니다.

생각해 봅시다

자신이 미워하는 사람들, 자신을 미워하는 사람들을 용서하고 그들과 화해하라는 예수의 가르침은 단순한 윤리 선언이 아닙니다. 철학적인 추상적 개념도 아닙니다. 논리나 이성이 아니라, 온몸으로 실천하고 따뜻한 감정으로 실천해야 하는 덕행입니다. 예수는 스스로 하느님의 어린 양이 되어 고통 속에 죽어가면서도 자신을 팔고, 조롱하고 모욕한 배신자들, 처형장으로 끌고 가 십자가에 못 박은 군중을 용서했습니다. 예수의 가르침은 그들과 화해함으로써 완성되었다는 것을 기억합시다.

†

성경에서 '본다'가
갖는 뜻

　예수가 예리고의 눈 먼 두 사람(마태 20:29-34 ; 루카 18:35-43)을 만나
는 장면과 티메오의 아들 바르티메오의 눈을 뜨게 해주는 장면(마르
10,46)을 예수가 게쎄마니 올리브산에서 기도할 때 베드로 등 제자들
이 자고 있던 모습(마태 26:36-46 ; 루카 22:39-46)과 비교해서 이야기하
겠습니다. 앞의 장면은 눈 먼 이들이 눈을 뜨고 예수를 따르는 모습이
고, 뒤의 장면은 제자들이 잠을 이기지 못해 기도하는 예수의 고난에
동참하지 못하는 장면입니다. 예리고의 눈 먼 두 사람은 간절한 마음
으로 예수에게 청하여 눈을 뜨게 되었지만, 눈이 멀쩡한 제자들은 쏟
아지는 잠 때문에 예수가 기도하는 장면을 보지 못했습니다.

　"눈을 부릅뜨고 잘 보라"라는 얘기를 일상에서 자주 합니다. 시력
이 좋고 정신이 멀쩡하고 집중하면 꼭 봐야 하는 것들이 보이겠지요.
그런데 우리가 매일 보는 많은 것들이 정말 가치가 있어서 보려고 꼭

애써야 하는 것일까요. 사실 별로 쓸데 없는 정보들, 눈을 현혹하는 화려한 장면들, 자극적인 상황들을 하루 종일 보느라, 정작 사랑하는 사람이 아프고 외롭고 힘든데도 우리는 못 볼 때가 참 많습니다. 내 앞의 물건들에 욕심내느라 내 관심을 끌지 않는 많은 이들의 고통은 외면합니다.

예리고의 가난한 이와 눈 먼 이들은 오랫동안 소외되고 고통 속에 살면서 인생의 가장 중요한 가치가 무엇인지 알고 있었기 때문에 예수를 만날 수 있었고, 또 눈을 뜨게 되는 큰 사랑을 받을 수 있었던 것은 아닐까요. 반대로 화려함의 극치였다고 하는 로마의 귀족과 왕족들, 헤로데 왕가의 호사스러움은 예수가 누구인지 알 수 없게 만드는 때 묻은 장막이었을 것입니다. 예수를 따르는 제자들도 쏟아지는 잠을 막지 못해 눈을 뜨지 못하고 예수의 기도에 동참하지 못했지요. 그리고 지금의 우리도 그들과 크게 다르지 않습니다.

예수가 살아 있을 당시, 눈 먼 이들은 누구일까요? 그때는 눈을 보호하는 안경도 쓰지 않았고, 건조한 사막과 습한 바다의 바람 또 가난으로 인한 불균형한 식사 등으로 안질환이 많았으리라 충분히 짐작할 수 있습니다. 특히 예리고는 가난한 사람들. 장애가 있는 사람들이 모여 구걸하는 곳이었다고 합니다. 조선시대로 말하자면 광희문(시구문, 수구문) 밖 정도 된다고 생각하면 됩니다.

예수는 그곳을 지나면서 눈 먼 두 사람 (혹은 바르티메오)을 만납니다. 그들은 "다윗의 자손이신 주님, 저희에게 자비를 베풀어 주십시오" 하고 소리칩니다. 사람들이 떠들지 말라고 꾸짖었으나 더욱 큰 소리로 외치자, 마태오복음에서는 예수가 "내가 당신들에게 무엇을 해

주기 바랍니까?" 하고 묻고 그들이 예수에게 "주님, 저희 눈이 뜨이게 해 주십시오" 하고 말하자 예수가 측은히 여겨 그들의 눈을 만졌습니다. 그러자 즉시 그들은 다시 보게 되었고 그들은 예수를 따랐습니다. 마르코복음에서는 앞 못 보는 사람이 겉옷을 벗어 던지고 예수에게 다가가니, 예수가 "내가 당신에게 무엇을 해주기 바랍니까?" 하고 묻습니다. 그가 "제가 다시 볼 수 있게 해 주십시오" 하자 예수는 "가시오, 당신의 믿음이 당신을 구원했습니다"라고 말합니다. 곧 그는 눈을 뜨고 예수를 따라나서게 됩니다.

저는 예수가 "내가 그대들에게 무엇을 해주기를 바랍니까?"라고 물어보는 대목이 인상적입니다. 거지 행색인 그들이 간절히 바라는 바를 묻는 태도입니다. 우리도 누군가에게 무엇을 해줄 때가 있지만, 상대방이 무엇을 간절히 바라는지를 먼저 묻지 않고, 내가 해주고 싶은 것을 강요하듯 해줄 때가 많습니다. 사랑이란 이름으로 상대방의 의사는 묻지도 않고 마치 온정을 베풀듯 하는 태도입니다. 남을 도와줄 때는 상대방의 의사를 먼저 물어보는 게 필요합니다.

특히 눈이 먼 것을 측은히 여겨 눈을 만지니 곧 그들은 다시 보게 되었고 그분을 따랐다는 내용을 저는 문자 그대로 기적적인 사건이라고 생각하지만, 상징적인 비유로도 이해해 봅니다. 우리가 자주 쓰는 표현 중에 '맹목적인'이라는 말이 있습니다. 눈이 안 보인다는 뜻이지요. '눈뜬장님'이라는 속된 표현도 있습니다. 보긴 하는 것 같은데, 제대로 봐야 할 것을 보지 못한다는 뜻입니다.

우리는 살면서 끊임없이 무언가를 보지요. 시각장애인들도 점자와 오디오로 새로운 지식을 접하면서 마음의 눈을 뜨게 됩니다. 그런데

'눈 먼 이를 고치는 그리스도(*Christ Healing the Blind*)', 1567, El Greco, CC0

예전에 비해 우리는 점점 더 꼼꼼하게 읽거나 핵심을 관찰하는 것과
는 멀어지고 그저 스쳐지나가거나 훑은 뒤 마치 다 아는 것처럼 착각
하는 경우가 많게 되었습니다. 정보의 과잉 때문일까요. 오히려 볼 것
이 너무 많아 꼭 보아야 할 것은 보지 못하게 되는 현실입니다.

또한 이 장면을 읽으면서 나는 얼마나 눈을 뜨고 살고 있는지 스스
로에게 질문을 던져봅니다. 책과 논문과 모니터를 보고 사람들을 만
나면서 제 눈은 깨어 있는 동안 잠시도 쉬지 않고 뇌에 정보를 보내고
있습니다. 제 뇌는 그 정보를 토대로 많은 생각들, 판단, 상상, 계획 등

을 하게 됩니다. 그런데 신기하게도 제 눈은 자신에게 필요한 것, 이익이 될 만한 것, 보고 싶은 것만 보는 경우가 많습니다. 방안에 고릴라나 코끼리가 지나가도 무언가에 열중하면 보지 못합니다. 또 게으름을 피우거나 회피하고 싶을 때는 눈을 감거나 아예 자려고 합니다. 어려운 수학 공식, 깊은 철학적 논설을 아무리 오랫동안 보고 있어도 이를 해독하지 못하면 아무 소용이 없지요. 훌륭한 스승이 있어서 제가 보는 것을 제대로 설명해 주고 분석해 주어야 한다는 뜻이겠지요.

예수가 눈 먼 이의 눈을 뜨게 해주고, 또 자는 제자들을 안타까워하는 장면들은 어쩌면 어리석은 사람들이 제대로 보지 못하고 있는 세상에 대한 경고이자 응답인 것 같습니다. 스승이 아무리 좋은 말을 해주어도 졸거나 딴짓을 해 버리면 아무 소용이 없겠지요. 정말로 좋은 책과 정보는 무시한 채 정신에 해로운 자극적인 정보만 탐닉하여 중독된다면 궁극에는 영혼과 육신도 병이 들겠지요. 그래서 이 대목은 세상과 소통하는 눈 그리고 우리의 어리석음에 대해 묵상하게 하는 신약의 장면 중 하나입니다.

그렇다면 하느님과의 관계에서 우리는 과연 무엇을 보고 있을까요. 우리는 눈을 뜨고는 있지만 정작 가장 중요한 것은 보지 못하고 있는 것은 아닌지, 예수가 예리고의 눈 먼 사람을 고쳐 주는 장면에서 생각해 보았습니다.

복음서에는 눈을 위로 쳐다보는(Look up) 장면(루카 16:23 / 18:13 ; 요한 4:35 / 6:5 / 17:1)이 특별히 장엄한 상황에 나옵니다. 우리는 생활에 지친 나머지 하늘을 우러러 별 한 번 쳐다보지 못할 때가 있습니다. 우주선을 타고 가장 가까운 별을 가려면 7만 년의 시간이 걸린다고 합니다. 우리가 쳐다보는 별이 너무 멀기 때문에, 아예 보지 못할 수도 있습니다. 또는 주변 사람들의 마음에 다가가 사랑할 의욕을 상실했기 때문에 아예 쳐다보려는 노력조차 하지 않고 있는지도 모릅니다.

예수가 우리 눈을 뜨게 해주는 것은 그 눈으로 자기 욕심을 채우라는 뜻은 아닐 것입니다. 예리고의 눈 먼 사람들은 다시 볼 수 있게 되자마자 예수를 따랐지만, 우리는 수백 번, 수천 번 눈을 다시 뜨게 해 주어도 그분을 따르는 대신 세속의 욕심을 따라가고 있습니다.

흥미로운 것은 눈이 멀었다는 표현은 구약에서는 자주 등장하지 않는다는 점입니다. 시편에 "제 눈을 열어 주소서."(시편 119:18) 혹은 "하느님을 쳐다봅니다", "하느님을 볼 수 있게 해달라"는 표현이 나올 뿐입니다. 이사야서에 이르러 "보지 못하는 눈을 뜨게 하고"(이사 42:7) 구원해 주시는 하느님에 대한 묘사가 나옵니다. 구약 시대에 거의 무의식 상태에 있던 인류가 예수가 등장한 이후 의식화되어 눈이 조금 밝아진 것은 아닌가 상상해 봅니다.

진짜 '본다'는 행위는 자신의 내부와 사물의 본질을 보는 것입니다. 『유마경』에는 '너의 본성을 제대로 본다면 너와 남이 다르지 않다는 것을 알아차리고, 구별할 게 없다'는 절대 평등에 대한 가르침이 나옵니다. 평등이란 똑같이 소유하는 것이 아니라, 나와 남이 다르지 않다는 것을 인정하고 깨닫는 것이라는 뜻이지요. 우리, 상대, 아군, 적군으로 나눠 쓸데없이 다른 사람과 싸우는 것이 어쩌면 인간의 가장 고질적으로 나쁜 본능이 아닐까 하는 생각을 해 봅니다.

불교 이야기를 하자면 원효는 초기 불경들을 인용하면서 『대승기신론』에서 인간에게는 다섯 가지 눈이 있다고 했습니다. 첫째는 육안

(肉眼), 즉 보통 우리가 말하는 눈이지요. 둘째는 천안(天眼), 즉 사물의 인과 관계, 본질과 원리를 파악하려고 하는 자연과학적인 태도의 눈입니다. 세 번째는 혜안(慧眼), 보이는 것이 다가 아니라 그 안의 여러 신비로운 가르침이 있다는 것을 알아채는 눈입니다. 네 번째는 법안(法眼)입니다. 보되 보는 것이 없는 것이라고 설명한 분도 있고, 부처 등 선지식(善知識)이 가르친 것을 제대로 보는 것을 법안이라고 설명한 분도 있습니다. 다섯 번째는 불안(佛眼)입니다. 그 모든 설명을 뛰어넘는 부처의 눈입니다. 이후 많은 불교의 선지식들이 제대로 보고, 자신의 문제를 볼 수 있어야 한다고 가르칩니다. 그리스도교의 관상기도와 어떤 면에서 비슷한 부분이 있습니다. 내가 보는 것에 머물고 집착하는 것이 아니라 절대자가 보는 관점을 상상해 보고, 그를 따라하고 싶은 마음입니다. 한데 평범한 우리들은 그런 혜안이 없으니 많은 가르침을 남긴 분들의 말씀을 읽고 배워 나가는 것이지요. 그리스도교 역사 속 무수한 성인들, 교회학자들의 족적을 따라가기에는 우리 인생은 너무 짧고 우리 정신은 산만하기만 합니다.

예수도 제자들 및 따르는 무리가 앞날은 물론 현실도 제대로 보지 못하고 있는 것에 대해 여러 번 안타까워하는 대목이 나옵니다. 눈을 뜨고 무언가를 본다고 믿고 있지만, 사실은 아무것도 제대로 보지 못하고 있는 것은 아닌지 다시 성찰하게 됩니다.

천국이라는 밝은 곳으로 들어가기 위해서는 우리 눈이 보이지 않는 지상의 어두운 밤을 경험하고 잘 견뎌야 합니다. 십자가의 성 요한이 얘기한 어두운 밤의 이미지는 우리가 앞을 보지 못하거나 그야말로 깜깜한 상태에서 헤매고 있다는 마음의 상태를 이야기하는 것이 아닐까요? 객관적으로 볼 때는 분명 길이 있고 새로운 문이 있음에도 내 눈을 감고 있으니 출구가 보이지 않는 것이지요. 그럴 때 필요한 것이 기도이며 스승이며 성경인 것 같습니다.

만약 어둠 속에서 길을 잃고 있다면, 그래서 넘어지고 다치고 아파하고 있다면, 바로 그 때문에 여러 가지 방식으로 하느님께서 손을 내밀고 계신다는 것을 깨닫기 바랍니다. 주변의 도움과 조언을 밀치고, 해답이 들어 있는 고전들을 보지 않고, 나를 위로해 주는 성경을 멀리하면서 세상에는 아무도 없다고 좌절하는 것이 바로 어리석은 우리의 모습이 아닐까도 싶습니다.

예수가 우리 눈을 뜨게 해주는 것은 그 눈으로 자기 욕심을 채우라는 뜻은 아닐 것입니다. 예리고의 눈 먼 이들은 다시 볼 수 있게 되자마자 예수를 따랐지만, 우리는 수백 번, 수천 번 눈을 다시 뜨게 해주어도 그분을 따르는 대신 세속의 욕심을 따라가고 있습니다. 흥미로운 것은 눈이 멀었다는 표현은 구약에서는 거의 등장하지 않는다는 점입니다. 구약 시대에 거의 무의식 상태에 있던 인류가 예수의 등장 이후 의식화되어 눈이 조금 밝아진 것은 아닌가 하는 생각도 해봅니다. 진짜 '본다'는 행위는 자신의 내부와 사물의 본질을 보는 것입니다. 하느님과의 관계에서 우리는 과연 무엇을 보고 있는지, 눈을 뜨고는 있지만 정작 가장 중요한 것은 보지 못하고 있는 것은 아닌지 생각해 봅시다.

✝

우리는 제대로 듣고
필요한 만큼 말하고 있을까

　복음서에는 "들을 귀가 있는 사람은 들으시오"라는 예수의 말씀이 반복되어 나옵니다. 마태오복음에는 "이 세대를 무엇과 비교할까? 장터에 앉아 다른 아이들에게 소리 지르는 어린아이들과 같습니다. 그들은 '너희를 상대로 우리가 피리를 불어도 너희는 춤추지 않았다. 우리가 통곡을 하여도 너희는 가슴을 치지 않았다'고 말합니다"(마태 11,17)라는 장면과 "우리가 피리를 불어 주어도 너희는 춤추지 않고 우리가 곡을 하여도 너희는 가슴을 치지 않았다"(마태 11:17)라는 대목이 나옵니다.

　예수가 살아 있을 때의 사람들과 요즘 사람들의 행동이 비슷해 보입니다. 지금 우리에게는 소통의 도구가 넘쳐납니다. 편지, 전화. 팩스는 구시대의 도구들이고 각종 SNS를 통해 주로 대화합니다. 그런데 사람들은 서로의 말을 예전보다 안 듣고 있는 것 같습니다. 자기와 다른 생각을 가진 이들의 의견은 묵살하고 윽박지르고 어깃장을 놓습니다. 우리끼리의 불통도 문제이지만, 하느님과의 소통이 안 되는 것도 큰일입니다. 예수가 "들을 귀가 있는 사람은 들으시오"라고 반복해서 말했던 것은 아무리 비유나 이야기를 통해, 혹은 경전 말씀 인용을 통해 알아듣기 쉽게 설명해도 못 알아듣고 자꾸 딴소리만 하는 당시 사람들이 답답해서였던 것 같습니다.

시편에는 하느님께 내 이야기 좀 들어달라고 기도하는 장면(시편 5:1)이 등장하는데 바로 이 기도의 답인 것인지, 잠언 2장 2절에는 너의 귀를 지혜에게 돌리고, 가슴을 이해하는 데 쓰라고 솔로몬 임금이 당부하는 대목이 있습니다. 너의 귀와 눈을 닫고, 하고 싶은 말만 하고 있으면 상대방이 말하는 것을 듣고 보겠느냐는 조언 같습니다.

그런데 어떤 말과 글도 내 마음에 울리지 않는다면 어떻게 할까요. 1코린 2장 9절에는 "눈으로 본 적도 없고 귀로 들은 적도 없으며 사람의 마음속에 떠오른 적도 없는 것을 하느님께서는 당신을 사랑하는 이들을 위해 마련해 두셨도다"라는 구절이 나옵니다. 힘들 때는 어떤 말도 다 귀찮습니다. 아무리 좋은 말도 고깝게 들릴 수 있습니다. 그럴 때 정말로 도움이 되는 것은 사람들의 조언이 아니라 진심으로 기도하면서 느끼는 하느님의 사랑일 수 있습니다.

친구들의 그럴듯한 말은 욥에게 다 소용없는 소음이었지만, 마치야단 치는 것처럼 느껴졌던 하느님의 천둥 같은 말씀들은 결국 욥이 온몸으로 자신의 운명을 받아들이고 스스로를 하느님께 맡기는 계기가 되었습니다. 하느님의 사랑이 직접적으로 느껴지지 않는다면 욥뿐 아니라 십자가의 성 요한처럼 절망의 바닥을 겪은 사람들의 경험에 대한 책을 읽어 보는 것도 방법인 듯합니다. 세속에서 부대끼고 절망할 때 십자가의 성 요한이 시작한 영신수련이 도움이 되었다고 하는 분들이 많은 이유도 이 때문인 것 같습니다.

다시 한번 예수가 말하는 '알아듣는 귀'란 무엇일까 추측해 봅니다. 바오로는 아예 우리가 본 적도 들은 적도 없는 것들을 마련해 놓은 것이라고 말했습니다. 저는 오히려 예수가 "내 말 좀 잘 듣고 이해해 보라"고 친숙하게 말하며, 우리를 더 믿어 주고 더 가깝게 다가온 것이라고 생각하고 싶습니다.

우리는 사실 다른 사람의 말을 들을 때 내가 듣고 싶은 것만 듣고, 기억하고 싶은 것만 기억합니다. 또 들은 내용을 내 마음대로 해석하고 엉뚱한 데 써먹습니다. 듣기 싫은 이야기를 할 때는 딴청을 하고, 혼자 다른 생각을 곧잘 하지요. 원래 사람들은 자기에 대해 누군가에게 얘기할 때, 특히 자랑할 때 가장 뇌가 행복하고, 남의 이야기를 들어줄 때 행복하지 않다고 합니다.

그래서 사람들이 대화할 때 가장 많이 이야기하는 것이 "내 말 잘 들어", "끝까지 들어", "그 입 다물고 내 이야기 들어"와 같은 표현들이 아닐까 싶습니다. 때론 폭력적으로 느껴지는 대화 아닌 독백입니다. 대화를 잘하는 원칙 중 하나가 상대방의 이야기를 끝까지 잘 듣고, 궁금한 것은 질문하고, 함부로 판단하지 말고, 상대방의 감정에 대해 공감하는 것인데 우리는 상대방이 내 말 그대로 듣고 시키는 대로 하는 것만 바랍니다.

『장자』에는 공자가 지혜로운 어부를 만나는 대목이 나옵니다. 거기에서 어부는 세상에는 네 가지 병환(病患)이 있는데, 첫 번째가 큰일

한다고 큰소리치면서 자기 명예를 드러내는 외람됨(도:叨), 두 번째는 남을 무시하고 자기만 이롭게 하는 탐욕(탐:貪), 세 번째는 충고를 듣고도 억지 고집을 부리고 다툼(흔:很), 네 번째는 제 뜻과 다르면 옳은 것도 그르다 하는 교만(긍:矜)을 이야기합니다. 이런 것을 다 버려야 제대로 무언가를 배울 수 있다고 어부가 오히려 공자를 가르칩니다. 공자의 가르침이 훌륭해서 평범한 우리는 도저히 그 끝자락도 만질 수 없는데 그런 공자를 부끄럽게 하는 소통의 달인 어부가 아닌가 싶습니다.

예수의 첫 제자들이 어부라는 사실 때문에 특히 이 일화가 재미있게 느껴집니다. 예수가 선택한 첫 제자는 율법을 줄줄 외우고 구약에 대해 아는 체하는 바리사이파나 사두가이파 사람들이 아닙니다. 한데 정보 과잉에 시달리고 있는 요즘 사람들은 바리사이파나 사두가이파 사람들보다 그 병이 더 심한 것은 아닐까요. 수천 년이 지났지만 우리는 덕성이나 윤리 혹은 공감과 대화라는 면에서 크게 진화하거나 발전하지 않은 것 같습니다. 저 같은 이라고 이 병에서 자유로운 건 아닌 듯합니다. 집이나 직장에서, 혹은 친구들끼리 이러고 있는 것은 아닌지요.

우리가 귀를 두 개 갖고 있지만 제대로 듣지 못하고 있는 것은 동서고금을 막론하고 비슷한 것 같습니다. 『대반열반경』에는 부처가 영산 법상에 오르니 하늘에서 꽃비가 내리는데, 아무 말씀도 하지 않고 꽃잎 하나를 들어 대중에게 보이자 가섭존자 혼자 조용히 미소를 지었다는 '염화시중의 미소' 일화가 나옵니다. 진리는 말로 전달되지 않고 마음으로 알아들어야 한다는 뜻이자, 함부로 이야기할 수 없다는 뜻이지만, 역설적으로 나머지 사람들은 듣는 귀도 보는 귀도 없었다는 이야기 아닐까요. 만약 저도 그 자리에 있었다면 틀림없이 가섭존자와 부처는 왜 서로 미소를 나눌까 어리둥절했을 듯합니다.

다시 신약으로 돌아가 루카복음 1장 요한 세례자 출생 예고 대목을 보면, 요한 세례자의 아버지 즈가리야는 아이를 낳을 것이라는 천사 가브리엘의 말에 당황합니다. 자신이 늙었고 아내도 나이가 많은데 어떻게 내가 아들을 낳고, 또 그 아들이 엘리야의 영과 능력을 지니고 주님보다 먼저 와서 주님을 맞아들일 백성을 마련할 것이라는 걸 알 수 있겠느냐고 반문합니다. "말씀하시는 그대로 이루어지소서"라고 대답한 마리아와 대비가 되는 태도입니다. 즈가리야는 이런 의심의 말 이후 말 못 하는 사람이 되고 결국 아들 이름을 성령이 시키는 대로 하자는 아내의 뜻을 따라 '요한'이라고 하겠다고 쓴 후에야 입이 다시 열리게 됩니다. 일종의 상징적인 장면으로 이해하자면, 진리를 대하는 우리의 태도가 어떠해야 하는가에 대한 답이 아닐까 싶습니다. 제대로 듣고 이해하지 못한다면 생각이 영글 때까지 차라리 입을 다물고 있어야 하겠지요.

빌라도 총독이 예수를 마지막으로 심문할 때, "그렇다면 당신은 왕이오?" 하고 묻자 예수는 "내가 왕이라고 당신이 말합니다. 나는 진리를 증언하기 위해, 바로 그 일을 위해 났으며 또한 그 일을 위해 세상에 왔습니다. 누구든지 진리에 속한 사람은 내 소리를 듣습니다"(요한 18:37)라고 합니다. 빌라도 총독은 "진리가 무엇이오?"라고 반문하지만, 예수가 뭐라고 말할지 들을 준비는 전혀 되어 있지 않았습니다. 그 대신 유대인들에게 가서 실질적인 절차만 끝냅니다. "나는 그에게서 아무런 죄목도 찾아내지 못했습니다. 여러분이 (알다시피) 해방절에는 내가 여러분에게 (죄수) 하나를 풀어 주는 관례가 있습니다. 그러니 내가 유대인들의 왕을 여러분에게 풀어 주기를 바랍니까?"라고 묻습니다. 군중이 강도인 바라빠를 풀어주라고 하니 빌라도 총독은 예수를 데리고 가서 채찍질하라고 명합니다.(요한 18:38-40/19,1) 진리가 무엇이냐고 빈정대듯 물어놓고서 하는 짓은 고문입니다. 전형적인 독재자의 탐욕스러우면서도 기회주의적인 행태입니다.

그런데 우리라고 많이 다른가요? 상대방에게 중요한 질문을 하고서는 딴청을 하거나, 혹은 그 대답이 내가 듣고 싶은 대답이 아니면 상대를 집요하게 괴롭히기도 합니다. 귀는 아예 닫아 버리고 못된 손만 움직이는 악마의 태도입니다. 제대로 듣지도, 이해하지도 못하면서 당장 그 상황만 모면하려고 어설픈 대안을 내놓고 회피하기도 합니다. 바로 빌라도 총독과 같은 태도입니다.

요즘은 확신에 차서 자기주장에 열을 내고, 자기 뜻에 맞는 사람들끼리 모여 더욱 큰 목소리를 내는 데에만 골몰하는 시대인 것 같습니다. 내 생각과 같으면 옳고 내 생각과 다르면 틀리다고 모두가 이야기한다면 우리 아이들은 무엇을 보고 배울까요? 그리고 그렇게 자란 어른 아이들의 세상은 얼마나 흉흉하고 위험할까요. 유튜브나 인터넷에 넘쳐나는 가짜 학자, 가짜 지도자, 가짜 전문가들의 이야기를 걸러내는 지혜가 간절하게 필요한 시대입니다.

진리를 대하는 우리의 태도가 어떠해야 하는지 이 장에서 생각해 봅시다. 또한 예수가 복음서에서 반복해 말하는 '알아듣는 귀'란 무엇인지 생각해 봅시다. 우리는 제대로 듣고 필요한 만큼 말하고 있을까요?

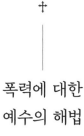

폭력에 대한
예수의 해법

　용서와 관용, 그리고 자기 성찰을 강조하는 대목인 "성내지 말라" (마태 5:21)와 "보복하지 말라"(마태 5:38;루카 6:29-30)는 예수의 가르침 중 가장 어려운 부분 중 하나입니다. 마태오복음 5장 21절에서는 "살인하지 말라"는 십계명에서 한 걸음 더 나아가 "자기 형제에게 성을 내는 사람은 누구나 재판을 받아야 하며 자기 형제를 가리켜 바보라고 욕하는 사람은 중앙 법정에 넘겨질 것이다. 또 자기 형제더러 미친 놈이라고 하는 사람은 불붙는 지옥에 던져질 것이다"라고 다소 과격하게 말하고 있습니다.

　살면서 주변 사람에게 성내거나 바보라거나 미친 거 아니냐고 한 번도 말하지 않는 사람은 거의 없을 정도로, 예민한 현대의 우리 모습입니다. 그런 우리를 돌아보니 예수가 말하는 벌은 너무 과하다 싶습니다. 제단에 예물을 드리기 전에 원한을 품고 있는 형제가 생각나면 가서 먼저 화해하라 하고, 누가 자신을 고소하면 얼른 가서 화해부터 하라고 덧붙입니다. 이 역시 참으로 실천하기 힘든 가르침입니다. '눈에는 눈, 이에는 이'라는 원칙에 충실한 예수 시대의 중동에서 이렇게 말하다니 정말 놀랍습니다.

유교나 불교 문화권에서는 용서와 화해를 강조하는 분위기가 오래 전부터 형성되어 있었습니다. 하지만 공자가 말한 서(恕), 약한 사람을 불쌍하게 보는 데에서 한 걸음 더 나아가 다른 사람의 입장이 되어 보는 개념으로서의 서(恕)를 제대로 이해하는 이들은 드문 것 같습니다. 권위주의적인 도그마로서 전통을 이용하는 사람들은 역지사지의 태도를 지니기보다는 위계질서를 강조하는 것이 편하겠지요. 서(恕)는 Reciprocity, 상호성, 호혜성으로 쓰는 이도 있고, 공감, 배려, 양보, 관용 등으로 번역되기도 하는데 예수가 말한 용서와 관용이 유교의 서(恕)와 비교적 비슷한 개념인 것 같습니다.

유교에서 서(恕)의 개념은 서양 심리학의 대인관계 이론처럼 인간과 인간 사이에 일어나는 정서와 행동에 초점을 둔 것 같습니다. 성악설의 순자는 기본적으로 인간이 악하니, 서(恕)의 자세를 제대로 배워야 서로에게 관용할 수 있다고 했고, 성선설의 맹자는 기본적으로 인간은 선하니 우리 마음속의 따뜻한 마음을 잃지 말자고 주장하면서 다른 사람을 이해하고 관용하자고 했습니다. 성숙한 개인과 사회를 위해 필요한 덕목처럼 들립니다. 예수의 용서와 관용은 대인관계에서의 사회적 기술의 입장에서 더 나아가 신과의 관계에서 이해해야 하는 태도입니다.

출애굽기 23장 2-9절을 통해 현대인의 복지와 정의에 대한 바람직

'기도하는 그리스도(*Christ in Gethsemane*)', Heinrich Hofmann, 1886, CC0

한 태도의 기반을 읽어낼 수 있습니다. 다수를 따라 악을 저질러서는
안 되며, 재판할 때 다수를 따라 정의를 왜곡하는 증언을 해서는 안
되고, 힘없는 이라고 재판할 때 우대해서도 안 되고, 길을 잃고 헤매는
원수의 소나 나귀와 마주칠 경우 그것을 임자에게 데려다주어야 하

고, 미워하는 자의 나귀가 짐에 눌려 쓰러져 있는 것을 보았을 경우 내버려두지 말고 그와 함께 나귀를 일으켜 주어야 하고, 재판할 때 가난한 이의 권리를 왜곡해서는 안 되며 거짓 고소를 멀리해야 하고, 죄 없는 이와 의로운 이를 죽여서는 안 되며 악인을 죄 없다고 하지 않으며 뇌물을 받아서는 안 되고, 이방인을 학대해서는 안 된다 등의 대목입니다.

이 대목은 특히 민주주의의 취약함을 보완해 줄 수 있는 조언이 될 수도 있을 것 같습니다. 다수의 폭력, 힘 있는 자의 전횡, 법을 넘어서려는 권력자의 욕심, 진영논리에 사로잡힌 복수극, 법의 심판이라는 가면을 쓴 무고와 송사 등등 말로는 민주주의라 하지만, 속내는 여전히 원시적인 우리의 실상에 대한 경고를 이미 수천 년 전인 탈출기가 쓰여진 시대에 하고 있습니다. 과연 그 이후 정의와 공정 측면에서 지금까지 우리는 얼마나 진화와 발전을 한 건지 묻고 싶습니다.

마태오복음 5장 25-26절도 재미있습니다. "당신이 (송사) 적수와 함께 길을 가고 있는 동안에 얼른 그와 화해하시오. 그렇지 않으면 적수가 당신을 재판관에게 넘기고 재판관은 하인에게 넘겨, 당신은 감옥에 갇힐 것입니다. 진실히 당신에게 이르거니와 마지막 과드란스(로마화폐 중 최소 단위 동전)까지 갚기 전에는 결코 거기서 나오지 못할 것입니다."

하느님은 우리를 용서하고 화해의 메시지를 보내고 있지만 우리는 끝장을 볼 때까지 혐오 혹은 증오의 감옥에 스스로와 상대를 가둘 때가 있습니다. 현대인들이 법정에 설 때나 송사에 임할 때 충분히 적용할 수 있는 원칙이 구약과 신약 모두에 등장하고 있습니다. 특히 먼저 화해한 다음 제단에 제물을 바치라는 대목은 하느님과의 만남과 사랑을 준비하기 위해서는 우선 사람들과 제대로 만나서 사랑을 나눌 수 있어야 한다는 뜻으로 읽힙니다. 물론 실천하기는 무척 어렵습니다. 평범한 사람들은 누군가를 진실로 사랑하는 데도 수십 년 걸리지만, 누군가를 용서하는 데도 그만큼 시간을 그냥 낭비해 버립니다.

물론 인정에 따라서 원칙 없이 용서하는 것이 아니라 철저하게 하느님의 법에 따라 옳고 그른 것을 가려내야 하겠지요. 벌 받을 사람이 벌 받지 않고, 잘못한 사람이 잘났다고 떠든다면 그 사회가 어떻게 유지가 되겠습니까. 미운 사람이 곤경에 처해 있을 때, 또 미운 사람의 재산이나 식구가 위험에 처했을 때, 마음을 너그럽게 가지고 대하라는 가르침인데, 실천하기가 쉽지 않습니다. 자기와 이해관계가 있으면 거짓 증언을 하기도 하고, 자기가 미워하는 사람이 고통 속에 있으면 애처롭다는 생각보다는 속시원한 게 본심인 것 같습니다. 인간적인 반응이긴 하지만, 본능적인 자기애를 넘어서서 보편적인 인류애를 보여준 예수의 모습과는 너무나 다른 것이지요. 죄는 미워하되 사람은 미워하지 말라는 옛 어른들의 말과 어찌 보면 비슷한 것도 같습니다. 아무리 미워도 기본적으로 고통스러운 상태에 있는 이들을 도와주다 보면 화해와 통합의 길이 열리고 이것이 하느님을 다시 만나는 방법임을 알려 주는 것 같습니다.

정의와 관련된 우리의 딜레마와 위선적인 모습은 구약의 요나서에도 나옵니다. 요나가 니느웨가 멸망할 것이라고 외치고 돌아다녔더니 사람들이 진심으로 회개하여 하느님께서 노여움을 푸시고 재앙을 거두시는 장면입니다. 요나는 많은 사람의 비극을 예고할 때는 정의와 사랑의 사도였고, 훌륭하게 하느님의 말씀을 전해 주는 메신저였습니다. 그러나 그의 임무는 거기까지입니다. 하느님께서 그들을 용서해 벌을 내리시지 않는 것에 대해서는 왈가왈부할 자격이 없습니다.

눈엣가시 같은 원수들이나 죄를 많이 지은 나쁜 사람들이 천수를 누리고 잘 살면 우리는 무척 화가 납니다. 하느님께서 왜 가만히 계시는지, 왜 그들에게 큰 벌을 내리시지 않는지, 세상은 여전히 정의롭지 못하다고 분개하게 됩니다. 하지만 정말 어떤 벌을 그들이 받아 왔고, 또 앞으로 어떤 벌을 받게 되는지 우리는 알지 못합니다. 죽음 이후의 일이야 당연히 모르지만, 겉으로 보기에 잘먹고 잘사는 것 같은 악인들의 실생활에 대해 우리가 속속들이 잘 알고 있나요. 또 그들의 자손이나 가족이 어떤 삶을 살고 있어서 그들에게 큰 비수로 꽂혔는지 알 수 없습니다.

요나서 4장에서 니느웨 사람들이 회개하고 비극적인 일들이 일어나지 않자 요나는 하느님께 일종의 어깃장을 놓습니다. 이렇게 애처롭고 불쌍한 것들을 거두고 좀처럼 화를 내지 않는 하느님께, 악을 보고 벌하려 하시다가도 금방 후회하는 분인 줄 몰랐다면서 이렇게 사느니 차라리 죽는 게 낫겠다며 화를 냅니다. 요나는 체면이 손상되었다고 생각했을까요. 아니면 자신의 임무에 대해 깊은 회의가 들어 의미를 잃고 일종의 도덕적 무기력증에 빠졌을까요. 요나는 초막을 치고 그늘에 앉아 그 도시가 멸망하는 것을 보겠다고 작정합니다. 그때 야훼는 그늘을 만들어 주었다가 다시 말라붙게 하십니다. 그러자 요나는 불같이 화를 냅니다. 왜 그늘까지 없애시는지, 내가 무엇을 잘못하였다고 이런 안락함도 못 누리게 하시는지 말이지요. 그때 하느님께서는 정곡을 찌르는 말씀을 해 주십니다. 요나에게 "네가 아주까리가 자라는 데 무엇을 했다고 말라붙었다고 화를 내느냐" 하십니다. 이는 우리가 스스로의 평안과 행복을 위해 또 사회의 도덕과 정의를 위해 도대체 무엇을 얼마나 했느냐는 질문처럼 들립니다. 대부분 도시인은 입으로 들어가는 밥을 위해 농사의 수고로움을 겪은 적도, 입성을 위해 꾸부리고 앉아 오랜 시간 미싱을 돌리고 바느질을 한 적도, 따뜻한 집을 짓느라 몹시 춥고 더운 날에도 무거운 짐을 나르다 지쳐 쓰러져 본 적도 없을 것입니다. 그저 공부하고 최선을 다해 상담한 것, 가족을 위해 가사일 한 것 외에는 특별히 지치고 고된 노동을 지속적으로 해 본 적 없는 저 같은 사람이 정의라는 단어 앞에 위축되는 이유입니다.

다시 마태오복음에서 왜 '형제와 화해하라는 말씀을 하셨을까' 하는 질문을 해 봅니다. 예수는 모든 인류를 형제자매처럼 생각했으니, 여기서 형제는 자신과 피를 나누거나 같은 민족이거나 하는 배타적인 개념의 공동체 구성원을 뜻함이 아닐 것입니다. 만약 이 가르침을 예수가 죽은 후, 인류가 그대로 실천하려고 애쓰기만 했더라도 그 이후 일어났던 그 엄청나고 끔찍한 인류사의 비극들이 일어나지 않았을 것입니다.

화 또는 분노와 관련해 우리가 꼭 기억해야 할 대목이 또 있습니다. 에페소서 4장 26-27절입니다. "화가 나더라도 죄는 짓지 마십시오. 해가 질 때까지 노여움을 품고 있지 마십시오. 악마에게 틈을 주지 마십시오"라고 당부한 바오로의 편지입니다.

실제로 저 자신도 화가 날 때, 그 화를 참지 않고 표현해서 다른 사람에게 상처 주는 죄를 지은 적이 많습니다. 화내는 모양새도 보기 흉하지만, 제게 결국 더 좋지 않은 영향을 미치는 분노라는 감정 때문에 스스로에게 손해 보는 일을 자초하게 됩니다. 자기 화를 조절하지 못하면 정작 무엇이 중요한지 판단력이 흐려집니다. 그래서 중요한 것은 오히려 소홀히 하거나 잊고, 대수롭지 않은 일에 매달립니다. 집착하는 대상이 물건을 뜻하기도 하지만, 자신의 같잖은 신념, 체면 같은 것인 경우도 있습니다. 버리면 더 좋을 것들을 끌어 안고 살면서, 내게 너무 감사하고 소중한 사람에게는 분노의 감정을 키워 하찮게 대합니다. 내 상처만 크게 생각하고 내가 상대방에게 입힌 상처는 작다고 믿습니다. 그러다 보면 그 화가 화를 불러일으켜 마침내 오랫동안 소중하게 가꿔 온 '사랑'과 '인연'이라는 큰 보물단지를 잃게 되지요.

엉뚱한 데에 화를 내고 에너지를 다 쓰게 되면, 상대방에게 복수는 커녕, 자신의 분노 때문에 스스로를 먼저 궁지에 몰아넣습니다. 가장 중요한 것이 행복이라면서, 행복할 수 있는 기회는 놓치고 불행으로 몰고 가는 분노라는 감정에 휘둘립니다. 그렇게 감정이 휘몰아친다면 일단 자신부터 돌아보고 상한 감정을 스스로 치유해야 합니다. 내 감정은 내가 처리해야 합니다. 울거나 떼쓰거나 혹은 가만히 있으면 누군가 위로해 주리라고 기대하다가는 또다시 상처받게 됩니다. 초능력자가 아니라면 상대방의 서운한 감정을 정확하게 읽고 그 해결책까지 내 마음에 맞게 항상 제시해 줄 수는 없습니다. 상대방에게 내 분노를 표현하는 것보다 내가 스스로의 가치를 먼저 존중해 주고 내 성장에 집중해야 하는 까닭입니다. 여기서 말하는 성장이란 눈에 보이는 성과를 획득하는 것이 아닙니다. 얼마나 성숙한 사람이 되느냐, 얼마나 아름답고 조화롭게 살아내느냐와 같은 내적인 성숙을 의미합니다.

"해질 때까지 화를 풀지 않으면 안 된다"라는 조언은 얼핏 간단해 보이지만 실천하기 힘든 조언입니다. 억울하고 분해서 잠을 이루지 못한 적이 누구나 한 번은 있을 것입니다. 화 때문에 잠을 자지 못하면 뇌가 정상적으로 작동하지 못하고 이상한 행동과 판단을 하게 되기도 합니다. 분노와 관련된 대부분의 폭력적인 사건이 늦은 오후나 밤에 일어나는 것도 그 때문입니다. 하룻밤 자고 일어나면 많이 달라 보일 것을 그 순간을 못 참는 것이지요. 이런 태도가 바로 악마에게 영혼을 파는 행위가 아닐까요. 그래서 분노의 감정에 휩싸이면 일단 내 뇌를 쉬게 하는 것이 도움이 됩니다. 예수의 마지막을 묵상하면서 기도를 드린다면, 꼭 성스러워지지는 않더라도 부정적인 감정에 휘둘리는 뇌세포의 독을 씻고 내게 휴식을 선물할 수 있습니다. 죄 없이 십자가에 매달린 예수도 있는데 내 억울함은 아무것도 아니겠지, 하고 생각한다면 자신을 객관화하는 힘을 얻을 수 있습니다.

화를 낼 일이 참 많은 세상입니다. 정의롭지 못한 사회에 대한 분노의 표현과 교정도 필요하긴 합니다. 그러나 불의를 풀어가는 과정 중에 분노에 휘둘려 애초에 목표로 했던 것과 다른 방향으로 가고 있다면 얼마나 속상합니까. 이성을 잃지 않게 해달라고 도움을 청할 대상이 이성의 힘으로는 계산되지 못하는 삶과 죽음을 선택했던 예수라니! 신비롭지 않은가요?

생각해 봅시다

폭력에 대한 예수의 해법을 생각해 봅시다. 예수는 상대방과 먼저 화해한 다음 제단에 제물을 바치라고 합니다. 하느님과의 만남과 사랑을 준비하기 위해서는 우선 사람들과 제대로 만나고 사랑을 나눌 수 있어야 한다는 뜻으로 읽힙니다. 상대방에게 내 분노를 표현하는 것보다 내가 스스로의 가치를 먼저 존중하고 내 성장에 집중해야 한다는 뜻이기도 합니다. 여기서 말하는 성장이란 얼마나 성숙한 사람이 되느냐, 얼마나 아름답고 조화롭게 살아내느냐와 같은 내적인 성숙을 의미합니다. 죄 없이 십자가에 매달린 예수도 있는데 내 억울함은 아무것도 아니겠지, 하고 생각한다면 자신을 객관화하는 힘을 얻을 수 있지 않을까요. 부정적인 감정에 휘둘리기 전에 나 자신부터 객관화해 봅시다.

우리의 선악
판단을 넘어서

마태오복음 7장 1-5절과 루카복음 6장 37-38절은 성경에서 가장 많이 인용되는 유명한 구절 중 하나일 것입니다. 앞서 이야기한 용서와 관용과 이어지며, 과연 우리에게 선악을 판단할 수 있는 절대적 능력이 있을까 하는 물음과도 연결됩니다.

마태오복음 7장에는 "(남을) 심판하지 마시오. 그것은 여러분이 심판받지 않도록 하려는 것입니다. 여러분이 심판하는 그대로 여러분도 심판받을 것입니다. 그리고 여러분이 되어 주는 되만큼 여러분에게 되어 주실 것입니다. 왜 당신은 형제 눈 속의 티는 보면서도 당신 눈 속의 들보는 깨닫지 못합니까? 보시오, 당신 눈 속에 들보가 있는데 어떻게 당신 형제더러 '가만 있게, 자네 눈에서 티를 빼내 주겠네' 하고 말하겠습니까?"(마태 7:1-5)라는 대목이 있습니다.

핵심적인 주제에 들어가기 전에 예수가 말한 '티'와 '들보'가 재미있어서 언급해 봅니다. '티'는 영어로 Speck of Sawdust인데 번역하면 '톱밥의(혹은 톱밥에서 나온) 작은 흠집', 혹은 '얼룩'이란 뜻입니다. 그리고 '들보'는 Plank, 즉 널빤지로 쓰여 있습니다. 목수로 일했던 예수다운 비유라는 생각도 들지만 동시에 일하는 보통 사람들을 위해 친절한 비유로 설명해 준 것 같아 따뜻하고 고맙기도 합니다.

루카복음 6장 37-42절에는 여기에 더하여 "어떻게 소경이 소경을 인도할 수 있습니까?"라고 말하는 대목이 나옵니다. 우리는 곧잘 정의가 어떻고 하는 이야기들을 나누지만, 자기에게 이로우면 정의로운 것이고 남에게 이로우면 불의라고 착각하는 것은 아닌지 다시 묻게 됩니다.

그리스 헬라어 디카이오쉬네(δικαιοσυνη)로 번역되는 정의는 구약의 히브리어에서는 두 가지 단어 체덱(Tzedek), 미슈파트(Mishpat)로 구별이 되는데 앞의 단어가 공정, 자비 등을 의미한다면 뒤의 단어는 법률 쪽에 가깝다고 합니다. 시편 72장 1-4절을 보면 임금의 권리가 자신을 위한 것이 아니라 약한 백성들을 위한 것이며, 그 권리는 하느님으로부터 나왔다는 사실을 알려 줍니다. 모든 정의가 다 왕의 머리에서만 나오는 국가는 아니라는 뜻이지요. 정의롭지 않은 사회에서는 신의와 사랑이 없어지고 결국 황폐해질 것이라는 사실과 그에 따른 일반인의 책임을 이야기하는 것 같습니다. 그리스 헬라어의 디카이오쉬네는 바오로가 설명한 대로 하느님으로부터 나오는 의로움, 즉 신앙을 토대로 나온 정의(로마 9:30)이기 때문에 법과 자비로운 마음. 공정함 등등을 다 포용하는 개념이 아닐까 싶습니다.

독재로 억압받던 시절에는 정의, 공평, 평등 등을 입에 올리기조차 힘들었으니 많이 발전했구나 싶기도 합니다. 그러나 여전히 우리 사회에서 정의로움은 참으로 다양하게 자의적으로 해석되는 것 같습니다. 국가를 위험에 빠뜨리는 선택을 할 때도 피를 토하는 심정으로 정의를 구현하기 위해서였다고 말하고, 자신의 사익을 추구할 때도 공정해야 한다고 부끄러움 없이 외칩니다. 물론 여러 다양한 논의가 끝없이 펼쳐지면서 함께 공유하고 인정하는 정의로움의 접점을 찾는 것이 우리의 어려운 과제입니다.

그나마 정의로움 그 자체에 대한 품격 있는 담론이 없다면 서로에 대한 신의와 존중은 사라지고 자의적인 정의에 대한 요설만 판치게 되고, 그 사회의 가장 중요한 신의와 존중이라는 사회적 자본은 없어지게 되니까요. 전 세계적으로 퇴보하고 고꾸라지는 나라를 보면 시스템보다는 개인적인 인연, 자의적인 권력의 해석 등으로 원칙과 공평이 사라집니다. 정치와 경제 권력이 부패하면 부익부 빈익빈 현상이 더 악화되고, 힘 있는 사람은 함부로 힘을 쓰고 힘없는 사람은 억울해도 풀 길이 없는 독재국가가 됩니다. 당연히 사회 통합지수도 낮아지게 됩니다. 그러면 정의로움에 대한 정의가 공적으로 도출되기가 극히 어려워집니다. 정치적 분열은 도덕적 해이를 가져오니 사회는 불의한 쪽으로 흘러가게 되니까요. 예수가 살아 있던 때도 불의한 사람들이 서로를 비난했습니다. 그런 정의롭지 못한 사회에서 예수가 수난을 받은 것이지요. 지금 우리 지구촌의 현상이기도 합니다. 그래서 내 눈의 들보는 보지 못하고 남의 눈의 티끌만 본다는 말이 바로 다른 사람의 잘못을 비난하기 전에 먼저 자신의 잘못을 들여다보아야 정의가 바로 선다는 뜻으로 들리기도 합니다.

정신분석 상황에서는 나의 잘못은 보지 못하고 상대방에게 모든 잘못을 뒤집어씌우는 자기 방어 기제를 투사라고 합니다. 자기의 약점과 실수는 부정하고, 나쁜 것은 모두 타인에게 전가하는 상당히 낮은 단계의 심리적 현상입니다. 투사는 개인 대 개인에게서도 일어나지만 집단 대 집단 혹은 집단 대 개인에게도 일어납니다. 적 혹은 죄인으로 간주되는 대상에게 모든 나쁜 일들의 원인이 있다고 주장하고, 그 희생양만 없으면 우리는 괜찮다고 말하는 심리입니다.

예수는 군중심리에 의해 남들이 그렇다면 그렇고, 그렇지 않으면 그렇지 않다고 판단하는 태도에 대해서도 미리 경고했습니다. 잘난 사람, 부자, 권력자와 자신을 동일시하면서 자신의 어리석음, 빈곤, 노예 같은 상황 등은 부정하고, 정의롭지 못한 가짜 리더에게 휘둘리는 현상도 일종의 집단 콤플렉스에 의한 병적 상황입니다. 독재자들은 이런 대중심리를 이용해 자신들의 사익을 챙깁니다. 예수를 못 박으라고 외쳤던 당시 유대인들이 헤로데 왕가, 로마 총독, 바리사이파 사람들 같은 이기적인 지도층들에게 휘둘리고 있는 자신들의 어리석음을 미리 알아차렸다면 예수를 그처럼 황망하게 십자가에 못 박지는 않았을 것입니다. 그러나 이런 어리석은 대중을 하느님께서 멸시한 것은 아닙니다. 오히려 배우지 못하고 글도 제대로 읽을 수 없어 가지지 못했고 그래서 더 핍박받던 평범한 사람의 편에 하느님께서 머물고 함께하신다는 내용이 시편 9장 19-21절에 명시되어 있습니다.

예수처럼 가난하고 힘없고 아픈 이들의 편에서 그들에게 구체적인 희망을 그들의 눈높이 맞춰 처방해 준 지도자가 역사에 있었을까요. 물론 부처도 자비심으로 세상 만물을 다 포용했고, 공자도 군자의 덕목으로 인을 실천했지만, 예수처럼 자신을 고통과 조롱의 자리에 내맡겨 압박받는 이들의 처지로 온전히 자신을 희생하지는 않았던 것 같습니다.

비극적인 일, 정의롭지 않은 상황에 맞닿을 때마다 완전한 경지인 신성함과 같을 수는 없겠지만 그래도 사람됨이나 인간성이란 무엇일까? 하고 질문해 봅니다. 감정을 느끼고, 계획을 짜고, 기호를 알아차리고, 어떤 대상 혹은 집단에 충성하고, 시공간에 대해 계획하고 심도 있게 고려하는 점들은 현대 동물 심리학에 의하면 다른 동물들에게서도 많이 발견되는 일종의 원형적인 속성이라고 합니다. 우리 본능에서 나온 악의 속성을 넘기 위해 정의라는 개념이 새로 생긴 걸까요.

동물들에게 없는 전전두엽을 가진 인류에게만 있는 능력 중 가장 중요한 것이 옳고 그름, 잔인함과 자비로움을 구별하는 것 같습니다. 공감 능력이 있어서 아무리 미운 대상이라도 용서할 수 있고, 내게 이해관계가 없어도 너무 힘들어 보이면 돌보고 싶어 하는 마음도 인간에게만 있는 능력입니다. 그런데 그런 본성을 거슬러 나의 '자아' 혹은 내가 속한 '집단' 그리고 내 뇌에서 나오는 기준에 자의적으로 맞출 때 폭력과 전쟁이 시작되는 게 아닐까 싶습니다. 모든 전쟁이 정의의 이름으로 시작되고 있으니까요. 예수의 눈으로 판단하는 정의, 공평함, 원칙 등이 무엇인지 깊이 생각해 보면 좋겠습니다.

생각해 봅시다

이 장에서는 옳고 그름, 잔인함과 자비로움을 구별하는 성숙한 인간의 능력에 대해서 이야기했습니다. 인간에게는 공감 능력이 있어서 아무리 미운 대상이라도 용서할 수 있고, 나와 이해관계가 없어도 너무 힘들어 보이면 돌보고 싶어 하는 마음이 듭니다. 그런데 그런 본성을 거슬러 나의 '자아' 혹은 내가 속한 '집단' 그리고 내 뇌에서 나오는 기준에 자의적으로 맞출 때 폭력과 전쟁이 시작되는 게 아닐까 싶습니다. 모든 전쟁이 정의의 이름으로 시작되고 있다는 아이러니한 사실과 함께 정의, 공평함, 원칙 등이 무엇인지 깊이 생각해 보면 좋겠습니다.

✝

다른 이의 잘못을
바로잡아 주는 법

"당신의 형제가 (당신에게) 죄를 짓거든 가서 당신과 그만이 마주하여 그를 책망하시오. 만일 그가 당신의 말을 들으면 당신은 그 형제를 얻은 것입니다. 그러나 듣지 않거든 당신과 함께 한 사람이나 두 사람을 더 데리고 가시오. 두 증인이나 세 증인의 입으로 모든 일이 확정되도록 하려는 것입니다. 그가 그들의 (말도) 귀담아듣지 않거든 교회에 말하시오. 교회의 (말도) 귀담아 듣지 않거든 당신은 그를 이방인이나 세리처럼 여기시오. 진실히 여러분에게 이르거니와, 여러분이 땅에서 매는 것은 하늘에서도 매여 있을 것이요, 여러분이 땅에서 푸는 것은 하늘에서도 풀려 있을 것입니다."(마태 18:15-18)

'손절'이 유행인 시대입니다. 이런 사람하고는 관계를 끊겠다는 이야기들이 인터넷상에서만 넘쳐나는 것이 아니라 현실에서도 자주 일어납니다. 심지어는 부모 형제와도 만나지 않겠다고 공언하고 실천하는 이들이 점점 늘고 있습니다. 이런 사람은 아예 만나지 말라고 조언하는 심리전문가들도 한둘이 아닙니다. 지나치게 인간관계에 얽혀 쓸데없는 스트레스를 받지 말라는 의도는 좋으나, 그러다 완전히 세상과 단절된 은둔형 외톨이가 되는 것이 아닌가 걱정될 정도입니다. 세상에 완전하게 흠 없는 사람이 없고 대인관계에서 실수하지 않는 이도 없는데, 이런저런 갈등 때문에 누군가를 만나지 않게 된다면 결국 대인관계는 매우 좁아질 가능성이 있습니다.

타인의 선택이나 행동에 대해 존중하고 간섭하지 않는 것이 선진국 현대인들의 매너로 여겨지기도 합니다. 오지랖이 넓어 남의 일에 간섭하는 이른바 '꼰대'에 대해 혐오하는 젊은이들도 많습니다. 옳고 그름이라는 것이 때로는 매우 상대적이거나, 혹은 자기에게만 옳게 견강부회하는 경우가 있기 때문에 내가 올바름이라고 우기는 것이 절대적으로 옳다고 할 수는 없습니다. 그래서 누군가와 될 수 있는 한 옳고 그름을 따지다가 갈등 관계로 치닫지 않으려고 노력해야 할 때도 많습니다.

그러다 보니 때로는 공동체에서 죄를 짓는 일이 일어나도 나 몰라라 하는 사람들이 많아졌고 가족이나 친구들이 비도덕적인 일을 해도 그대로 두기도 합니다. 죗값은 알아서 치르겠지 하면서요. 이런 태도에 대해 예수는 해법을 내놓습니다. 일단 당신의 형제가 죄를 짓게 되면 단둘이 만나 그것에 대해 이야기하라고 합니다. 외면하지 말고 직면해 보라는 것이지요. 유대인들은 공동체에 속하는 이들을 형제라고 말하기 때문에 여기서 말하는 형제는 꼭 피붙이 형제를 지칭하는 것이 아닙니다.

잘못을 외면하지 말고 직면해 보라는 것인데 직면이 잘 먹히지 않는 경우가 많습니다. 조언을 듣고 즉각적으로 자기 죄를 뉘우치는 사람이라면 죄를 짓지도 않겠지요. 그럴 때는 증언해 줄 다른 사람들과 함께 만나라고 합니다. 언뜻 인민재판하듯 숫자로 승부하라는 뜻으로 곡해할 수도 있지만, 다른 사람과 함께 가라는 조언을 두 가지 의미로 받아들여 봅니다. 첫 번째는 자기의 의견을 좀 더 객관화시키라는 주문입니다. 제삼자가 양측의 이야기를 듣다 보면 당사자는 보지 못하는 허점을 알아차릴 수도 있습니다. 나와 상대방이 서로 옳다고 계속 고집할 때, 중재와 조정을 할 수 있는 이가 필요하다는 뜻으로도 읽힙니다. 대치하는 양쪽만 있을 때는 자칫 잘못하면 갈등이 걷잡을 수 없이 커지기도 합니다. 극단적으로 치닫지 않도록 증언해 주고, 화해를 할 수 있도록 도와주는 인물이 있어야 합니다. 개인적으로 풀리지 않으면 그때 교회, 즉 기관이나 공동체의 판단에 기대어야 한다는 단계적인 해법도 알려줍니다.

또 "무엇이든지 땅에서 매면 하늘에서도 매일 것이고, 너희가 무엇이든지 땅에서 풀면 하늘에서도 풀릴 것이다"(마태 18:18)라는 말에 주목해 봅니다. 이는 유한한 삶 속에서 우리가 해야 할 일을 미루지 말고 수행하라는 뜻이 아닐까 싶습니다.

국가끼리의 분쟁, 또 국가로부터 받은 피해 같은 것들 역시 하늘나라에 가서 풀 생각을 하지 말고 지금 여기서 풀라는 주문처럼 들립니다. 우리 역사에는 전체 공동체를 위해 희생한 억울한 분들이 너무 많습니다. 돌아가시기 전에 그 매듭을 풀어 드렸어야 하는데 때를 놓친 경우가 얼마나 많습니까. 지금이라도 살아 있는 분들의 마음의 한을 어떻게 풀어드려야 할지 고민하게 만드는 구절입니다.

루카복음 18장 1-8절에는 불의한 재판관과 과부가 등장합니다. 과부가 자신이 겪은 억울한 일을 해결해 달라고 재판관에게 가서 계속 조릅니다. 흥미롭게도 과연 이 과부가 올바른 일로 일종의 청원을 하는 것인지 아니면 그야말로 떼법을 쓰고 있는 것인지에 대한 언급은 없습니다. 과부가 매일 가서 조르는 것을 보면 확실하게 과부편을 들 수 없는 무언가 찜찜한 부분이 있는 것 같지만 명확하게 밝히지는 않고 있습니다. 사회적 약자의 주장이 약자라는 이유 하나만으로도 다 정당화될 수는 없습니다.

최근에 《하이재킹》이라는 영화를 봤습니다. 빨갱이 가족이라는 이유로 극한의 시점에까지 몰리면서 테러범이 된 젊은이에 대한 객관적인 시선이 흥미롭고 의외로 따뜻했습니다. 우리가 흔히 악마라고 부르는 많은 범죄자도 아주 어릴 때부터 사회가 잘 보듬어 주었다면 그렇게까지 되었을까 하는 생각을 가끔 해봅니다.

다시 루카복음 18장으로 돌아가면, 이 재판관은 무엇이 옳은지 그른지에 대한 철저한 고민 없이 또 신앙심도 충성심도 없이 일단 그 과부가 성가셔서 과부의 말을 들어줍니다. 재판관으로서는 철저하지 못하고 모범적이지 않은 태도이지요. 예수는 이렇게 문제 있는 재판관도 과부의 청을 들어주는데 하느님께서 약자의 권리를 찾아 주지 않겠느냐고 말합니다. 그러면서 "인자가 올 때에 땅 위에서 과연 믿음을 찾아볼 수 있겠습니까?"라고 덧붙입니다.

또한 예수는 스스로 의롭다고 자부하며 그렇지 못한 이들을 업신여기는 이들에게도 따끔하게 말합니다. 죄 많은 세리와 도덕적인 바리사이파가 같이 기도했을 때, 하느님의 눈으로 보면 자신의 죄를 진심으로 뉘우치는 세리가 자신이 의롭다고 생각하는 바리사이파보다 낫다고 평가했습니다.(루카 18:9-14) 세속적인 평가와 신적인 평가가 다른 것이지요. 물론 이 구절을 자의적으로 해석해서 평생 죄를 짓고 난 다음 죽기 전에 진심으로 회개하면 된다는 얄은꾀를 쓰는 사람도 있는 것 같습니다. 그러나 시공간을 초월하는 절대자가 그런 속임수에 넘어간다는 발상 자체가 어리석을 뿐입니다.

마지막으로 마태오복음처럼 아이들이 다가오자 제자들이 아이들을 막으러 하는 장면이 되풀이됩니다. 이때 예수는 똑같이 말합니다. "어린아이처럼 하느님 나라를 받아들이라"라고요.(루카 18:15-17)

정의, 도리, 예의, 규범, 윤리 등등 인간의 악에 대항하는 장치들이 인간 문명에는 참 많습니다. 그런데 깊이 들어가다 보면 어떤 법 규정이나 정치체계도 완벽하게 인간의 악한 심성을 박멸시킬 수는 없습니다. 인간의 선악을 뛰어넘는 신적인 존재만이 오로지 궁극의 판단을 할 수 있는 것이 아닐까 생각해 봅니다.

생각해 봅시다

예수는 당신의 형제가 죄를 짓게 되면 단둘이 만나 그것에 대해 이야기하라고 합니다. 외면하지 말고 직면해 보라는 이야기입니다. 인간의 유한한 삶 속에서 우리가 해야 할 일을 미루지 말고 꼭 과제를 수행하라는 뜻이기도 합니다. 다른 사람의 잘못을 바로잡아 주라는 예수의 말씀을 어떻게 받아들여야 할지 생각해 봅시다.

†

풍랑을 잠재우고
물 위를 걸은 기적

공상과학 영화나 게임에는 하늘 위를 날아다니거나 쏜살같이 물 위를 달리는 장면들이 많이 등장합니다. 특별한 능력을 가진 비행체를 타고 엄청난 속도로 적들을 물리치는 상황은 아마 어린아이나 청소년의 단골 공상 주제가 아닐까 싶습니다. 땅에 발을 딛고 살아야 하는 인간은 중력을 거슬러 하늘을 난다든가, 물속에 빠지지 않고 날치나 돌고래처럼 물 위를 쏜살같이 헤엄칠 수 없고, 따라서 이런 상상은 일종의 초월에 대한 염원이 구체화된 상징으로 받아들일 수 있습니다.

그런 공상이 누적되어서인지, 20세기에 들어서면서 각종 탈 것들이 발명됩니다. 이제 인간은 화성에까지 진출하게 되고 우주에서 지구를 내려다보는 전송 사진이 그리 놀랍지 않게 되었습니다. 사람들이 비행기를 타기 전까지만 해도 하늘은 절대로 다가갈 수 없는 특별한 장소였고, 잠수함이 생기기 전만 해도 수백 미터, 수천 미터 내려가는 심해 역시 신비한 공간으로 사람들의 상상력을 자극했습니다. 하지만 이제 더 이상의 초월적 공간은 없는 것처럼 생각하는 시대가 온 것 같습니다. 거대한 허블 망원경 덕에 은하계 저 너머의 별도 마치 우리가 아는 대상인 것처럼 생각하게 되었습니다. 하지만 망원경으로 보는 것과 실제로 거기에 가서 살아보는 것은 완전히 다른 문제지요. 하느님께서 욥기에서 여러 번 강조하셨던 것처럼 아직까지 우리가 자연에 대해서 알 수 있는 것은 매우 적습니다.

성경에는 자연의 법칙으로는 이해할 수 없는 기적이라고 하는 부분이 많이 나오는데 특히 물 위를 걸은 기적(마태 14:22-23; 마르 6:45-52; 요한 6:16-21)에 대해서는 여러 영화 속의 한 장면을 상상하게 됩니다. 그러나 자연과학을 공부한 입장에서 이 부분은 충분히 합리적으로도 설명이 가능하기에 신학적인 이해와는 다르게, 개인적으로 설명해 보려고 합니다.

이 장면은 예수가 빵 다섯 개와 물고기 두 마리로 5,000명을 먹인 기적 다음에 나오는 대목입니다. 예수는 제자들을 재촉해서 건너편 베싸이다로 먼저 가게 하고, 혼자 군중을 돌려보낸 다음 기도를 위해 산으로 올라갑니다. 보통 의전대로 하면 리더가 먼저 떠나고 그다음 뒤처리를 제자, 혹은 스태프들이 하는데 여기서는 반대입니다. 왜 제자들을 먼저 배를 태워 보냈을까요. 이제부터 너희도 좋은 소식을 전하라는 메시지가 아니었을까요. 예수는 군중에 휘둘리지 않고 혼자 산으로 올라갑니다. 재미있는 사실은 베싸이다는 호수와 요르단강이 만나는 지점의 북동쪽에 위치한다는 것입니다. 요르단강의 수위가

'갈릴래아 바다의 그리스도(*Christ at the Sea of Galilee*)', Tintoretto, 1570년대, CC0

항상 똑같지 않기에 나중에 물 위를 건너는 기적도 충분히 이해가 될 만한 지정학적 위치입니다.

날이 저물었을 때 배는 바다(갈릴래아 호수를 당시에는 바다라고도 하였습니다) 한가운데 있었고, 예수는 혼자 육지에 있었습니다. 그런데 역풍을 만나 배가 베싸이다로 가지 않고, 자꾸 호수 쪽으로 가게 됩니다. Shakira라는 세 방향의 바람은 주로 오후부터 동쪽에서 불어왔는데 제어하기 어려워서 어부들이 고생했던 바람입니다. 남쪽에서 불어오는 따뜻한 바람은 비교적 시속이 느리지만 서쪽으로부터 부는 바람은 절벽 사이에서 생겨서 빠른 속도로 불었다가 방향을 바꾸기도

해서 어부들에게 공포의 대상이었습니다.

　이 대목도 자세히 보면 배가 등장할 때, 즉 날이 저물었을 때는 배가 바다 한가운데 있었고, 역풍이 불어 베싸이다 반대 방향으로 가기 때문에 제자들이 노를 젓느라 애쓰는 모습이 보입니다. 그런데 새벽 네 시쯤 예수를 만났을 때는 바람의 방향이 바뀝니다. 이번에는 서쪽에서부터 바람이 불어와 다시 해안 쪽으로 배가 가게 되고, 배를 본 예수가 물 위를 걸어 배 쪽으로 건너오게 됩니다. 새벽 네 시이므로 어디가 해안이고 어디가 호수인지 명확하지 않은 상태에서, 예수를 만날 것이라고 전혀 예측하지 못한 제자들은 예수를 만나게 됩니다. 그리고 예수가 배를 타자 다시 바람이 그칩니다. 서쪽에서 오는 바람의 특성입니다. 예수는 자신을 마술사나 유령이라고 생각하는 제자들을 안심시키고 5,000명을 먹인 기적을 아직 이해하지 못한 제자들을 안타깝게 생각합니다.

　과학적인 가설을 떠나, 심리학에서 말하는 상징으로 이 대목을 이해해도 의미가 있습니다. 스승과 헤어져 배를 타고 베싸이다로 떠나는 제자들의 모습은 앞으로 그들에게 펼쳐질 예수 사후의 고된 여정을 예고합니다. 군중이 아무리 열정적으로 예수를 환호하여도 빵과 물고기를 다 먹고 나면 뿔뿔이 헤어지게 되어 있습니다. 예수 또한 하느님을 만나기 위해 홀로 높은 산으로 갑니다. 안심하고 닿을 수 있는 베싸이다로 가는 여정은 그러나 절대로 안전하지 않습니다. 바람의 방향이 어떻게 바뀔지 모르니까요. 그런 와중에 베드로는 예수를 만났지만, 만나자마자 안심하지 못하고 오히려 귀신인가 의심하고 놀랍니다. 베드로는 자신의 신앙을 과신해서 예수에게 가다가 무서운 생각에 물에 빠지기까지 하지요.(마태 14:28-30) "내 신앙은 정말 확고해"라고 과신하다가 정말 어려운 일이 닥치면 공포감과 회의로 다시 어두운 심연으로 떨어지게 되는 우리의 모습이 겹쳐집니다.

예수가 배 위로 오르자 바람이 잠잠해지는 장면에서 저는 융 심리학의 동시성 이론이나, 양자역학 이론을 생각해 봅니다. 세상 모든 물체가 서로 연결되어 있고, 어떤 특별한 사건이 또 다른 사건에 영향을 미치기도 하고, 또 우리의 의식이 서로 연결되어 있다는 이론입니다. 집단 무의식도 그 예이고, 지진이 나거나 해일이 올 때 미리 짐승들이 알고 대피하는 자연 현상도 동시성 이론과 관련이 있을 것입니다. 태양의 흑점이 우리 심리에 미치는 영향도 아직 완전히 밝혀지지는 않았지만 동시성 이론에 부합되는 비밀이 있을 것이라고 봅니다.

중요한 것은 예수가 물에 빠지지 않고 물 위를 걸었다는 것입니다. 우리는 대부분 개인 무의식이건 집단 무의식이건 무의식에 빠져서 살아 있는 내내 허우적대는데 예수는 그러지 않았으니 놀랍기만 합니다.

생각해 봅시다

예수가 물 위를 걸은 기적은 융 심리학의 동시성 이론이나 양자역학 이론과 연결지어 볼 수 있습니다. 세상 모든 물체가 서로 연결되어 있고, 어떤 특별한 사건이 또 다른 사건에 영향을 미치기도 하고, 또 우리의 의식이 서로 연결되어 있다는 이론입니다. 또한 이 일화에서 우리는 베드로의 의심을 생각해 볼 수 있습니다. 내 믿음을 과신하다 어두운 심연으로 떨어지고 있지는 않은지 생각해 봅시다.

✝

잔치 준비하는 마르타와
향유 붓는 마리아

마리아, 마르타 그리고 라자로가 산다고 짐작되는 집에 예수가 방문한 일화는 마태오복음, 루카복음, 요한복음 등에 흩어져 있습니다만, 하나하나가 중요한 메시지들을 담고 있습니다. 그중에서 루카복음 10장 38-42절은 평범해 보이지만, 다양한 측면에서 생각해 볼 거리가 많습니다.

이 장에서는 아직 자매의 오빠 라자로가 등장하지는 않습니다. 대신 손님이 오셔서 음식 등을 준비하느라 분주한 마르타와 예수의 발치에 앉아 그의 말씀을 듣는 마리아의 대비가 강조되어 있습니다.

가부장제의 유대 사회에서 손님 접대는 당연히 여자들의 몫이었을 것입니다. 오빠의 절친한 스승이자 친구인 예수와 그의 제자들이 왔으니 드실 것을 준비해야 하는 마르타의 눈으로 보자면, 아무것도 하지 않고 예수에게 가까이 앉아만 있는 마리아가 매우 고까웠을 것 같습니다.

　마르타의 모습은 특히 현대인들에게 많이 나타납니다. 어떤 중요한 행사가 있으면 원래 행사의 취지와는 상관없이 준비에 바빠 정작 행사 자체의 의미는 흐려지고, 남는 것은 분주하게 일했던 기억밖에 없는 경우가 많습니다. 회사의 행사 유치와 준비, 학자들의 심포지엄 준비, 정부나 큰 기업의 홍보 행사뿐 아니라 작게는 동호회나 동창회 등의 모임 등 사회가 발전할수록 크고 작은 회합들이 많습니다. 이 때문에 행복하기도 하고 신이 나기도 하지만 또 반대로 일만 하다 정작 즐기지도 못하고 보람 있는 시간도 보내지 못하는 경우가 생깁니다.

　원래 신성한 존재와의 신비한 체험을 가장 성스럽게 여기는 것이 종교이지만 종교도 일종의 제도가 되고 관습이 되면, 본래의 목적과 다르게 세속적인 일에 에너지를 쏟기도 합니다. 중세 시대 교황과 수도원 등의 역할이 점점 더 세속화되면서 권력과 재물을 목표로 하는 가짜 종교 지도자들이 많아지게 된 것도 인간 사회의 관습과 세속적 욕심이 종교적 신성성을 사라지게 한 대표적인 예가 아닐까 싶습니다.

　우리가 잘 쓰는 말 중 하나인 "이판사판이야"도 본래 불교에서 교리 공부와 참선을 열심히 하는 이판 스님들과 절 살림을 책임진 사판 스님들이 서로 싸우는 장면에서 나온 말이라고 합니다. 유다 이스가리옷도 예수의 제자들이 만들었던 공동체에서 살림을 책임지면서 조금씩 악의 세계로 발을 담근 것은 아니었을까 하고 추측해 봅니다. 또한 열혈당원으로서 당시 약자가 경험해야 하는 모순된 사회 상황을 예수가 단번에 고칠 것이라고 기대하고 열심히 싸웠는데, 그것이 아니라는 사실을 깨닫고 일종의 아노미 상태에 빠져 악하게 되었다고 상상해 볼 수도 있습니다. 예수와 제자들에게 최고의 음식을 대접하고 싶었던 마르타의 선의를 모르는 바는 아니나, 마리아에게 일을 강요하는 마르타의 태도에 대해 예수가 따끔한 조언을 해주었던 이유를 여기에서 짐작해 봅니다.

또한 이 일화를 통해 자신의 삶을 보는 태도를 엿볼 수 있습니다. 저 같은 사람은 평생 주어진 일, 시키는 일, 해야 할 일들을 해내느라 허덕였습니다. 의무가 먼저이니, 내가 원하는 일에 제대로 투자할 여력은 거의 없었습니다. 한편으로는 내가 좋아하는 일보다는 남들이 필요한 일이 더 중요하고 가치 있다고 생각했습니다. 앞으로 살아갈 날도 과연 어떤 선택을 할지 잘 모르겠지만, 예수에게 모든 눈과 귀가 다 쏠려 있으면서 중요한 일과 그렇지 않은 일을 식별하는 마리아와 그를 인정해 주는 예수의 모습이 기록되었다는 것이 놀랍습니다.

다른 한편으로는 어떤 일에도 집중력이 흐트러지지 않는 마리아가 참 부럽습니다. 현대인들은 SNS 등 각종 미디어의 홍수 속에 정말 중요한 일의 순위가 자꾸 뒤로 밀리고 있습니다. 지하철을 타면 모든 이들이 매우 바쁜 듯 휴대폰을 꺼내 보고 있습니다. 무엇을 보고 있나 하고 슬쩍 보면 대부분, 게임, 드라마, 메시지 등을 보고 있습니다. 물론 무료한 시간에 나름 재미있는 것을 보면서 힘든 하루를 견디는 것도 좋습니다. 하지만 독서 비율과 독서량이 눈에 띄게 줄고 있고, 점점 더 감각적이고 말초적인 자극만 추구하는 세상이라, 기기 사용으로부터 자유롭기가 쉽지 않습니다. 책을 보다가도 휴대폰을 들어서 쓸데없는 기사나 영상을 보며 시간을 낭비하는 때도 많습니다. 자신의 정신세계를 건강하고 성숙하게 가꾸기가 힘들어지고 있습니다. 이런 시대에 오롯이 예수에게 몸과 마음을 기울여 그 말씀을 들으려 했던 마리아의 모습은 우리에게 더 아름답고 가치 있게 비칩니다.

한편 마리아와 마르타가 등장하는 부분은 요한복음 12장 1-8절에도 나오는데, 여기서는 음식 준비가 아니라 기름을 발라주는 도유사화가 등장합니다. '해방절 엿새 전에'라는 말이 등장하는데 이는 수난사에서 예수 공생활 마지막 주간을 가리킨다고 합니다. 따라서 라자로와 그의 누이들이 베푼 잔치 중 마리아가 향유를 바르는 장면과 예수가 자신의 장례식을 예고하는 장면이 자연스럽게 연결됩니다. 또 마리아와 마르타가 죽음에서 다시 살아난 라자로의 형제라는 점 역시 부활을 예고하는 복선이라고 느껴집니다.

이 장에서도 역시 마르타는 잔치 시중을 드느라 바쁜 반면에 마리아는 값비싼 나르드 향유 한 리트라(330g)를 예수의 발에 붓습니다. 나르드 향유는 인도산 나르드의 뿌리에서 채취한 것이라 합니다. 이 대목에서도 당시 이스라엘 지방과 인도 지역의 교류를 간접적으로 추측할 수 있습니다.

루카복음 10장 38-42절에는 마르타가 마리아에게 일을 도우라고 꾸중하고, 요한복음 12장 1-8절에는 후에 예수를 넘겨주는 유다 이스가리옷이, 향유를 팔아 가난한 사람을 돕지 왜 아깝게 발에 바르냐고 툴툴거리는 대목이 나옵니다. 요한복음은 유다 이스가리옷이 진심으로 가난한 사람을 위해서가 아니라 자신의 주머니에 돈을 넣고 중간에서 가로채고 있었기 때문이라고 부연 설명해 줍니다. 이렇게 돈 씀씀이와 관련된 여러 콤플렉스 현상은 유다 이스가리옷뿐 아니라 현대인의 모습에서도 많이 관찰됩니다.

'마르타와 마리아의 집을 방문한 그리스도(*Jesus at the Home of Martha and Mary*)',
Johannes(Jan) Vermeer, 1654, CC0

어떤 일에 돈을 쓰는 것이 가치 있는지는 사람마다 기준이 달라서, 어떤 이들은 평생 투자하고 저축만 하고, 또 어떤 이들은 빚을 내서라도 호화스럽게 살고 있습니다. 남들의 소비 생활에 대해서도 다양하게 반응합니다. 공정과 정의를 외치면서 왜 비싼 술을 사고, 비싼 차를 타고 다니느냐는 소리, 애국자인데 왜 외국산 물건을 쓰느냐고 지적하는 소리, 자기 이름을 내세워 공적 자금을 유용한다는 소리, 혹은 자기 욕심을 채우느라 횡령한다는 소문 등 어디에 얼마나 돈을 쓰느냐의 문제로 많은 이들이 내부적으로나 외부적으로 크고 작은 갈등을 겪습니다. 그래서 융 심리학자들은 콤플렉스 중 돈 콤플렉스가 가장 강고하고 해결하기 어려운 콤플렉스라고 말합니다.

세속적인 측면에서 마리아의 향유 붓는 행동을 비판하는 사람들의 설왕설래를 예수는 간단하게 정리해 줍니다. 앞으로 가난한 사람들은 계속 만나겠지만 나는 이제 더 이상 만날 수 없고, 향유를 붓는 행동은 장례식 준비라고 말합니다. 그리고 자신이 떠나게 될 것이라고도 덧붙입니다. 또 온 세상 어디든지 당신과 관련된 기쁜 소식이 전파될 때마다 이 여자가 한 일도 전해져 기억하게 될 것이라고도 말합니다.

그런데 이런 선포에 대해 제자들이 크게 깨닫고 예수의 죽음을 대비하게 된다는 후일담은 이 대목에 나오지 않습니다. 예수가 명확하게 자신의 죽음을 예언했지만, 아직 들을 귀가 없는 제자들은 그 일이 아주 먼 훗날 일어날 것이라고만 생각했습니다.

우리는 부모, 스승 등 존경하고 사랑하는 이들이 언젠가 우리 곁을 떠나간다는 것을 대부분 잊고 지냅니다. 마치 언제까지나 우리 곁에 있을 것이라고 생각하며 소중한 시간을 그냥 흘려보내는 경우가 많습니다. 그리고 한편으로는 나와 전혀 상관도 없는 타인임에도, 네트워크를 만들어 놓으면 유리할 것 같거나 혹은 체면치레해야 할 사람에게 큰돈을 쓰기도 합니다. 정작 가장 가치 있는 대상에게는 돈 몇 푼쓰는 것도 아까워하면서 말입니다. 마리아가 과연 예수의 죽음을 알고 있었는지는 확실하지 않으나, 예수에게로 향하는 사랑과 흠모, 감사의 감정이 워낙 컸기 때문에 값비싼 향유를 쓰는 것이 전혀 아깝지 않았던 것 같습니다.

현대인들은 고대 이스라엘 사람들보다 훨씬 더 많은 선택지를 갖고 있기 때문에 아마도 돈 콤플렉스와 관련된 이슈 역시 다양할 것 같습니다. 어떤 일에 돈을 쓰는지는 각자의 선택이지만, 돈을 쓰고 난 후 어떤 마음인지 들여다보고 미리 성찰해 보는 것도 한 방법입니다. 요즘 젊은이들은 고성장 시대의 기성세대보다 오히려 더 철저하게 꼭 필요한 곳에만 돈을 쓰는 경향도 보인다고 합니다. 또 환경 파괴나 기후 변화에 대한 감수성도 젊은 세대들이 더 강해서 더욱 현명한 소비를 하는 것 같습니다. 여전히 공동체를 위한 소비, 혹은 육체나 물질이 아닌 정신, 특히 영성을 위한 투자는 미비하지 않나 싶습니다.

경제가 어렵고, 한편으로는 공동체가 붕괴되고, 모든 것이 돈으로 환원되는 물질지상주의 사회로 변하고 있는 시대에 오로지 사랑으로 예수의 발을 향유로 닦아 주었던 마리아의 온전한 사랑이 아름답고 부럽습니다.

생각해 봅시다

세속적인 측면에서 마리아의 향유 붓는 행동을 비판하는 사람들의 설왕설래를 예수는 간단하게 정리해 줍니다. 앞으로 가난한 사람들은 계속 만나겠지만 나는 이제 더 이상 만날 수 없고, 향유를 붓는 행동은 장례식 준비라고 말합니다. 그리고 자신이 떠나게 될 것이라고도 덧붙입니다. 또 온 세상 어디든지 당신과 관련된 기쁜 소식이 전파될 때마다 이 여자가 한 일도 전해져 기억하게 될 것이라고도 말합니다. 향유 붓는 마리아를 통해 우리는 바른 소비를 하고 있는지, 온전한 사랑으로 상대방을 대하고 있는지 생각해 봅시다.

라자로의 죽음

라자로는 예수가 사랑하는 이로, 그의 여동생인 마르타, 마리아와 함께 요한복음에서 상당한 비중을 차지합니다. 라자로의 죽음은 요한복음의 '일곱 표징 사화' 중 눈 먼 이에 대한 사화만큼 널리 알려져 있습니다. 그러나 동시에 많은 사람이 의아해하는 수수께끼 같은 지점들이 있습니다.

라자로는 엘 아자르의 준말 라자르가 그리스 헬라어로 발음된 것으로, '하느님이 도와주시다'라는 뜻이라고 합니다. 그 당시 흔한 이름이었습니다. '베다니아 출신 라자로'라는 설명은 아마도 흔한 라자로 중 특히 베다니아 출신이며 마르타, 마리아의 형제라는 점을 강조하기 위함인 것 같습니다. 라자로의 출신지는 요한복음 11장 18절에 따르면 요한 세례자가 세례를 베풀던 요르단강 건너의 베다니아와 다르게 예루살렘에서 십오 스타디온쯤 되는 곳에 자리한 마을이라고 합니다.

하지만 예수가 라자로가 죽어가고 있다는 소식을 들은 곳이 어디인지는 성경에는 명시되어 있지 않습니다. 다만 제자들이 "유대인들이 랍비를 돌로 치려고 하였는데, 다시 그리로 가시렵니까?"(요한 11:8)라고 말립니다. 쌍둥이 토마스는 이때 죽음을 무릅쓰고 예수와 함께 떠나겠다고 결연히 의지를 표현합니다. 이때까지만 해도 제자들은 예수가 금방 죽지 않고, 이스라엘 사람들을 해방시켜 줄 것이리라 생각했을 것입니다.

그런데 예수는 라자로가 앓고 있으며 죽음을 앞두고 있다는 소식을 전해 듣고서도 머물고 있던 곳에서 이틀이나 움직이지 않았습니다. 오빠의 죽음을 알리며 하루라도 빨리 와서 기적을 보여 주었으면 하는 자매의 입장에서는 '일각이 여삼추(순간이 가을 세 번 지나간 것 같다는 뜻)'라는 옛말이 떠오를 만큼 긴 시간이었을 것입니다. 짐작해 보자면 사나흘 거리는 넘었으리라 싶습니다.

그렇다면 왜 예수는 사랑하는 친구 라자로가 위중하다는 소식을 듣고도 곧장 떠나지 않았을까요? 저는 몇 가지 가설을 생각해 봅니다. 첫째는 성경에도 언급된 대로 그 병으로 죽지는 않으리라고 예견했기 때문일 것입니다. 둘째는 살고 죽는 것은 하느님의 결정이기 때문에 표징을 원하는 사람들에게 휘둘리지 않고, 하느님의 뜻대로 하실 수 있게 기다린 게 아닌가 생각해 봅니다. 셋째는 예수의 죽음과 부활을 미리 준비하면서 사흘이라는 시간 동안 고성소에 내리는 경험이 무엇인지 제자들과 유대인들에게 예습을 시키려는 의도가 아니었을까 상상해 봅니다. 마지막으로 친구인 라자로를 구하는 일보다 당시 예수 주위에 몰려든 이들의 마음과 몸의 병을 고치는 것이 먼저

'라자로의 부활(*The Raising of Lazarus*)', Caravaggio, 1609, CC0

라고 생각했을 것도 같습니다. 내 자식, 내 식구, 내 친구, 내 지인부터
챙기는 보통 사람과는 다르다는 뜻이지요.

예수는 이 병은 죽음으로 이끄는 것이 아니라 하느님의 영광을 드
러내기 위한 것이라고 말합니다. 다른 사람들은 라자로의 회복만 생
각했다면 예수는 그 너머, 하느님의 성스러운 계획(Divine Design)을 생
각한 것입니다. 고대 그리스에서는 연극에서 신들이 뜬금없이 나타나
무언가를 해결해 주는 약간 코믹하고 경박한 신들의 행위를 Deus ex
Machina라고 했다고 합니다. 반면에 Deus Absconditus는 계시가 없
으면 인간은 신을 인식할 수 없음을(이사 45:15) 뜻합니다. 즉 나타나지

않으셨지만 숨어 계심으로써 현존하시는 하느님(Hidden Presence)이라는 역설을 요한복음이 가르치려 한 것은 아닐까요.

특히 라자로가 위중하다고 했을 때 예수가 호들갑스럽게 빨리 가서 구하자, 내가 가면 다 낫는다는 식으로 말하지 않은 것 역시 주목할 대목입니다. 일종의 침묵으로 때가 오길 기다렸던 것이지요. 엄중한 일, 위급한 일, 정말 비극적인 일 앞에서는 소동을 피우고, 소란스럽게 난장판을 만드는 대신 침묵 속에서 조용히 해야 할 일을 하는 것이 옳지 않을까요? 무언가를 주장하며 서로 싸우고, 해결사를 자처하고, 갈등과 공포를 조장하여 사람들로 하여금 서로를 책망하면서 비현실적인 기대치만 높아지는 요즘, 사랑하는 친구의 죽음 앞에서도 의연했던 예수의 모습을 꿈속에서라도 만나고 싶습니다.

생각해 봅시다

라자로의 죽음 일화는 많은 의미를 내포하고 있습니다. 살고 죽는 것은 하느님의 결정이기 때문에 표징을 원하는 사람들에게 휘둘리지 않고, 하느님의 뜻대로 하실 수 있게 한 점, 예수의 죽음과 부활을 미리 준비하면서 사흘이라는 시간 동안 고성소에 내리는 경험이 무엇인지 제자들과 유대인들에게 예습을 시키려는 의도, 친구인 라자로를 구하는 일보다 당시 예수 주위에 몰려든 이들의 마음과 몸의 병을 먼저 고치는 것이 먼저라고 생각했던 점 등을 알 수 있습니다. 내 자식, 내 식구, 내 친구, 내 지인부터 챙기는 보통 사람들과는 다른 행동 아닐까요.

✝

나는 포도나무요
내 안에 머무시오

"나는 참된 포도나무요 나의 아버지는 농부이십니다. 열매를 맺지 않으면서 내게 붙어 있는 모든 가지는 그분이 쳐내시고, 열매를 맺는 모든 가지는 그분이 깨끗이 손질하여 더 많은 열매를 맺도록 하십니다. 내가 여러분에게 이른 그 말로 말미암아 이미 여러분은 깨끗합니다. 여러분은 내 안에 머무시오. 나도 여러분 안에 머물겠습니다. 가지가 포도나무에 붙어 있지 않으면 스스로 열매를 맺을 수 없는 것처럼, 여러분도 내 안에 머물지 않으면 열매를 맺을 수 없을 것입니다."(요한 15,1-4)

노래까지 익숙한 성경의 유명한 구절입니다. 그래서 우리가 간과하고 있는 중요한 의미를 다시 들여다보아야 할 것 같습니다. 포도나무의 비유는 여러 번 등장하는데, 간과하고 그냥 넘어가기 쉬운 문장이 '나의 아버지는 농부이십니다'라는 대목입니다. 먹을거리를 제공하는 농부를 존경하는 전통문화에 비해 산업사회나 자본과 권력이 너무 비대해진 사회에서 농부는 부러움보다는 무관심, 혹은 걱정의 대상이 되기도 합니다. 우리 현실에서 농사지으면서 돈을 벌기가 너무 어렵기 때문입니다.

그런데 성경에서는 예수의 아버지를 '농부'라고 표현합니다. 권좌에 앉은 왕이나 비싼 물건을 사고파는 대상(大商) 등과는 완전히 다른 이미지입니다. 분노하고, 지배하고, 질투하고, 벌주는 구약의 하느님과는 매우 다릅니다. 농부는 하늘과 땅과 거의 일체가 된 사람입니다. 또한 조상 대대로 전해 내려오는 경험과 지혜를 물려받습니다. 농부만이 언제, 어디에 나무를 심을지 결정하고, 어떤 나무를 베어야 할지 압니다. 어떤 나무는 풍성한 열매를 맺지만, 어떤 나무는 끝내 이파리 하나 내놓지 못합니다. 아무리 좋은 묘목이라도 땅이 나쁘고 기후가 맞지 않으면 좋은 포도나무로 자랄 수 없기 때문입니다.

예수는 자신을 포도나무라고 말했습니다. 농부인 하느님께 자신을 오롯이 맡기는 태도입니다. 나무는 능동적으로 농부에게 무언가를 요구하지 않습니다. 그저 가만히 누워 있다 농부가 심어 주는 곳에서 최선을 다해 물을 빨아들여 열매를 맺을 뿐입니다. 어디로 옮겨 다니고 무언가를 할 수 있는 자유 의지를 가진 존재가 아닙니다. 예수가 하느님 앞에서 느끼는 심정일 수 있습니다.

예수가 그럴진대, 우리가 하느님께 자유 의지를 말할 수 있을지 모르겠습니다. 우리는 자신이 매우 많은 선택지를 갖고 있고 자유롭게 살고 있다고 착각하고 있습니다. 그러나 우리는 몸속에서 나오는 호르몬에 휘둘리고, 전통과 관습에서 자유롭지 못하고, 건강하지 못한 집단정신과 자신을 종종 혼동하는 어리석은 존재입니다. 어쩌면 너무 많은 어리석음에 갇힌 죄수일지도 모릅니다.

나무는 사자나 독수리, 호랑이, 매 같은 힘센 동물과는 대척점에 있습니다. 나무는 누군가를 해치지 않습니다. 어디로 쉽게 옮겨 다니지도 않습니다. 그저 제자리에 머물면서 꽃을 피우고, 그늘을 만들고, 열매를 맺고, 수명이 다하면 목재나 종이나 땔감이 되어 남김없이 다 주고 갑니다. 특히 포도나무는 척박한 중동 땅에서 사람들의 식량이 되어 주는 음식 이상의 보물입니다. 말린 건포도는 먹을 것이 딱히 없는 계절에 좋은 영양소를 제공해 줍니다. 포도주는 잔치에도 쓰지만 아픈 사람의 고통을 잊게 해주는 치유의 효능도 갖고 있습니다. 포도주를 나누어 마시면서 사람들은 공동체의 일원임을 확인합니다.

그런데 포도나무의 한 부분이 되었어도 포도가 열리는 기쁨을 모두 누릴 수 없다는 구절에 주목해 봅시다. 과일이 열리지 않는다고 가지를 쳐내는 농부에게는 서운한 마음도 듭니다. 하지만 식물을 가꿔본 사람들이라면 그런 생각이 어리석다는 것을 알 것입니다. 잡초도 소중하고 가지나 모든 잎이 귀하다고 손대지 않고 그냥 두면 논밭과 정원은 곧 황폐해집니다. 흉가처럼 변하고 그 어떤 소출도 내지 못하는 버린 땅이 됩니다. 잎사귀나 가지 하나하나의 입장에서는 자신이 버려지고 잊히는 것이 억울할 수도 있지만, 큰 그림으로 보면 때론 버려지고 때론 다시 태어나면서 공동체는 더욱 풍성해집니다.

'밀알 하나가 썩지 않으면'이라는 말을 환기해 봅니다. 조그만 씨앗에서 작은 순이 올라오고, 작은 순에서 묘목으로, 묘목이 큰 나무로 변할 때, 우리는 그 전의 모습은 사라지는 것을 관찰하게 됩니다. 따지고 보면 병들지 않고, 변하지 않고, 죽지 않는 생물은 없습니다. 이전의 모습이 사라지는 것은 다시 태어나기 위해 꼭 필요한 과정일 수 있습니다.

마태오복음 20장 1-16절에는 선한 포도원 주인이 등장하는데 이때 다시 비유로 포도나무가 등장합니다. 성경에서는 하늘나라는 포도원에 일꾼을 고용하는 집주인과 비슷하다고 가르칩니다. 여기서 집주인은 이른 새벽에 나가서 한 데나리온을 주기로 하고 일꾼들을 포도원으로 보냅니다. 아홉 시, 열두 시, 오후 세 시 그리고 다섯 시쯤에 또 사람들을 고용합니다. 그런데 오후 다섯 시쯤 고용된 사람들과 새벽에 고용된 사람들이 똑같이 한 데나리온을 받습니다. 무노동 무임금 원칙을 주장하고, 일의 효율성대로 임금을 주어야 하며, 일하지 않는 혹은 못 하는 이들에게 기본 생활을 할 수 있도록 도와주는 것은 도덕적 해라고 이야기하는 능력주의(Meritocracy)나 신자유주의의(Neo-Liberalism) 입장과는 완전히 다릅니다.

얼핏 한 시간 일한 사람과 하루종일 일한 사람이 똑같이 임금을 받는 상황은 공산주의적 시각에서조차 옳지 않다고 느낄 수 있습니다. 마르크스는 『자본론』에서 사회적 필요 노동시간, 표준적 생산 조건, 평균적 노동 숙련도와 노동 강도 등을 고려하여 생산하는 데 필요한 노동 시간에 따라 가치가 결정된다고 했고, 경제학의 아버지 애덤 스미스는 노동, 자본, 땅값에 의해 가치가 결정된다고 했습니다. 하지만 예수가 설명해 주는 포도원의 집주인은 마르크스와 애덤 스미스 모두가 비난할 만한 결정을 합니다.

이에 대해 불평하는 소작인들에게 집주인은 나와 각자가 계약한 바대로 지불하는 것이니, 내가 다른 이들에게 어떤 임금을 지불하든지 상관하지 말라고 말합니다. 하느님과 인간 사회의 계약이, 다른 세속적인 계약 관계와 어떻게 다른지에 대해 명쾌하게 설명하는 대목입니다. 이 부분은 다시 요한복음 21장 20-23절과 조응합니다. 베드로는 부활한 뒤 나타난 예수에게 당신의 다른 애제자의 앞날에 대해 물어봅니다. 그런데 예수는 내가 올 때까지 그 제자가 남아 있든 없든 그게 베드로에게 무슨 상관이 있느냐고 반문합니다.

각자에게 주어진 임무나 운명은 절대자와 각자의 일대일 관계라고 할 수 있습니다. 누구를 더 사랑하느냐고 물으며 유산 갖고 싸우는 형제간의 싸움을 현명하게 해결해 주는 현명한 부모님의 모습을 떠올리면 이해가 쉬울 것도 같습니다. 욥기 등 구약에서 여러 번 말씀한 대로 하느님의 섭리와 계획은 인간인 우리가 이해할 수 있는 영역이 아닙니다. 우리의 운명 역시 인과응보의 원칙대로 움직이지 않습니다. 쉽게 말해 우리 인생은 합리적이고 논리적인 결과물이 아니라는 뜻이고, 하느님과 나와의 관계는 일대일의 특별한 것이라 남과 비교할 수 없습니다.

흔히 성공한 이들은 자기들이 남들보다 더 많이 노력해서 성공을 일구어낸 것이니 그만큼 대가를 받아야 한다고 주장합니다. 투자하는 이들도 리스크를 안고 자본을 포기했으므로 그만큼 돌려받아야 한다고 말합니다. 그러나 현실에서는 오래 공부하고, 오래 노력하고, 오래 참는다고 더 높은 경지에 오르고, 더 성공해서 사회에 크게 이바지한다고 말하기 어렵습니다. 우리나라에서 몇 사람만 이해하는 어려운 과제를 풀어 내거나 혹은 그런 작품을 만들어 내는 이들과 흔하게 널린 공예품, 농산품을 만들어 내는 이들의 가치를 비교하는 것도 현실적으로 어렵습니다. 지금은 매우 소중한 기술이지만 곧 그렇지 않게 될 수도 있고, 지금은 하찮은 물건이지만 곧 귀한 물건이 될 수도 있기 때문에 세속의 가치는 불변하는 절대적인 잣대와 다릅니다.

마태오복음에 등장하는 소작인 역시 그렇습니다. 새벽에 나와서 일한 사람들의 입장에서는 자신들의 노동 시간만 생각하지, 운 좋게 빨리 고용되어 밥도 해결하면서 일할 수 있는 행운에 대해서는 미처 고려하지 못합니다. 오후 다섯 시까지 일터가 없어서 밥도 못 먹고 이리저리 헤메는 구직자들의 마음 역시 헤아리지 못합니다. 그런데 하늘나라의 집주인 농부는 다릅니다. 만나는 그 시점뿐 아니라, 그 시점 이전과 보이지 않는 공간까지 생각한 것입니다. 판단력이 떨어져 어딜 가야 고용이 쉽게 되는지 모른다면 좋은 일자리를 구하기가 어렵고, 그러다 보니 돌보아야 할 가정이 무너질 수 있습니다. 아이가 아프고 아내가 떠나면, 일할 조건이나 동기가 부여되지 않아 다른 사람보다 구직 활동을 못 할 수도 있습니다. 모두 공정한 조건에서 경쟁하는 것이 아닙니다.

세속의 학문은 철학과 자연과학조차도 자신들의 관점이나 프레임을 벗어나 사각지대에 있는, 이른바 하찮거나 그리 중요해 보이지 않는 존재를 종종 간과합니다. 항상 내 시야 안에 들어와 있는 가치 있는 사건과 대상들에만 관심을 두고 내가 보지 못하는 시공간에서 무슨 일이 일어나고 있는지에 대해서는 무심할 수 있습니다. 모두 '나'라는 배타적 세계에 갇혀 있는 죄수들이 아닐까도 싶습니다. 이런 감금의 상황을 예수가 깨줍니다. 예수가 말하는 천국은 첫째가 꼴찌가 되고 꼴찌가 첫째가 되는 아주 신비한 공간이기 때문입니다.

포도나무나 올리브나무의 상징은 이처럼 경작과 노동과 연결되어 있지만, 궁극적으로는 십자가로 이어지는 대상이기도 합니다. 십자가는 단순히 벌을 주는 형틀이 아니라 신화적 원형이라는 맥락으로 보자면 생명의 나무와도 연결됩니다. 단순히 고통을 주는 것이 목표였다면 칼이나 창끝에 매달아 놓을 수도 있는데 굳이 십자가에 걸어 놓는 상은 다른 지역의 신화에도 등장합니다.

북유럽 신화에 등장하는 세계수 위그드라실(Yggdrasil)은 신성한 물푸레나무입니다. 우주를 지탱하는 세계수는 9개의 세계를 매달고 있는 생명의 나무입니다. 오딘이 이 나무에 9일 밤낮 동안 매달린 적이 있습니다. 그 후 오딘은 다른 세계에 대한 지혜를 얻게 되지요. 단군이 천상에서 지상으로 내려와 나라를 세운 곳 역시 신단수, 즉 신성한 나무 밑이었습니다. 부처가 깨달음을 얻은 곳도 보리수 아래였습니다. 인간이 자연의 신비 앞에 겸손하게 되는 곳 중 하나가 나무가 빽빽히 들어선 깊은 숲일 것입니다.

예수가 십자가에 못 박혀 죽은 뒤 다시 부활함은 마치 겨울을 맞은 나무가 죽은 듯 가만히 있다 봄이 되면 다시 눈부시게 잎과 꽃을 피우는 모습과 비슷합니다.

나무로 이루어진 숲은 누가 높고 누가 낮다 할 수 없을 정도로 모두 자기 자리에서 제 할 일을 합니다. 그늘의 이끼나 버섯, 고사리 같은 음지식물이 없다면 우듬지를 자랑하는 높은 나무가 건강하게 자랄 수 없습니다. 봄에 꽃이 아름답다고 해서 가을의 단풍보다 낫다고 고집할 이유도 없습니다. 예수가 말한 첫째와 꼴찌의 자리 바뀜은 유용과 무용의 분별이 얼마나 인간 중심적이며 허망한 것인지 숲의 비유를 들었던 『장자』의 한 구절을 생각나게 합니다. "계수나무는 식용으로 쓰고, 옻나무는 옻칠할 수 있고……높은 나무는 재목이 되니 사람들이 다 잘라간다"라는 대목입니다. 쓸모를 넘어서는 자연의 여여한 존재 그 자체를 철학적으로 강조한 장자는 그러나, 자신의 생명을 바쳐 다시 인류를 구원하는 예수의 사랑의 경지까지는 상상해 보지 못하고 자연의 현상만 읊었습니다.

생각해 봅시다

성경에서는 예수의 아버지를 '농부'라고 표현하고 예수 자신은 포도나무라고 말합니다. 포도나무인 예수는 농부인 하느님께 자신을 오롯이 맡기고 죽음과 부활도 하느님 뜻하시는 대로 따랐습니다. 또한 포도나무나 올리브나무의 상징은 경작과 노동과 연결되어 있으며, 궁극적으로는 십자가로 이어집니다. 십자가는 단순히 벌을 주는 형틀이 아니라 생명의 나무와도 연결됩니다. 이 이야기를 통해 생명과 죽음, 첫째와 꼴찌의 자리 바뀜, 유용과 무용의 분별이 얼마나 허망한 것인지 알 수 있습니다.

✝

용서하시오 그러면 여러분도
용서받을 것입니다

"(남을) 용서하시오. 그러면 여러분도 용서받을 것입니다."(루카 6:37)
"당신에게 이르거니와, 일곱 번까지가 아니라 일흔 번을 일곱 번까지
라도 하시오."(마태 18:22)

미운 사람을 용서하기는 가장 어려운 과정(과제) 중 하나입니다. 용
서할 일이 있다는 것은 그만큼 자신이 상처받거나 손해를 입었다는
뜻이기 때문에, 우선은 자신이 입은 피해에 집중하기 마련입니다. 외
적으로나 공적으로는 당연히 보호받아야 할 시민으로서의 권리가 침
해당할 경우, 내게 손해를 입히거나 혹은 방관한 공적 기관, 회사나 학
교, 넓게는 국가에 대해 분노합니다. 개인도 아닌 거대한 집단이기 때
문에 상대방에 대한 분노와 실망이 더 크고 따라서 쉽게 용서하기가
힘듭니다.

개인적으로 가족이나 친구들에게 배신당하거나 피해를 입었을 경

우 역시 그 피해가 크다면 쉽게 용서하지 못합니다. 특히 평생 인연을 끊지 못하고, 또 항상 내 편이어야 할 것 같은 부모나 형제 배우자, 자식들이 나를 속이거나 피해를 주었다면 배신감이 더 오래 갈 것입니다. 우정이라는 좋은 관계를 오랫동안 유지해 왔던 친구들이 내게 상처를 입혔다면 분노와 배신감과 함께 내가 인생을 잘살지 못했구나 하는 회의와 자기혐오에 빠질 수도 있습니다. 때로는 자기가 손해를 입고 있는지도 모르고 오랫동안 누군가에게 이용당하면서 서서히 황폐해져 가는 경우도 있습니다.

용서하기 위해서는 악의를 가지고 있는 누군가로부터 자신이 손해를 입고 상처 받고 있다는 사실을 먼저 인식해야 할 것입니다. 분리가 되어 있지 않은 원시적인 공생 관계라면 힘있는 쪽이 힘없는 쪽을 착취하고 억압하고 있다는 사실 자체도 알아채지 못하는 경우가 있습니다. 학대를 받으면서도 알지 못하고 순응하거나 독립하지 못하는 단계라면 용서의 단계로 가는 길조차 상상하지 못할 것입니다.

상대방에게 분노하고 배신감의 감정이 들었다면, 이는 상대방으로부터 독립하고자 하는 긍정적인 점으로 해석하고 그다음 단계를 준비해 볼 수 있습니다. 하지만 사실을 있는 그대로 직관한 후에는 밀려오는 분노, 억울함 등 부정적인 감정으로 힘들 수 있습니다. 그럴 때 무조건 억압하게 되면 자기에게 모든 화살을 돌리는 우울증이 오기도 합니다. 그래서 일단 '분노할 만한 일이야. 이런 내 감정까지 야단치면 안 돼' 하고 자신의 감정을 알아 줘야 합니다.

그다음 단계에서는 모든 사람이 자기가 가장 중요한 이기적인 동물이라는 점을 인정해야 합니다. 100퍼센트 누군가를 위해 나만 희생한다는 말은 있을 수 없습니다. 부모 역시 기본적으로 자신의 이기심 등으로 자식에게 헌신하는 것이니, 당연히 때가 되면 자식과 이해가 서로 충돌하고 자신을 위한 선택을 하는 것이 정상입니다. 그러니 누군가에게 배신당하고 그럴 줄 몰랐다고 한다면, 오히려 자신이 너무 순진했거나 독립적이지 못했다는 점을 먼저 깨달아야 합니다.

　서로 이해관계도 없는데 상처를 받고 손해를 입게 되는 수가 있습니다. 묻지마 폭행, 교통사고, 절도나 강도 등의 예이지요. 그럴 때 우선은 법이 집행하는 대로 정당한 죗값을 받게 하는 것이 정상입니다. 그러나 당한 사람의 입장에서는 죗값을 조금 치르는 것 같다는 생각이 들고, 또 실제로 그런 경우도 많습니다. 그럴 때면 더더욱 상대를 용서하기 힘듭니다.

　그러나 이런 힘든 과정을 결국 이겨내면 더 성장하고 성숙하고 강해집니다. 누군가를 용서하는 사람과 용서할 수 없어서 집착하는 사람 중 누가 더 건강하고 더 힘차게 인생을 살 수 있을까요? 예수가 용서하라고 말한 것은 어쩌면 우리가 지금보다 더 행복하고 더 건강하게 살기 바라는 마음 때문이 아닐까요? 일흔 번을 일곱 번까지라도 용서해야 한다는 것은 그만큼 용서의 과정이 지난하다는 것이고, 우리 심리적 현실에 기반을 둔 실제적인 조언이라고 생각합니다. 무엇보다, 사기를 당하거나 누군가에게 배반당했을 때, 그런 사람과 어울렸던 자신을 용서할 수 없는 경우가 많습니다. "용서하시오. 그러면 여러분도 용서받으실 것입니다"라는 말은 그런 내면적인 변화를 뜻하기도 합니다.

　누군가를 미워하는 만큼 우리의 마음은 더럽고 황량한 황무지가 되어 갑니다. 증오와 분노는 독극물을 배출하는 유해물질처럼 우리 마음을 오염시킵니다. 그 미움이 사라져야 황폐한 마음의 땅이 다시 복원되어 새롭고 아름다운 옥토로 변할 것입니다.

전쟁이 난 후, 내 땅을 짓밟은 적들이 남긴 상흔은, 적을 물리친 다음에도 내 땅에 그대로 남습니다. 한데 그렇게 한 주체는 적들이니 와서 치우고 가라면 말이 되나요? 다시 내 땅이 유린될 뿐입니다. 분하고 괘씸해도 엉망이 된 내 땅을 치우고 꾸미는 것은 내가 해야 하지요. 마음 밭도 마찬가지인 것 같습니다. 결자해지라면서 상대방이 모든 것을 다 해결해야 하는 것처럼 생각하지 말고, 나부터 상대를(어쩌면 자기 자신을) 용서하라고 말한 예수의 의중을 해석해 봅니다.

생각해 봅시다

살면서 용서하기는 가장 어려운 과정 중 하나입니다. 누 군가를 용서하는 사람과, 용서할 수 없어서 집착하는 사 람 중 누가 더 건강하고 더 힘차게 인생을 살 수 있을까 요? 예수가 용서하라고 말한 것은 우리가 지금보다 더 행 복하고 더 건강하게 살기 바라는 마음 때문이 아닐까요? 일흔 번을 일곱 번까지라도 용서해야 한다는 것은 그만 큼 용서의 과정이 지난하다는 것이고, 우리 심리적 현실 에 기반을 둔 실제적인 조언이라고 생각합니다. 용서의 긍 정적 측면에 대해 생각해 봅시다.

4장

———

치유의 기적

공감하는 예수,
돌봄의 예수

✝

여성과 약자에 대한
따뜻한 배려

　마태오복음의 시작에서 예수의 족보를 나열한 일은 얼핏 평범한
것 같지만, 큰 비밀을 담고 있습니다. 특히 가부장제가 공고한 사회에
서 족보는 특별한 함의를 갖습니다. 2,000년 전 중동 역시 동양 못지
않은 가부장제적 사회라 예수가 다윗 가문의 자손이라는 것이 매우
중요했을 것입니다. 재미있는 것은 마태오복음과 루카복음에 기록된
족보가 많이 다르다는 점입니다. 사뭇 장중하게 남자들만 기록된 루
카복음의 족보(3,23-38)와는 달리 마태오복음은 예수의 어머니 마리
아뿐 아니라, 다른 부인들 그것도 태생과 행적에 문제가 많은 여성까
지 대놓고 언급합니다. 다말과 라합은 가나안 원주민이고 룻은 모압
출신 여자입니다. 솔로몬의 어머니 바쎄바는 히타이트 출신 우리야의
아내라 엄밀히 따지면 이스라엘 민족이라고 말하기 힘듭니다. 또 보통
의 부부와는 다른 방식으로 관계를 맺은 사람도 언급합니다. 다말은

시아버지 유다와 동침했고, 라합은 예리고의 매춘부였고 룻은 남편이 죽은 후 보아즈와 결혼했습니다. 바쎄바는 남편을 전사시킨 다윗과 결혼합니다.

도대체 성경은 왜 이런 문제적 여성들의 이름을 윤색이나 가감하지 않고 예수의 족보에 올려놓았을까요? 그 의도는 무엇이었을까요? 혹시 예수와 그 제자들은 율법과 도그마로 박제가 되어 가는 유대교 안에서 도발적이고 혁명적인 사고의 시발점을 찾아낸 것일까요?

요한복음 8장에는 예수가 불륜으로 돌에 맞아 죽을 위험에 몰릴 여성을 율법의 굴레와 상관없이 구하고 인도해 주는 장면이 등장합니다. 이 대목은 어쩌면 예수의 조상으로 언급되는 네 여성과 연결되어 있을지 모릅니다. 이른바 명예 살인을 하려는 것인지, 사람들은 간음을 했다고 고발된 어떤 여성을 잡아다 죽이려 합니다. 사람들이 돌을 던지며 소란스럽게 굴었지만 예수는 땅에다 말없이 무엇인가를 씁니다.(요한 8:1-11) 당연히 사람들의 눈길을 끌었겠지요. 요한복음의 다른 사본에는 "예수께서는 그들 각 개인의 죄들을 쓰셨다"라고 합니다. "하느님을 떠난 죄인은 땅에 기록되리라"라는 예레미아 17장 13절과 관련이 있다고 말하는 사람도 있습니다. 하지만 저는 예수가 이들 죄인의 이름을 굳이 기록하려고 했다기보다는, 자의적인 형벌의 기준을 만들어 약한 사람을 죽이는 이들에 대한 분노를 글로 옮긴 것은 아닌가 상상해 봅니다.

이 부분과 비슷한 장면이 『장자』에 나옵니다. 화지이추(畵地而趨)란 구절입니다. 자의적인 규범을 만들어 다른 사람이나 남을 속박한다는 것입니다. 스스로 도를 실천하며 모범을 보이는 대신, 법과 형벌로

'간음한 여인과 그리스도(*Christ and the Woman Taken in Adultery*)', Pieter Brueghel II, 1600, CC0

사람들을 무섭게 다스리려고만 하는 위정자들에게 하는 이야기이기
도 합니다. 예수는 돌을 던져 여성을 죽이려고 하는 이들에게 그런 마
음을 가졌던 것이 아닐까요.

혹은 자신의 조상이라고 기록되는 여인들, 특히 사회에서 손가락질
받았을 수 있는 족보에 나오는 여성들의 이름을 땅에다 쓰지 않았을
까도 추측해 봅니다. 다 제 상상에 불과하지만요. 예수의 족보에 나온
여성뿐만 아니라 구약에는 자신이 원하지 않았는데도 매춘부가 되어
야 했던 여성, 불륜을 범해야 했던 여성, 부족을 위해 스스로를 희생

해야 했던 여성들이 등장합니다. 여성에게 가혹했던 사회에서 나락에 떨어지면서도 하느님에 대한 사랑을 잃지 않았던 여성들입니다. 예수가 이들을 돌팔매로부터 보호할 때, 그는 신산한 삶을 이어가야 했던 이스라엘의 여성 조상들을 떠올린 것은 아니었을까요.

장애인, 이방인, 병자, 세리, 창녀, 심지어는 죄를 지은 사람들에게도 따뜻한 손길을 내어 주었던 예수는, 진정한 의미의 따뜻함과 포용력을 갖춘 리더입니다. 간음한 여자에 대한 용서의 마음은 자신을 배반하고 죄를 지은 사람에게 내밀었던 따뜻한 손길과도 연결되어 있습니다. 법과 제도를 뛰어넘는 사랑입니다. 예수의 마음은 온통 약하고 무지하고 아픈 이들에 대한 안타까움만 가득할 뿐이었습니다.

흥미롭게도 예수가 무언가를 쓰는 장면은 이곳에 유일하게 등장합니다. 그런데 왜 죄 많은 여성 앞에서 허공에 흩어지는 말 대신 땅에 글을 남겼을까요. 비유도 제대로 이해하지 못하고 무엇이든 구체적으로 제시해야만 그 뜻을 짐작하는 그때의 민중에게 혹시 무언가를 쓰는 모습을 보이면서 사고의 획기적인 전환을 몸소 보여 준 것은 아닐까 생각해 봅니다. 어떤 당황스러운 상황에서도 객관적인 거리와 시차를 두고 차가운 이성과 자기성찰이 따라야 한다는 주문처럼 느껴지기도 합니다. 흥분한 군중에게는 차분하게 한 번 더 생각할 기회를 주어야 합니다. 사람이 사람일 수 있는 이유는 즉각적으로 혹은 본능적으로 무언가에 반응하기 때문이 아니라, 한 번쯤 스스로와 상대방의 입장을 바꿔보고 차가운 이성으로 분석해 보고 숙고하는 힘이 있어서라고 생각합니다.

예수가 쓴 문자 혹은 상(想:Image)이 갖는 추상성(the Abstract), 즉 구체적인 사건을 넘어서 마음속 깊이 들어가야 보이고 이해하는 의미들은 유일하게 인간만이 갖는 심적 기능입니다. 형제간 싸움이 벌어졌을 때 당사자든 관찰자든 그들의 싸움이 단순한 동물들의 물리적인 싸움과는 다르다는 것을 알 수 있습니다. 오랫동안 묵은 감정일 수도 있고, 금전적으로 얽힌 이해관계일 수도 있고, 힘든 상황에서 벌어진 오해일 수도 있습니다. 개들이 싸우면 그저 몽둥이나 물을 뿌리면서 말리면 그만이지만, 사람들의 싸움은 가두거나 때린다고 그치는 것이 아니라 그 밑바닥에 있는 감정들을 이해해야 해결이 됩니다. 그런 이해는 구체성을 넘어서는 추상성, 시공간적 맥락, 사회적 상황들을 복합적으로 볼 수 있어야 가능합니다. 짐승도 막연하게 죽음이나 탄생, 사랑과 관련된 인지나 감정이 있을 수 있겠지만, 인간처럼 과거를 기억해서 재배치하고 미래를 미리 상상하고 그 사실을 기호로 구성하지는 않기 때문이지요.

죄지은 여성에 대한 저급한 혐오나 분노 대신, 일어난 사실에 대해 한 걸음 떨어져 객관화시키고 사람들로 하여금 추상과 성찰의 태도를 지니게끔 모범을 보여 주는 모습은 예수 이후, 모든 학자가 배워야 하지 않을까 싶습니다. 본능적 폭력성을 초월하는 큰 자비를 보여 준 예수의 모습에서 어울리지 않을 것 같은 두 덕목, 즉 따뜻한 자비와 냉정한 이성적 성찰의 마음을 읽어내게 됩니다.

생각해 봅시다

예수의 족보에 나온 여성뿐 아니라 구약에는 자신이 원하지 않았는데도 매춘부가 되어야 했던 여성, 불륜을 범해야 했던 여성, 부족을 위해 스스로를 희생해야 했던 여성들이 기록돼 있습니다. 이들은 여성에게 가혹했던 사회에서 나락에 떨어지면서도 하느님에 대한 사랑을 잃지 않았던 여성들입니다. 성서에 이를 기록한 의미에 대해 생각해 봅시다. 또한 예수는 장애인, 이방인, 병자, 세리, 창녀, 심지어는 죄를 지은 사람들에게도 따뜻한 손길을 내어 주었습니다. 진정한 의미의 따뜻한 포용적 리더란 어떤 모습일지 생각해 봅시다.

피부병 환자를 고친
예수

구약의 민수기 5장 2절에는 악성 피부병 환자와 고름을 흘리는 사람과 주검에 닿아 부정하게 된 사람을 모두 진영 밖으로 내보내라는 기록이 있습니다. 이를 예전 공동번역에서는 문둥병, 혹은 나병(한센병)이라고 번역하였지만, 영어 번역에서는 감염성 피부질환으로 표현하고 있습니다. Tzaraat라는 히브리어 단어는 모든 피부병을 포괄하고 있습니다. 그런데 중세 6세기경 Tzaraat를 나병으로 번역했기 때문에, 현대 한국인들도 나병으로 이해하는 경우가 많습니다. 그러나 번역본 성경이 나병이라 썼다고 해서 의학적으로 확실히 나병이라고 단언하기는 힘듭니다.

일단 피부병이 당시 유대 사회에서 어떤 의미가 있는지 알아야 할 것 같습니다. 옛날에는 피부병의 원인과 감별 및 진단에 대해 잘 알지 못했습니다. 민수기 12장에는 모세가 에티오피아 여인을 아내로 맞았다 해서 그를 비판한 미르얌이 악성 피부병에 걸린 장면이 나옵니다.(민수 12:10-15) 이 구절을 현대 의학의 관점으로 보자면 미르얌의 피부병을 백납, 건선 등으로 의심해 볼 수 있습니다. 피부병을 일종의 전염병으로 생각하고 전염병은 하느님께서 내리는 재앙으로 멸망에 이르는 것(신명기 28:60)이라고 본 전통도 있습니다.

레위기 14장과 15장에는 악성 피부병 환자를 정결하게 하는 예식이 매우 자세하게 기록되어 있습니다. 누구든지 고름이 나오면 온몸을 물에 씻어야 하고, 고름이 묻은 옷과 가죽은 모두 물에 빨아야 합니다. 이는 상당히 경험적인 지혜가 녹아 있는 것으로 현대 의학으로 볼 때도 타당한 면이 보입니다. 정결함에 엄격한 전통, 또 불륜을 금하는 문화 때문에 실제로 페스트, 나병, 매독 등 역병이 돌았을 때 유대인의 생존율이 다른 민족에 비해 월등히 높았습니다. 아이러니하게도 또 이런 점 때문에 전염병의 진원지라는 의심을 받기도 했습니다. 다른 민족은 다 아프고 죽는데 유대인만 멀쩡했으니까요.

코로나 바이러스가 창궐했던 지난 수년간을 다시 돌아보게 됩니다. 수천 년 동안 인류에게 전염병이 돌지 않았던 적은 없습니다. 그리고 그 전염병의 원인과 치료 역시 아직 완전히 알려진 것도 아닙니다. 바이러스나 박테리아는 계속 변종이 생기기 때문에 우수한 항생제나 약제를 써도 다시 내성균이 생기게 됩니다.

기생충과 숙주의 관계는 면역력이 낮으면 기생충에게 숙주가 먹히지만, 또 바로 그 때문에 숙주의 숫자가 급격히 줄어들면서 기생충의 전염성도 다시 약해지는 사이클이 되풀이됩니다. 그러면 또 다른 변종이 생기면서 인류의 숫자가 항상성이 유지되었던 부분도 있습니다.

'산상설교와 피부병 환자의 치유(*Sermon on the Mount and Healing of the Leper*)',
Cosimo Rosselli, 1481~1482, CC0

최근 과학의 발달로 인류의 숫자는 기하급수적으로 늘어나고, 그에
따라 변종 바이러스나 박테리아의 종류 역시 비슷하게 증가하고 있습
니다. 욥기에서 야훼께서 말씀하신 대로 인류가 우주는커녕, 지구 위
자연의 비밀을 다 알 수 있는 수준이 아직까지 아닌 것이지요.

피부병과 관련되어서 우리가 또 주의 깊게 봐야 할 대목이 있습니
다. 절대 손을 대면 안 될 환자들에게 예수가 손을 대고 "내가 하고자
하니 깨끗하게 되시오"라고 말한 부분입니다.(마태 8:1-4 ; 마르 1:40-45 ;
루카 5:12-16) 구약의 엄격한 율법에 따르는 바리사이파인들의 시각으
로 예수는 성경을 모독하고 전통을 따르지 않는 위험한 사람입니다.

그럼에도 예수는 구약의 모든 금기를 깨고 환자들을 도우려고 했습니다. 하와이의 한센병 환자 섬으로 가서 환자를 돌보다 한센병에 걸려 선종한 다미안 성인이 생각나는 대목이지요.

그런데 마태오복음에서 예수는 사제에게 가서 네 몸을 보이고 모세가 시킨 대로 예물을 드려 네 몸이 깨끗해진 것을 사람들에게 증명하라고 합니다. 마르코복음에서는 환자가 이 일을 퍼뜨렸기 때문에 그때부터 예수는 드러나게 동네로 들어가지 못하고 동네에서 떨어진 외딴곳에 머물게 됩니다. 이 부분은 예수가 자발적으로 성 밖에 스스로를 추방시키는 것 같은 생각이 들게 하는 대목입니다. 그럼에도 사람들은 사방에서 예수에게 모여들었는데, 이 역시 민수기나 레위기의 금기를 깨는 상황이기 때문에 전통 보수파들이 상당히 위협을 느꼈을 것입니다. 루카복음에서는 아무에게도 이 일을 말하지 말라고 당부하고, 사람들이 떼를 지어 와도 한적한 곳으로 물러가서 기도를 드리는 대목이 더해집니다. 본인의 기적적인 힘에 대해 사람들이 어떻게 반응할지에 대해 예측하고, 금기를 깨뜨렸다는 것에 대한 비난까지 고려한 것으로 보입니다.

의학의 역사를 읽다 보면 전염성이 높은 환자들 앞에 몸을 사리지 않고 치료했던 많은 의사가 있습니다. 본인의 생명을 희생해 가면서까지 환자들을 돌본 의사들도 있고요. 치료자 원형으로서의 예수를 다시 들여다보는 계기가 됩니다.

생각해 봅시다

예수는 구약의 모든 금기를 깨고 환자들을 도우려고 했습니다. 그런데 이 과정에서 예수는 절대 손을 대면 안 될 환자들에게 손을 대고 그들을 낫게 함은 물론 금기를 깨뜨렸다는 것에 대한 비난을 받았습니다. 치료자 원형으로서 약자를 도왔던 예수의 사랑을 생각해 봅시다.

중풍 환자를 고친
예수

　예수가 중풍 환자를 고치는 대목은 생각해 볼 부분이 많습니다. 사람들은 중풍 들린 사람을 침상에 눕히고 예수 앞에 데리고 가려 했지만 사람이 너무 많자 지붕으로 올라가, 기와를 벗겨 구멍을 내고 예수 앞에 내려 보냅니다.(마르 2:3-4 ; 루카 5:17-19) 마태오복음에는 그런 자세한 묘사는 없지만, 사람들이 중풍 환자를 침상에 누인 채 데려오는 장면은 공통적으로 등장합니다. 이 환자가 지체가 높거나 돈이 많은 사람이라는 기록은 없으니, 우리는 이 환자가 예수에게 기적의 치료를 받기 위해 공동체가 힘을 합쳤다고 추측할 따름입니다. 중풍 환자의 가족이나 주인, 노예라는 언급도 없으니 혈연이나 고용 관계도 아니고, 단지 환자에 대한 불쌍한 마음, 안타까운 마음으로 그렇게 하지 않았을까 하고 짐작해 봅니다. 어떤 면에서는 환자를 대하는 사회 구성원들이 가져야 하는 자세가 아닐까요.

우리나라에는 전염병 환자를 포함해 병자들을 단순히 한데 몰아넣어 죽을 때만 기다리게 하지 않고 어떻게든 살려 보려고 하는 인본주의적인 전통이 있었습니다. 전 세계에서 가장 우수한 시스템이라는 국민건강보험 제도도 건강한 사람의 돈으로 아픈 사람을 치료하자는 기본적인 우리의 가치관에 근거한 것이지요.

서양 최초의 복지법이라고 하는 17세기 엘리자베스 구빈법이 주로 장애인이나 병자들을 한곳에 몰아넣고 수용하는 것에 그쳤다면 우리나라는 조선시대 이전에 이미 환과고독(鰥寡孤獨)과 폐질인(廢疾人)을 구휼해야 한다는 표현이 있을 정도로 이들을 돌봤습니다. 환과고독(鰥寡孤獨)은 홀아비, 과부, 고아, 무의탁 노인을 총칭하는 것이고, 폐질인(廢疾人)은 장애인, 병자들을 뜻한다고 이해할 수 있는데, 이들의 요역(徭役), 즉 노동력의 무상징발을 면제하고 관사에서 우대해 살 수 있게 하라는 실록의 기록들이 많습니다. 잔질(殘疾)·독질(篤疾:병으로 위독한 사람)로 더욱 의탁할 곳이 없는 자들, 맹인(盲人)을 위한 명통사, 농아(聾啞)와 건벽(蹇躄;하지장애) 등의 무리는 한성부로 하여금 널리 보수를 찾고, 동·서 활인원에서 후하게 돌보라는 기록이 있습니다.

이런 전통의 시작은 불교가 국교가 된 통일신라시대나 고려시대부터였다고 보는 역사학자들이 많습니다. 인간을 자연의 한 부분으로 보는 샤머니즘의 뿌리와 관련이 있을 수도 있습니다. 서양 고대, 특히 기후와 환경이 척박했던 중근동에서 그런 문화적인 포용의 전통이 있었을 것 같지는 않습니다. 선악을 명백하고 가르고 왕 앞에 모든 평민이나 노예는 일종의 도구에 불과했던 고대에서 박애 정신을 찾기는 힘들지요. 조로아스터교나 마니교의 전통도 모든 것을 이분법적으로

'중풍 환자를 고치다(*Christ Healing the Paralytic at Capernaum*)',
Bernhard Rode, 1780, CC0

나누어 병자들조차 악마나 죄인과 동일시하기도 했습니다.

율법학자들 역시 그렇습니다. 예수가 아픈 사람의 죄를 용서받았다고 말하니, "이 사람이 하느님을 모독하는구나!" 하며 수군거립니다. 현대에도 가난한 사람, 장애인, 환자들에 대한 복지 정책을 만들고자 할 때, '내 피 같은 혈세'라며 반대하는 이들이 꽤 많습니다. 상속세, 증여세, 재산세 등을 내야 하는 부자들은 자신들의 재산을 아무 상관 없는 이들을 위해 쓰는 것이 매우 불공평하며 정의롭지 못하다고 주장합니다.

그러나 따지고 보면, 우리도 언젠가는 장애를 입고 죽음에 이르게 됩니다. 사고로 급사하지 않는다면 모두 침대에 누운 채 이런저런 생명줄에 의지하게 되니까요. 특히 가난한 환자들은 일하지 못하고 주변에 의지해야 하니 그야말로 더 어려운 상황에 빠지게 됩니다. 예수는 애틋한 마음으로 가난한 환자들을 도운 것뿐이었는데, 율법학자들은 이런 긍휼과 자비의 마음조차 하느님 모독이라는 이름으로 단죄하려 했습니다.

예수는 "어느 편이 더 쉽겠습니까? '그대의 죄는 용서 받았다'고 중풍병자에게 말하는 것이겠습니까? 혹은 '일어나 그대의 침상을 들고 걸어가라'고 말하는 것이겠습니까?"(마르 2,9)라고 반문합니다. 이 대목 역시 꼭 필요하고 좋은 일을 할 때 옳으냐 그르냐, 절차가 틀렸다, 명분이 서지 않는다 하면서 딴지를 걸고 일을 그르치는 사람들을 생각나게 합니다.

한글 성경에서는 환자를 중풍에 걸렸다고 표현하지만 영어 성경에서는 마비 환자라고 말합니다. 몸의 마비 역시 상징적으로 더 깊은 의미가 있는 것 같습니다. 당시 유대인들은 몸과 마음이 어쩌면 다 마비되어 꼼짝하지 못하는 상태가 아니었을까요. 로마인들에게, 헤로데 왕가에게, 총독에게, 또 바리사이파나 사두가이파들에게 이런저런 이유로 억압당하며 자유와 권리를 행사하지 못했던 유대인들의 마음은 몸보다 더 마비된 상태에 있을지 모릅니다. 그래서 예수가 "일어나 걸어가라"라고 말한 것이 과연 그 환자 하나만 해당되는 말이었을까 상상해 봅니다.

다시 저를 비롯한 현대인들을 생각해 봅니다. 병에 대한 치료와 예방은 많이 발전했지만, 우울한 마음, 마비된 공감 능력, 잃어버린 의지와 절제로 인해 곧잘 우리는 무기력해집니다. 분명 신체적으로 문제는 없지만, 떨치고 일어나 해야 할 일을 하지 못할 때가 참 많습니다. 예수가 "일어나 걸어가라"고 수없이 귓가에 말했지만, 우리는 듣지 못하고, 들어도 마음속에 새기고 실천하지 못한 채 쉽게 무력감에 빠져버리고 맙니다.

생각해 봅시다

예수는 애틋한 마음으로 가난한 환자들을 도왔는데 율법학자들은 이런 긍휼과 자비의 마음조차 하느님 모독이라는 이름으로 단죄하려 했습니다. 그러자 예수는 "어느 편이 더 쉽겠습니까? '그대의 죄는 용서 받았다'고 중풍병자에게 말하는 것이겠습니까? 혹은 '일어나 그대의 침상을 들고 걸어가라'고 말하는 것이겠습니까?"라고 반문합니다. 이 대목은 꼭 필요하고 좋은 일을 할 때 옳으냐 그르냐, 절차가 틀렸다, 명분이 서지 않는다 하면서 딴지를 걸고 일을 그르치는 사람들을 생각나게 합니다. 예수가 베푼 긍휼의 기적과 이를 알아듣기 위해서는 우리가 어떻게 해야 할지 생각해 봅시다.

겨자씨와 나무의
상징

다니엘서 4장에 나오는 느부갓네살(네부카드네자르)의 꿈에는 큰 나무의 이미지가 등장합니다. 나무가 우람하게 성장할 때는 그 밑에 열매와 새들과 짐승들과 사람들이 나무의 덕으로 행복하게 살지만, 하늘이 그 나무를 자르게 되면 사람은 그 정신을 잃어버리고 짐승처럼 지내야 한다는 내용입니다. 에제키엘서에는 향백나무의 꼭대기 순을 따서 우뚝한 산 위에 심겠다는 내용이 나옵니다. 그러면 온갖 새들이 그 아래 깃들이고 온갖 날짐승이 그 가지 그늘에 깃들일 것이며, 그리하여 높은 나무는 낮추고 낮은 나무는 높이며 푸른 나무는 시들게 하고 시든 나무는 무성하게 하는 이가 주님임을 알게 되리라고 합니다.

다니엘서의 나무는 풍요로운 수확의 이미지, 세속적인 행복과 관련된 나무의 상이고, 에제키엘서의 나무는 산 위에 우뚝 선 큰 나무의 이미지입니다. 그리고 야훼의 힘이 나무의 높고 낮음을 결정할 뿐 아니라 싱싱하게 살릴지, 말라 죽일지도 결정한다는 메시지를 담고 있습니다.

그러나 신약에서는 나무와 풍요를 연결하는 상징을 넘어서서 가장 작은 것이 가장 큰 것이 된다는 중요한 비유가 더해집니다. 마태오복음 13장 31-32절, 마르코복음 4장 30-32절, 루카복음 13장 18-19절에 하늘나라는 겨자씨에 비길 수 있어서 모든 씨앗 중에서 가장 작은 것이지만 싹이 트고 자라면 어느 것보다 커져 공중의 새들이 가지에 깃들 만큼 큰 나무가 된다는 내용이 적혀 있습니다. 작은 것이 큰 것이 되는 상징으로, 유사한 내용의 누룩의 비유(마태 13:33 ; 루카 13:20-21)와 함께 많이 알려진 내용입니다.

마태오복음 13장 3-9절, 마르코복음 4장 14-20절, 루카복음 8장 4-8절에는 예수가 씨를 뿌리는 사람의 비유를 들면서 어떤 것은 돌밭에 떨어져 해가 뜨자 타버려 마르고, 어떤 것은 가시덤불 속에 떨어져 숨이 막히게 되었지만, 또 어떤 것은 좋은 땅에 떨어져 맺은 열매가 백배가 된 것도 있다고 말합니다. 작지만 튼튼한 겨자씨와 좋은 땅이 만나야 훌륭한 나무로 성장한다는 비유는 이후, 교회 박사이자 라틴어 성서 번역을 완성했던 성 제롬과 성 아우구스티누스, 대 그레고리오 교황이 재해석했던 구절입니다.

특히 겨자는 독을 제거해 주는 성질이 있으면서도, 가장 작은 씨앗이 10피트 이상 큰 나무로 자라기 때문에 경이로움을 불러일으킵니다. 겨자씨가 그렇게 클 수 있다는 사실에 대한 믿음이 없다면 상식적으로 받아들일 수 없다고 주장할 수도 있습니다.

겨자는 고대 이집트와 인도에서 이미 약초로 쓰였는데 신기하게도 구약에는 한 번도 언급된 적이 없고 신약에만 여러 번 등장합니다. 고대 로마 지역에서도 이미 재배가 되었다고 하는데, 어쩌면 신약 시대에 들어서야 로마에서 거꾸로 수입이 된 것이 아닌가 궁금증을 갖게 됩니다. 또 인도에서 수입이 되었을 가능성도 있지 않을까 상상해 봅니다.

불교에서도 겨자씨는 중요한 상징입니다. 최초로 비구니가 된 고타미라는 여성이 돌이 된 아들을 잃고 미친 여자가 된 후 부처를 만나게 됩니다. 고타미가 아들의 병을 고쳐 달라고 하자, 부처는 거리로 나아가 한 번도 장례식을 올린 일이 없는 집에 들어가 겨자씨를 대여섯 알 구해 와서 아이에게 먹이면 나을 거라고 말해줍니다. 여자는 여기저기 겨자씨를 구하러 다니다가 결국 어떤 집도 죽음을 피할 수 없다는 사실을 깨닫고 부처에게 무릎을 꿇습니다.

『유마경』에는 "수미입개자중(須彌入芥子中)이요 사대해수입일모공(四大海水入一毛孔)" 즉, 수미산은 겨자씨에 들어가고 사대 바닷물은 털구멍 하나에 들어간다는 구절이 있습니다. 진리는 세상의 크고 작음을 초월한다는 뜻으로 사람들 입에 많이 오르내리는 구절입니다.

『수능엄사매경』에는 온 우주가 겨자씨 속에 자리잡을 수 있기에 깨달으면 모든 중생들에게 원래 모습인 겨자씨 속의 우주를 보여줄 수 있다는 내용이 나옵니다.

예수와 부처의 비유나 상징 중에는 이렇게 비슷한 소재들이 많이 나와서 어떤 이들은 예수가 공생활을 시작하기 전, 인도에서 수행하고 돌아왔다고 주장합니다. 실제로 인도 지역에서 예수의 행적을 조사한 역사학자들도 있습니다. 한편으로는 당시 그리스 문명이 수나라

및 당나라, 신라까지 전파된 역사적 사실들로 볼 때, 거꾸로 불교 서적들이 유대 지역을 지나 크레타나 그리스 문명에 영향을 미친 것이라고 추측할 수도 있습니다. 흥미롭게도 시편에서도 비슷하게 하느님께서 심으신 향백나무에 새들이 깃들이고 둥지를 튼다(시편 104:16-17)는 구절이 있지만, 겨자씨는 아니었기 때문에, 예수가 하필이면 겨자씨의 상징을 든 이유가 궁금하긴 합니다.

아주 작은 것 속에 아주 큰 것이 들어 있다는 비유는 이후 중세 연금술에서 인간이라는 소우주(Microcosm)에도 대우주(Macrocosm)가 들어갈 수 있다는 생각과도 연결이 됩니다. 우연인지 은하계의 별의 숫자와 뇌의 숫자가 거의 비슷하다는 설도 있습니다. 우리가 은하계의 별을 과연 전부 파악하고 있는지는 아직 단언할 수 없지만 말이지요.

저는 임상에서도 자주, 작은 씨를 뿌리고 큰 나무를 키우는 이미지들을 이용합니다. 어떤 일을 시작할 때 충분히 거름은 주었는지, 좋은 종자는 샀는지, 또 싹이 안 난다고 너무 조급하게 흙을 자꾸 헤집고 있는 것은 아닌지, 물은 너무 많이 주는 건 아닌지, 아니면 조금 주는지 등등 나무와 흙의 조건에 맞추어 세심하게 계획하고 실행해야 큰 성과가 있습니다.

그런데 중요한 것은 우리 눈에 작은 것이 정말 작고 보잘것없는 것인지, 또 크고 멋지다고 생각하는 것이 과연 정말 그렇게 중요하고 대단한 것인지 생각해 보아야 한다는 것입니다. 성경과 불경 모두에서 우리가 생각하는 크고 작음이 사실은 얼마나 헛된 것인지, 또 언제든 처지가 바뀔 수 있다고 강조하고 있으니까요. 무엇은 크고 무엇은 작다고 이분법적으로 나누어서 생각하는 것도 우리의 쓸데없는 분별심이 아닐까요.

그렇지만 우리 마음은 어떤 일을 도모할 때 많이 조급해서, 도둑놈 심보라서, 거짓말쟁이라서, 게을러서, 거만해서 등등의 잘못 때문에 큰 것만 찾고 화려한 목적만 보면서 중간의 소중한 여정과 과정들을 놓치게 됩니다. 때로는 좋은 씨앗과 좋은 땅을 가졌는데도 그 옥토에서 행복감을 느끼지 못하고 일확천금만 바라보는 게으름과 거만함으로 농사를 망치는 경우도 있습니다. 반대로 씨도 땅도 좋지 않지만 열심히 비료를 주고 물길을 내고 종자 개량을 하는 농부도 있습니다. 우리가 행하는 모든 일이 그 최종 목표보다는 과정에서 느끼는 충만감이 더 크고 중요한데, 우리는 종종 여행의 즐거움은 놓치고 목적지에 가지 못했다고 안달하거나, 막상 목적지에 다다르면 실망했다고 툴툴거리는 것은 아닐지요.

그다음에 나오는 예수의 가라지의 비유 설명은 다른 내용과 달리 상당히 무섭습니다. "그것을 뿌린 원수는 악마입니다. 추수는 세상의 종말이고 추수꾼들은 천사들입니다. 그러므로 가라지를 그러모아 불에 태우듯이 세상의 종말에도 그렇게 될 것입니다. 인자가 자기 천사들을 파견할 것이고 그들은 걸려 넘어지게 하는 온갖 (못된) 일들과 범법을 일삼는 자들을 그의 나라에서 그러모아 그들을 불가마에 던질 것입니다. 거기서는 울고 이를 갈게 될 것입니다. 그때에 의인들은 그들 아버지의 나라에서 해와 같이 빛날 것입니다. 귀가 있는 사람은 새겨들으시오"(마태 13:39-43)라는 대목을 보면 그 전의 예수와는 사뭇 다르다는 느낌이 듭니다.

이미 이 시기는 열두 사도와 함께 복음을 선포하고 꽤 시간이 흘러 당신의 말씀을 못 알아듣는 사람들에 대해 많이 안타까워했던 시기가 아니었을까 싶습니다. 예수의 왕국은 세상이 아니라 하느님의 나라라는 혁명적인 생각들이 사도나 다른 사람들에게 제대로 다가가지 않기 때문에 더 강렬한 비유가 필요하지 않았을까 하는 생각도 해보게 됩니다. 아무리 좋은 말을 해도 우리가 알아듣지 못했으니까요.

예수가 말하는 세상의 종말은 어쩌면 작은 소우주인 우리 개인의 종말일 수도 있습니다. 사는 내내 태만하고, 이기적이고, 지혜롭지 못했다면 마지막 순간 그런 자신에 대해 울고 깊이 후회할 수 있을 것 같습니다. 반대로 살아가는 시간 내내 하느님을 찬양하고 가장 중요하고 아름다운 것을 택했다면 마지막 순간 평화롭고 행복하게 세상을 떠날 수 있겠지요. 안타깝게도 제 마지막은 전자에 훨씬 더 가까울 것 같기도 합니다. 누구보다 그런 어리석은 선택으로 인해 빛나는 인생을 허무하게 낭비해 버린 스스로에게 더 미안하고 부끄럽게 되지 않을까 두렵고 슬퍼집니다.

생각해 봅시다

아주 작은 것 속에 큰 우주가 들어 있다는 겨자씨의 비유를 묵상해 봅시다. 이와 함께 우리 눈에 작은 것이 정말 작고 보잘것없는 것인지, 또 크고 멋지다고 생각하는 것이 과연 정말 그렇게 중요하고 대단한 것인지 생각해 봅시다. 예수는 우리가 생각하는 크고 작음이 매우 헛되며 언제든 그것은 처지가 바뀔 수 있다고 말합니다. 어떤 것은 크고 어떤 것은 작다고 이분법적으로 나누어서 생각하는 것도 우리의 쓸데없는 분별심 아닐까요?

†
|

더러운 영을 쫓아낸
예수

예수의 기적이 계속되자 바리사이파 사람들은 예수를 찾아와 예수
의 제자들이 손을 제대로 씻지 않는다며 깨끗함과 순수함에 대해 시
비를 걸게 됩니다. "그들은 그분의 제자 몇 사람이 부정한 손으로, 곧
씻지 않은 손으로 빵을 먹는 것을 보았다. ……그래서 바리사이파들
과 율사들은 예수께 '어찌하여 당신의 제자들은 조상들의 전통을 따
라 걷지 않고 부정한 손으로 빵을 먹습니까?' 하고 물었다. ……그러
자 예수께서 그들에게 말씀하셨다. '여러분은 모두 내 (말)을 듣고 깨
달으시오. 사람 밖에서 사람 안으로 들어가 그를 더럽힐 수 있는 것이
란 아무것도 없습니다. 도리어 사람에게서 나오는 것이야말로 사람을
더럽히는 것입니다.…… 안에서, 곧 사람의 마음에서 나쁜 생각들이
나오는 것입니다. 음행, 도둑질, 살인, 간음, 탐욕, 악의, 속임수, 방탕,
악한 눈길, 모독, 교만, 우둔함 같은 것들입니다. 이런 악한 것들은 모

두 안에서 나와서 사람을 더럽힙니다.'"(마르 7:2-23)

　불교의 『신관경(身觀經)』에도 9개의 구멍에서 63종의 삼출물이 나와 100개의 병이 생긴다는 문장(구공상루위육십삼종위백병극:九孔常漏爲六十三種爲百病極)이 나옵니다. 의사가 아니더라도 우리 몸을 관찰해 보면, 결국 '아름다움이라는 것은 피부라는 껍질(Beauty is Only Skin Deep)'이라는 말이 절로 나옵니다. 피부가 덮고 있는 우리 몸은 결코 아름답거나 깨끗하지는 않습니다. 아프지 않아도 우리 몸, 입속, 장, 피부 등에 공생하는 정상적인 박테리아와 바이러스의 숫자는 어마어마합니다. 그럼에도 우리는 순결한 듯, 청결한 듯, 얼마나 유난을 떨며 살고 있습니까. 정결함과 위생을 강조하는 레위 전통의 이스라엘인들은 위생 관념에 철저한 현대인에 가깝습니다. 역설적으로 예수는 거의 반항아라고 오해받을 정도로 이렇게 율법에서 자유로웠던 것 같습니다.

　흥미롭게도 이 말을 한 후, 예수는 그다음 띠로와 시돈 지방으로 가서 어떤 여성을 만나게 됩니다. 악령 들린 어린 딸을 둔 시로페니키아 출생의 이방인 여성이 예수에게 자기 딸의 몸으로부터 '더러운' 악령을 쫓아내 달라고 막무가내로 간청하는 것입니다. 시로페니키아 여성의 딸의 악령을 쫓아낸 일은 마르코복음 7장 24-30절에 기록되어 있습니다. 마태오복음 15장 21-28절에는 이 이야기를 가나안 여성의 딸을 고쳐준 일로 기록하고 있습니다.

　그런데 예수는 이 여성에게 자녀들을 먼저 배불리 먹여야 하고, 자녀들이 먹는 빵을 강아지들에게 던져 주는 것은 좋지 않다고 말합니다. 그 이방인 여성의 믿음을 다시 한번 우리에게 확인시켜 주는 의도가 있었던 것 같습니다. 그 여성은 상 밑에 있는 강아지도 아이들이

'그리스도와 가나안 여인(*Jesus and the Woman of Canaan*)',
Michael Angelo Immenraet, 1673~1678, CC0

먹다 떨어뜨린 부스러기를 얻어먹지 않느냐며 사정합니다. 그러자 예수는 옳은 말이라며 어서 돌아가 보면 그 더러운 마귀가 이미 그 여성의 딸의 몸을 떠났을 것이라고 말씀하십니다.

보이지도 않는 곳에 있는 아이의 더러움을 치유해 주는 기적도 신기하지만, 이런 기적 바로 전, "사람 밖에서 사람 안으로 들어가 그를 더럽힐 수 있는 것은 아무것도 없다"라고 말한 것도 의미심장하게 들립니다. 과연 악령이 더러운 것일까요. 아니면 그 악령과 함께 살아야 하는 이 세상이 더러운 걸까요. 한 걸음 더 나아가 예수의 시선으로 보자면 과연 악령의 더러움과 우리의 더러움이 차이가 나지 않을 수도 있습니다. 코로나 바이러스 대유행 이후 위생에 더 철저할 수밖에 없는 현실을 알지만, 무수히 버려지는 위생용품들로 오염되는 지구촌, 항생제 오남용으로 인해 생긴 슈퍼박테리아의 존재 등등을 생각해 보면서 우리의 위생과 무병장수에 대한 집착이 또 다른 재앙을 유발하고 있는 것은 아닌지 쓸데없는 걱정도 하게 됩니다.

'더러운 영'이라는 코드보다는 사실 이 대목은 치유자에게 무시를 당하는데도 끝까지 가르침과 치유를 청하는 이방인 여성의 태도가 더 큰 주제일 수 있습니다. 나는 당신을 따를 자격이 되지 않는 줄은 안다, 그러나 나는 지금 너무 절실하다, 사람 취급 하지 않아도 좋으니 그저 내 딸만 구해 달라, 하는 이 여성의 목소리를 상상해 보면서 같은 어미로서 짙은 애잔함을 느끼게 됩니다. 실제로 대부분의 부모는 어떤 홀대와 멸시를 당해도, 어떤 위험에 처해도, 자식의 목숨을 위해서라면 아마도 모든 것을 던질 것입니다. 이런 태도는 자식을 구할 때보다 훨씬 심오하고 어려운 구도의 길에서 더 필요할 지도 모르겠습니다.

절박하게 깨달음을 얻고자 한 이에 대한 다른 유명한 에피소드가 있습니다. 중국의 6대 조사인 혜능의 일화입니다. 5대 조사에게 처음 가르침을 청하자 남쪽 지방 사람이 무슨 깨달음을 얻겠냐고 무시당합니다. 하지만 글 하나 읽지 못하던 혜능은 주변의 모욕과 무시를 끝까지 참아가며 어떤 험한 상황도 마다 않고, 가르침을 청하여 오랜 시간 험난한 시간을 견딘 끝에 조사가 됩니다. 제자들에게 맞춤형 가르침을 베풀었던 공자도 잘난 척하며 게을렀던 제자인 재여에게는 "너

같은 녀석은 가르쳐 봐야 소용없다. 썩은 나무에는 조각할 수 없고, 거름흙으로 쌓은 담에는 흙손질을 할 수 없다"라고 말하면서 제자들의 겸손한 태도를 요구합니다. 소크라테스도 플라톤은 귀애하였지만, 당시 그리스의 권력자들이나 소피스트들에 대해서는 매우 비판적이었고 아무나 제자로 삼지 않고 무시하기도 해, 결국 그들의 적이 되어 사형당합니다. 예수가 시로페니키아 여자를 만나서 개에게 자녀들이 먹는 음식을 줄 수 없다고 말했을 때도 어쩌면 그런 심정이었을 것이라고 상상해 봅니다.

한편 왜 하필이면 띠로 지방에서 시로페니키아 여자를 만나는 상황이 기록된 것인지 궁금해질 것입니다. 띠로는 지중해 연안의 번성한 항구 도시로, 구약의 엘리야 선지자 시대의 사악한 이세벨 왕후 이야기와 관련된 도시입니다. 개신교 성경에는 두로, 혹은 티레라고 번역되어 있기도 합니다. 어찌 보면 소돔과 고모라가 아니더라도 번성한 도시였기 때문에 정결하지 않은 사람들이 모여 살았을 것입니다. 하지만 예수는 낙후된 나자렛이나 갈릴래아, 예루살렘 등 지역을 가리지 않았듯, 띠로 지방도 찾아가 그 지역 사람들에게 설교합니다.(마태 15:21;마르 7:24;루카 6:17)

특히 구약의 최대 악녀 이세벨은 바알 신을 섬긴 시돈의 공주로, 이스라엘 민족에게 시집와 탐욕스럽고 부패한 행동을 한 것으로 유명합니다. 사람들이 모여 사는 도시는 여러 범죄가 만연하게 되지만, 시돈이나 띠로 모두 헬레니즘의 영향을 많이 받았던 도시입니다. 이곳에는 다른 신을 믿는 그리스인, 로마인, 가나안인 등 이방인들이 많았습니다. 지금으로 치면 레바논, 튀르키에, 시리아의 일부가 포함되는데 부유했기에 그만큼 정의롭지 못한 이들도 많았겠지요. 같은 이방인인데 사마리아 여성은 포용했고 왜 시로페니키아 여성에게는 가혹했던 것인지 살짝 의문이 들 수 있습니다. 확인하기는 어렵지만, 띠로나 시로페니키아 사람들은 가난하고 무시받던 사마리아인들과는 입장이 다르지 않았을까 생각해 봅니다.

그런데 이 당찬 여성은 자신이 '개'여도 좋다고 말합니다. 사실 한국 문화에서는 '개'가 쌍소리에 자주 쓰이고 상대방을 모욕할 때 쓰이지만, 당시 이스라엘 민족에게 '개'는 좀 모자란 존재에 가까웠던 것 같습니다. 잠언 26장 11절과 2베드 2장 22절에 '토한 것을 다시 먹는 개'라는 표현을 토대로 추측해 본 것입니다. 공격성과 관련된 구절도 있습니다. 시편 22장 17-18절에는 '개들이 저를 에워싸고'라는 구절이 있습니다.

요한 묵시록 22장 15절의 "개들과 마술쟁이들, 불륜을 저지르는 자들과 살인자들과 우상 숭배자들, 그리고 거짓을 좋아하여 일삼는 자들은 밖에 남아 있어야 한다"라는 구절을 보면 개는 죄와도 관련이 있는 것 같습니다. 또 신명기 23장 18-19절에서 남자 매춘부를 개로 표현하는 것을 보면 개는 본능, 육욕, 불순함, 악 등과도 연관됩니다. 요즘은 반려견을 키우면서 사람보다 더 귀하게 생각하는 이들이 많아진 시대라, 적지 않은 사람들이 이런 구절에 반감을 품을 것도 같습니다.

이 여성은 자기를 개라 부르든 말든 상관하지 않고, 오히려 예수에게 도발적으로 대꾸합니다. 그런데 흥미로운 것은 예수가 그런 여성의 말이 맞다고 수용하는 모습입니다. 바리사이파나 다른 권력자들에게는 매우 단호하게 그들 말의 허점을 파고 들어가지만, 예수는 이 여성의 말(Logos) 때문에 악령이 사라졌다고 말합니다. 여성에게는 논리적인 언어가 부족하다는 인식이 예수가 죽은 후에도 수천 년 동안 계속되고 있는데, 남녀차별적인 현대 철학자들보다 여성의 말과 논리를 확실하게 인정한 것이니 오히려 더 진보적인 태도가 아닐까요.

사실 이 대목을 예수가 이스라엘 민족만을 위한 예언자에서 모든 민족의 하느님이 되는 전환점으로 보는 카렌 킹(Karen King) 같은 여성 신학자들도 있습니다. 폐쇄적인 가부장제의 중동에서 예수는 매우 드물게 이방인과 여성을 동등하게 대했습니다. 마태오복음 12장 50절의 "사실 하늘에 계신 내 아버지의 뜻을 받들어 행하는 그런 사람이 내 형제요, 자매요, 어머니입니다"라는 구절이 그 증거입니다.

여성은 성전에서 말해서도 안 되고, 머리를 보여도 안 된다며, 조금은 경직된 태도로 여성을 대했던 바오로와 달리 신약의 공관복음서에는 많은 여성이 시작부터 끝까지 거의 주연급으로 활동하고 있습니다. 조연들도 많습니다. 열병으로 드러누워 있다 나은 베드로의 장모(마태 8:14-15), 죽었다 살아난 회당장의 딸과 열두 해 동안 하혈하던 여성(마태 9:18-26). 바리사이파 사람의 집에 찾아와 눈물로 발을 적시고 자신의 머리카락으로 닦고 발에 입 맞추며 향유를 부어 드린 행실 나쁘다고 소문난 여성(루카 7:37-38) 등입니다. 뿐만 아니라 예수를 도운 여자들로 막달라 마리아 말고도 헤로데 신하 쿠자의 아내 요안나와 수산나(루카 8:2-3) 등이 있습니다. 무시당하고 비천하게 살아야 했던 아이나 여성들, 장애인, 병자들을 차별하지 않고 가까이했다는 증거를 복음서를 읽으면 읽을수록 많이 발견하게 되니 21세기의 여성으로서 놀랍지 않을 수 없습니다.

그리고 이런 가르침에 눈물을 흘리며 감동하여 순교의 길에 기꺼이 동참했던 우리나라의 수많은 성인을 생각해 봅니다. 특히 동서양을 막론하고 그리스도교를 믿으며 순교했던 성인들, 또 자신의 믿음으로 더욱 용감해질 수 있는 신자와 수도자, 사제들의 엄청난 정신력은 결국 편견없이 누구나 인정하고 감싸 주었던 예수의 사랑에서 나오는 것 같습니다.

생각해 봅시다

더러운 악령을 어린 딸의 몸에서 쫓아내 달라는 여성에
게 예수는 그 딸이 보이지도 않은 상태에서 그 딸의 더러
운 악령을 쫓아내는 기적을 행합니다. 이 글에서는 예수
의 기적과 함께 절박하게 깨달음을 얻고자 한 여성의 태
도에도 주목해 봅시다. 자신의 믿음으로 더욱 용감해질
수 있는 이 여인을 감싸주었던 예수의 편견없는 사랑을
생각해 봅시다.

예수의 옷에 손을 댄 여성과
다시 살아난 아이

지금도 여성의 월경, 자궁, 유산 등에 대한 이야기는 공적인 자리에서 하기에는 여전히 불편하다고 느끼는 이들이 많습니다. 지극히 사적인 문제라서가 아니라 하혈하는 여성에 대한 여러 가지 금기는 다양한 문화권에서 관찰됩니다. 원시 문화에서는 월경하는 여성들이 따로 거주하는 공간이 있었는데, 지금도 인도네시아, 말리, 파푸아뉴기니 등 고립된 원시 부족들에게서 관찰됩니다.

유대인의 율법에 따르면, 생리하는 여성은 절대 남성과 접촉하면 안 됩니다. 심지어는 생리하는 여성이 앉았던 자리도 앉으면 안 되고, 생리하는 여성이 먹던 음식을 먹어도 안 되고, 생리하는 여성을 쳐다봐도 안 된다고 합니다. 레위기 18장 19절에는 "불결한 기간을 맞아 부정한 상태에 있는 여자를 가까이하여 그의 치부를 드러내서는 안된다"라는 기록도 있습니다. 여성은 생리 기간 동안 성생활을 하면 안 되고, 여성의 생리 현상 때문에 제단 위의 봉사를 할 수 없다는 주장도 교회사에는 있었습니다. 러시아 정교 문화권에서도 생리 현상이 있는 여성은 따로 오두막에 격리되었습니다. 이슬람, 힌두교에서도 생리하는 여성은 불결하다고 했습니다. 다만 불교에서는 생리 현상은 자연 현상이니 그를 더럽다 깨끗하다 하고 구별하지 말라 하면서도, 참선이나 공부에 방해가 되므로 여성이 성불하기는 어렵다고 말하는 이들이 많습니다. 그러나 현대의 여성신학의 입장은 조금 다를 것입니다. 생명의 시작으로서의 여성의 자궁과 피에 대한 전통적인 금기나 죄악시가 결국 여성에 대한 억압으로 이어진다는 지적이지요.

유대인의 불결함에 대한 엄격한 전통(마태 15:10-20; 마르 7:1-23)을 고려할 때, 12년 동안 하혈하는 여성이 용감하게 거리로 나와 예수의 옷에 손을 댄 사건은 그 당시 엄청난 사건이 아닐 수 없었을 것입니다. 옷에 손을 대기만 해도 나을 것이라 생각하였으니 여성의 절박함과 신앙이 강하기도 했지만, 바리사이파 같은 이들은 아마도 또 예수가 금기를 어겼다고 시비를 걸려고 했을 것 같습니다. 예수는 자신의 몸에서 기가 빠져나가는 것을 알고 돌아본 후, "딸이여, 그대의 믿음이 그대를 구원하였소. 평안히 가시오. 그리고 병고에서 나아 건강해지시오"(마르 5:34)라고 말할 뿐입니다. 금기나 율법을 넘어서 사람을 사랑하는 자비의 마음입니다.

이 대목은 회당장의 딸이 죽은 에피소드와 겹쳐집니다. 마태오복음 9장 23-25절에는 회당장의 이름을 밝히지 않았는데, 마르코복음 5장 22절에는 야이로라는 회당장 이름이 언급됩니다. 그는 예수에게 어린 딸이 다 죽게 되었으니 저의 집에 오셔서 손을 얹어 병을 고쳐

살려달라고 합니다. 그때 많은 군중이 예수를 둘러싸고 밀어대며 따라가는데, 그 사이에 하혈하는 여성이 있었던 것입니다.

예수는 하혈하는 여성을 고친 후 곧장 회당장의 집으로 갔으나, 이미 회당장의 딸이 죽었다는 소식을 듣습니다. 그러니 오실 필요가 없다는 이야기를 듣지만 회당장의 집으로 갑니다. 여기서 회당장이 어떤 사람인지 우선 알아야 할 것 같습니다. 야이로는 깨달은 사람, 빛나는 사람이란 뜻의 히브리어 야일에서 나온 이름이라고 합니다. 한데 당시는 제사장 계급의 부패로 인해 평신도 회당장이 일종의 종교 민주화를 통해 예배를 주관하고 회당을 관리하는 일을 했다고 합니다. 바리사이파 사람들과는 좀 달랐던 것이지요. 아마 권력자나 제사장처럼 높은 지위에 있는 사람이었다면, 그 집으로 가는 것을 예수가 조금 꺼리지 않았을까 하는 생각도 해 봅니다.

이미 아이가 죽었다며 회당장에 모여 있는 사람들이 울며불며 떠들고 있는 광경에 예수가 "무엇 때문에 여러분은 소란을 피우며 울고 있습니까? 그 어린아이는 죽은 것이 아니라 자고 있습니다"라고 말하지만 사람들은 코웃음을 칩니다. 기적적인 일을 보고도 곧잘 냉소하고 의심하고 심지어는 비웃기까지 하는 우리 모습이 겹쳐집니다. 그러자 예수는 그런 사람들을 다 내보냅니다. 군중심리에 매몰되어 믿지 않는 존재들은 아이의 생명에 전혀 도움이 되지 않는 탓이지요. 그러고 나서 예수는 아이를 가장 사랑했을 유모와 세 제자(베드로, 야고보, 야고보의 동생 요한)만 데리고 조용히 방으로 들어갑니다. 소녀의 손을 잡고 예수가 "탈리타 쿰(어린 소녀야, 너에게 이르노니 일어나거라)!"이라고 말하자 12세 소녀가 일어나 걷습니다.(마르 5:35-42) 정말 과장 없이 사

'야이로 딸의 부활(*Raising of Jairus's Daughter*)', Paolo Veronese, 1540, CCO

실만 충실히 기록하는 마르코복음이 그렇게 기록했으니, 12세 소녀가
정말 잘 걸었던 것 같습니다.

특이한 점은 하혈하는 여성도 12년을 고생했고. 이 아이도 이제 12세
가 넘었으니 곧 생리를 시작하고 당시 유대법으로 볼 때는 결혼도 할

수 있었다는 사실입니다. 우리가 쓰는 십이진법의 시간, 동양에서의 십이지 간지, 십이지신상, 열두 제자 등등에 공통적으로 등장하는 12 라는 숫자는 일년 열두 달과 관련이 있습니다. 일종의 중요한 한 사이 클을 의미한다고 볼 수 있습니다. 젊었을 때는 12년, 12달이라는 시간 은 엄청난 부담으로 다가왔습니다. 한데 돌이켜 보면 12년, 12달 심지 어는 12일도 모두 길어 보이지만 그냥 허랑하게 보내기도 했던 것 같 습니다. 길다고 생각하면서 기다리기는 지루하지만, 맥 놓고 지나다 보면 그냥 지나가는 세월입니다. 하혈하는 여성의 세월이 그랬을 것이 지만, 그래도 12세 아이가 죽음을 딛고 새로운 인생을 앞으로 보낼 터 이니, 우리에게는 희망의 상징이라고 믿어 봅니다.

　너무 오랫동안 하혈하는 여성을 고쳐 주고, 또 피어나기도 전에 죽 음을 맞닥뜨린 소녀를 살려내 여성으로서 살 수 있게 도와준 상황이 함께 기술된 것은 그래서 우연이 아닌 것 같습니다. "먹을 것을 소녀 에게 주라"(마르 5:43)고 말한 대목과 하혈의 고통에서 벗어난 여성에 게 "평안히 가시오"(마르 5:34)라고 말한 대목 역시 죽어가는 여성을 살리고, 양육이 필요한 젊은 여성을 온전하게 돌보아주겠다는 따뜻한 약속처럼 들립니다.

생각해 봅시다

예수는 오랫동안 하혈하는 여성을 고쳐 주고, 또 피어나기도 전에 죽음을 맞닥뜨린 소녀를 살려내 여성으로서 살 수 있게 도와주었습니다. 생명의 시작으로서의 여성의 자궁과 피에 대한 전통적인 금기를 뛰어넘어 약자를 온전히 양육하는 예수의 사랑을 통해 우리의 사랑도 한층 성숙해질 것입니다.

✝

우물가에서 만난
사마리아 여성

세 개의 공관복음서에는 없는 몇 가지 특별한 에피소드들이 요한복음에는 있습니다. 그중 하나가 시카르라는 동네에서 일어난 일입니다.

이 시기는 제자들이 이미 세례를 베풀기 시작하면서 유대인들에게 예수라는 존재가 크게 부각되어 바리사이파 사람들이 견제하기 시작한 때입니다. 그런 시점이라 일종의 불가촉천민처럼 접촉해서는 안 될 사마리아 여인을 만난 사건은 매우 특이하면서도 중요합니다. 어쩌면 세 개의 공관복음서에 이 대목이 적히지 않은 것도 이스라엘 민족의 순수함을 더 중요하게 생각했던 복음사가의 결정은 아니었을까 하고 상상을 해 봅니다.

요한복음 4장은 갈릴래아로 가는 길에 지친 예수가 야곱의 샘에 당도하는 것부터 시작합니다. 이때를 유대 시간으로 여섯 번째 시간인 정오라고 해석하는 신학자들이 많습니다. 로마 시간으로 따지면 저녁이지만, 사마리아 여성의 남다른 가정사를 생각해 보면 오히려 정오에 다른 사람들을 피해 홀로 나타났을 가능성이 더 많아 보입니다.

그런데 예수는 그 여성을 보고 물을 달라고 청합니다. 아마도 그 여인은 두레박과 물을 마실 그릇 같은 것을 가져오지 않았을까요. 제자들은 먹을 것을 가지러 마을로 간 상황이라 예수와 단둘이 있었던 것 같습니다. 그런데 그녀는 "당신은 유대인인데 어떻게 사마리아 여자인 저에게 마실 것을 청하십니까?"(요한 4:9)라고 반문합니다. 여자의 감정이 기록되어 있지 않으니 그녀가 그런 말을 한 이유가 샐쭉해서 그런 것인지 아니면 조심스러워 그런 것인지 성경 독자들은 정확히 알지 못합니다.

다만 예수는 "이 물을 마시는 이는 누구나 다시 목마를 것입니다. 그러나 내가 줄 물을 마시는 이는 영원히 목마르지 않을 것입니다. 내가 줄 물은 오히려 그 사람 안에서 샘이 되고 그 물은 솟아올라 영원한 생명을 누리게 할 것입니다"(요한 4:13-14)라고 말합니다. 이때의 샘솟는 물이란 영적인 양식을 상징하는 단어입니다. 그러나 어리석은 대중의 하나인 사마리아 여성은 그런 상징을 이해하지 못하고, 그냥 대책 없이 그 물을 내게 달라고 청합니다. 그러자 예수는 가서 남편을 불러오라고 합니다. 여자는 처음에는 자기에게 남편이 없다고 잡아뗍니다. 하지만 예수는 그녀가 결혼을 다섯 번이나 하였고, 지금 사는 남자도 남편이 아님을 밝혀냅니다. 자신의 삶을 꿰뚫어 본 예수의 말에 혼비백산한 여자는 예수가 과연 예언자라고 말합니다. 그러면서 유다인들이 예배드릴 곳은 예루살렘에 있고, 사마리아인인 자신의 조상들은 대대로 이 산이 예배의 장소라고 말합니다. 이는 어찌 보면 일종의 도발적인 질문일 수 있습니다. 예수는 이에 대해 하느님은 영이시기 때문에 굳이 장소를 가리지 않는다고 대답합니다. 유다와 사마리아의 전통을 뛰어넘는, 당시 일반 대중은 상상도 하지 못할 혁신적인 말입니다.

사마리아 여성은 메시아에 대한 믿음이 강해서 그분이 그 모든 것을 다 말해 줄 것이라 하고, 예수는 "내가 그 (사람)입니다. 당신과 이야기하고 있는 내가"(요한 4:26)라고 말합니다. 성경에서 예수가 '내가 바로 그리스도이고, 메시아'라고 가장 확실하게 말한 대목입니다.

사마리아 여자가 돌아가 동네 사람들에게 메시아를 만난 이야기를 전하니 사람들이 모여들고, 제자들은 양식을 가져와 좀 드시라고 권합니다. 이때 예수는 "나에게는 여러분이 알지 못하는 먹을 음식이 있습니다"라고 대답하며 다시 상징을 말하기 시작합니다. 그리고 내가 뿌린 씨앗을 너희가 거두게 될 것이라 예언합니다. 이미 십자가의 길을 알고 있는 탓입니다. 그 후 사마리아인의 집에서 이틀 동안 묵었는데. 이 사건 역시 매우 반유대적인 사건으로 간주되었을 것입니다.

야곱이 이스라엘이 된 사건(아버지의 축복을 형에게서 탈취한 야곱의 삶에서, 하느님의 축복을 받은 이스라엘의 삶으로 다시 태어난 이야기)은 야뽁건널목(얍복 나루)이란 곳에서 일어납니다. 야곱과 씨름한 이는 야곱이 다치기 전까지는 자기를 놓아주지 않을 것을 알고 야곱의 엉덩이뼈를 쳐서 야곱을 다치게 합니다. 그리고 야곱이 당신의 이름이 무엇인지 가르쳐 달라고 했을 때 그분은 내 이름을 무엇 때문에 물어보냐고 하면서 야곱에게 복을 빌어주기만 했습니다. 그분이 과연 누구인지 성경은 정확하게 이름을 밝히지 않고 있습니다. 야곱의 샘 역시 아직까

'그리스도와 사마리아 여인(*Christ and the Samaritan Woman*)',
Stefano Erardi, 연대 미상, CC0

지 확실하게 적시되지는 않고 있습니다. 그곳을 떠나 브니엘(프니엘)을 지날 때 해가 그의 위로 떠올랐다고만 씁니다. 시카르란 곳이 세켐의 다른 이름인지 혹은 에발산 근처인지 신학자들의 견해가 다릅니다. 그러나 이곳이 매우 신성한 장소라는 점은 확실합니다. 어느 문명에서 든 샘, 우물은 공동체의 생명이 시작되고 지속되는 곳이기 때문에 매우 중요하게 생각합니다. 우물가, 샘, 강가는 물을 길어 음식을 마련하고, 빨래하고, 더러운 것은 씻어 보내는 정화의 장소이기도 합니다.

이런 성스러운 장소에서 과거가 복잡한 외지 여성에게 예수가 '내가 바로 그 메시아'라고 신성성을 드러낸 것은 심리학적으로도 의미가 있어 보입니다. 공동체가 모여 번성하는 기본이 되는 장소에서 가장 소외당하고 따돌림받는 외지 여성을 만나 당신이 누구인지 밝히는 장면은, 폭력적인 방법이나 차별과 배제를 전략으로 권력을 탐하고 유지하는 대부분의 속세 지도자들과는 너무나 다른 모습이 아닐 수 없습니다.

생각해 봅시다

공동체가 모여 번성하는 기본이 되는 장소인 우물가에서 가장 소외당하고 따돌림받는 외지 여성을 만난 예수는 그에게 자신이 메시아라고 밝힙니다. 예수는 가장 낮은 곳에 임하는 분이기 때문입니다. 폭력적인 방법이나 차별과 배제를 전략으로 권력을 탐하고 유지하는 지도자들과는 너무나 다른 예수의 신비를 생각해 봅시다.

†

직업을 차별하지 않은
예수

　현재 한국 사회에서 세금과 관련된 일을 하는 이들은 존경받고 돈도 많이 버는 편이지만, 예수가 살아 있을 때 세리는 아무리 부자라고 해도 멸시받는 집단에 속했습니다. 로마 제국에 직접 고용돼 유대인의 돈을 빼앗는 사람들이었기 때문에 공동체에서는 천하게 취급받으며 증오의 대상이 되기도 했습니다. 노예와 비슷한 처지라 재판에 참여하거나 증인으로 진술할 수도 없었습니다.

　고대는 지금과 다르게 항상 돈이 곧 지위이자 명예는 아니었던 것 같습니다. 우리나라도 조선시대까지만 해도 '사농공상(士農工商)'이라고 해서 돈 버는 상인을 농민보다 더 천하게 보기도 했지요. 이른바 배금주의, 즉 돈을 노골적으로 숭배하는 지금의 세태는 근대 자본주의가 낳은 돌연변이가 아닐까 생각해 봅니다. 중세와 고대에도 물론 부자가 되면 좋다는 것을 알았겠지만, 사는 내내 부자 되는 것이 목적이라고 말하고 다니는 사람의 숫자는 지금보다는 적었을 것 같습니다.

　루카복음 19장의 주인공 자캐오는 부자였지만, 태생이 천민 집단에 속하고 동시에 키가 작아 예수를 볼 수 없을 정도였기 때문에, 사람들에게 무시당하고 설움도 많았던 것 같습니다. 그가 예수를 만난 곳은 가난한 사람들이 주로 머무는 예리고였습니다. 자캐오가 천한 일을 하거나 정의롭지 않다면 돈이 많거나 지위가 높아도 존경받지 못하는 시대였지요. 외모 지상주의인 현대 한국 못지않게 자캐오가 살던 시대에도 육체의 건강과 정상은 존엄하게 대우받을 수 있는 조건이었습니다. 지체가 자유롭지 않거나 정신적으로 문제가 있으면 사회에서 고립시키고 차별합니다. 동남아의 사찰이나 종교 유적지에는 아직도 장애가 있는 이들은 들어갈 수 없는 전통을 고수하는 곳도 있지요. 현대의 인권 가치에 근거하면 정말 터무니없는 차별이 아닐 수 없습니다.

　한데, 여전히 한국에서는 은근하게 약자들을 괴롭히는 이들이 많습니다. 그런 가해 집단에 동조해야 자기도 따돌림이나 괴롭힘을 당하지 않으니 악행에 동참하지요. 두려움과 불안 때문에 더 나서서 피해자를 괴롭히기도 합니다. 군락을 이루는 동물 중에는 이렇게 한 약자를 집단 전체가 괴롭히는 경우가 있기도 하지만, 반대로 약자를 잘 챙기고 돌보기도 합니다. 만약 단순히 약자나 소수자라는 이유 때문에 어떤 사람들을 괴롭힌다면 정말 짐승보다 못한 존재인 것이지요.

　자캐오는 당시 천한 집단에 속했을 뿐 아니라 몸에 장애가 있다는 개인적인 조건까지 가졌습니다. 집단 내 괴롭힘을 받을 조건들을 모두 갖고 있었던 것입니다. 그러나 자캐오는 예수를 보고 싶다는 강렬

'그리스도와 자캐오(*Christ And Zacchaeus*)', Niels Larsen Stevns, 1913, CC0

한 열망을 갖고 부끄러움이나 위험과 상관없이 나무 위로 올라갑니다. 그런 자캐오를 보고 예수는 안쓰럽게 생각하고 자캐오를 내려오게 한 다음 자캐오의 집으로 갑니다. 당연히 집단 따돌림 가해자들은 예수까지 한 묶음으로 공격합니다만, 예수는 아랑곳하지 않습니다. 다른 사람 때문에 고통받는 이들, 불운으로 불행한 사람들의 편이었으니까요.

그렇다고 예수가 부자를 무조건 싫어한 것은 아닙니다. 위선적인 바리사이파나 사두가이파들, 비윤리적인 행동을 거리낌 없이 하는 헤로데 왕가를 워낙 경계했지만 전체 사제 집단이나 왕족 모두를 한 묶음으로 비난하는 모습은 보이지 않았습니다.

오히려 지나치게 자신은 결백하고 정의롭고 훌륭하다고 믿는 이들에게 경고를 내리기도 합니다. 어떤 사람이 나타나 "예수 앞에 무릎을 꿇고 "선하신 선생님, 제가 영원한 생명을 물려받으려면 무엇을 해야 합니까?"(마르 10:17) 하고 물어보는 사건이 있었습니다. 이 사람은 자신의 도덕적인 삶에 대해 자부심을 가졌던 모양입니다. 살인, 간음, 도둑질, 거짓 증언, 남을 속임, 부모에게 불효 같은 나쁜 일들은 전혀 하지 않고 살았던 사람이니 거기에 더하여 영원한 생명을 얻겠다고 감히 청한 것입니다. 그 사람을 『200주년 신약성서 주해』에서는 '눈여겨보고 대견하게 여기시며'(마르 10:21)라고 번역했지만 『New International Version(NIV) Study Bible』에서는 '그 사람을 사랑하였다'라고 적어놓았습니다. 다른 성경에서도 '사랑스럽게 쳐다보셨다'라고 번역했습니다. 많이 가지고 누렸지만 철저하게 신앙생활을 한 사람을 어여삐 여기신 것이지요. 한데 이 지점에서 반전이 일어납니다.

예수는 그 사람에게 "당신에게 한 가지가 부족합니다. 가서 가진 것을 모두 팔아 가난한 사람들에게 주시오. 그러면 하늘에서 보물을 차지하게 될 것입니다. 그러고 와서 나를 따르시오"(마르 10:21)라고 간단하지만 매우 실천하기 힘든 처방을 합니다. 예수를 사랑한다고 말하지만, 속세에 묶여 위선적이고 이기적인 삶을 살고 있는 딱 저의 모습인 것만 같아 부끄럽습니다. 그러자 그 도덕적인 사람은 재산이 너무 많아 울상이 되어 예수를 떠납니다.

이 장면은 사실 구약의 욥과 조응하는 장면이 아닐까 생각해 봅니다. 욥도 모든 것을 갖춘 바른생활 사나이였지요. 그런데 욥은 많이 갖고 있으니 신앙심이 있는 것이지, 가진 것을 다 빼면 하느님을 배신할 것이라고 사탄이 하느님과 내기를 합니다. 욥기를 보면 욥이 하나씩 하나씩 잃어가며 나락으로 떨어져 더 이상 절망할 수 없는 지경에까지 이르는 과정이 아주 자세하게 그려집니다. 그 과정 동안 욥이 겪은 마음의 고통은 이루 말할 수 없겠지요. 그러나 끝내 하느님을 떠나지 않은 욥에게 하느님께서는 아마도 영원한 생명이라는 큰 상을 주시지 않았을까요?

예수가 말한 "부자가 하느님 나라에 들어가는 것보다는 낙타가 바늘구멍으로 빠져나가는 것이 더 쉽습니다"(마태 19:24)라는 유명한 구절도 다시 한번 세속적인 욕망과 신앙의 갈등 속에서 음미해 봅니다. 낙타는 히브리어에서 매우 다층적인 의미를 가지고 있다고 합니다. 당시 낙타는 게으름이나 짐 더미 등을 상징했습니다. 거기에 더해서 낙타인 Camel과 어원이 겹치는 Gamel은 투자, 이동 수단으로 그 의미가 확장됩니다. 구약의 창세기, 열왕기 등에서는 낙타가 재산을 가져오거나 외국과의 수교의 수단으로 그려지지만, 신약에서는 좀 더 부정적인 의미로 변질됩니다. 마태오복음 23장 24절에는 "눈먼 길잡이들아, 모기는 걸러내면서 낙타는 삼키는구나"라는 말이 나옵니다. 여기서 낙타는 정결하지 않은 동물로 취급됩니다. 유대인들의 음식인 코셔(Kosher)에도 낙타 고기는 속하지 않습니다.

한때 그리스 헬라어 Camilos가 배를 정박하는 케이블 같은 굵은 선이라면서 '낙타가 바늘구멍에 들어가는 것'이 아니라 '큰 밧줄이 바늘구멍에 들어가는 것'을 오역했다고 주장한 사람도 있었습니다. 또 당시 팔레스티나에서 낙타는 교역 수단이었기 때문에 부자 청년에게 낙타로 무역 거래를 하는 것보다 훨씬 더 어렵다고 비유한 것이 아닌가 하는 해석도 있습니다. 어느 쪽이건, 부자이면서도 하느님을 따르는 것이 어렵다는 아주 명확한 비유와 에피소드 아니었을까요?

그렇다면 과연 재산은 왜 신앙 생활과 바로 갈등 관계가 될까요. 아무리 기부를 많이 해도 가진 게 많으면 그 재산을 어떻게 유지할까, 불릴까 걱정하게 됩니다. 혹시라도 안 좋은 데 투자해서 날릴까, 사기를 당하면 어떡하나 걱정하고 챙기기 바쁩니다. 가족들끼리도 유산 때문에 자주 싸우게 되고, 부모가 왜 나를 지지해 주지 않느냐, 자식이 왜 나를 봉양하지 않느냐, 하면서 서로 서운하다고 눈을 흘깁니다. 일평생 재산을 갖지 않고 수도 생활만 하는 이들에게는 없는 골칫거리이지요.

자신의 선택으로 수도자가 아닌 일반 신자가 되었다면 일단 세속에서 생존하느라 어느 정도의 재산을 일구고 지키는 것까지 비난받을 일은 아닌 것 같습니다. 자캐오도, 자기가 의롭다고 주장하는 부자도, 일단 하느님께 사랑을 많이 받았으니까요. 그보다 더한 사랑을 받았으면 좋겠다고 원하는 것 역시 어찌 보면 재산을 더 불리고 싶은 욕심의 한 측면이 아닐까 생각해 봅니다. 진정한 사랑은 상대방이 나를 얼마나 인정하는지, 또 언제까지 사랑해 줄지 전전긍긍하면서 이리저리 재고 추측하는 것이 아니라 그저 바라만 봐도 좋은, 그저 있어 주기만 해도 고마운 상태가 아닌가 싶습니다. 조건과 대가 없이 손주들을 사랑하고 안아 주는 조부모들, 오랫동안 같이 살아 배우자의 대소변까지 더럽지 않게 보는 다정한 노인 부부의 사랑과 약간 비슷하다고 할까요.

한센병 환자들이 사는 곳에 뛰어 들어가 의술을 베풀고 자기 자신도 병에 걸려 선종한 다미안 신부 같은 분들이 조건없는 가난과 사랑의 선택을 할 수 있었던 것은 아마도 예수로부터 무한한 사랑을 듬뿍 받고 있다는 확신 때문이 아니었을까 추측해 봅니다.

생각해 봅시다

예수는 다른 사람 때문에 고통받는 이들, 불운으로 불행한 사람들의 편이었습니다. 자캐오는 당시 인정받지 못한 집단에 속했을 뿐 아니라 몸에 장애가 있었지만 예수에 대한 사랑은 진실했고 그것을 예수는 있는 그대로 봐주었습니다. 진정한 사랑은 상대방이 나를 얼마나 인정하는지, 또 언제까지 사랑해 줄지 전전긍긍하면서 이리저리 재고 추측하는 것이 아니라, 그저 바라만 봐도 좋은, 그저 있어 주기만 해도 고마운 것입니다. 약자에 대한 예수의 연민과 함께 진정한 사랑의 의미에 대해서 생각해 봅시다.

작은 사람이라는
상징

"나를 믿는 이 작은 이들 가운데 하나라도 걸려 넘어지게 하는 자는 그 목에 나귀가 돌리는 연자매를 달아맨 채 바다 깊숙이 빠지는 편이 오히려 그에게 이롭습니다"(마태 18:6)라는 문장은 많은 이들에게 추상같은 도덕 명령으로 들립니다. 강한 자에게는 약하고 약한 자에게는 함부로 하는 약육강식의 정글이 아니라, 보다 인간적이고 따뜻한 사회를 만들어 나가기 위해 작은 이들을 보호하자는 뜻으로 이해합니다. 사람들이 자선과 봉사를 열심히 하게 되는 근본이기도 합니다.

한편으로는 세상에 태어나면 뭔가 큰일을 하고 이름도 남겨야 가치 있는 인생이라는 일반인들의 편견을 깨는 가르침으로 이해할 수도 있습니다. 보통은 나이가 어리면 보다 큰 꿈을 꾸다가 점점 현실에 부대끼면서 꿈이 작아지게 되지요(물론 요즘에는 어린 시절부터 현실적인 꿈을 꾸고 설계해 나가는 애어른들도 많습니다). 소박한 꿈을 꾸며 평범하게 살아가는 이들에게는 모든 이의 '작은' 삶이 중요하고 귀하다는 가르침처럼 들리기도 합니다.

군자와 소인을 이분법적으로 나누고, 노인은 존중하고 젊은이는 권위적으로 대하라 했다며 종종 『논어』를 자의적으로 해석하는 사람이 있습니다. 그런데 『논어』에도 젊은이들을 따뜻하게 포용하는 구절들이 나옵니다. 5편 25장에는 "노인들은 편안하게 생각하고, 친구에게는 믿음을 주고, 젊은이들은 품어주는 사람이 되고 싶다(老者安之 朋友信之 少者懷之)"라는 구절이 나옵니다. 또 7편 28장에는 사람들의 마음이 척박한 호향이란 곳에서 어린아이(童子)가 공자를 보려고 청하는 대목이 나옵니다. 제자들은 걱정이 많았지만, 공자는 딱 잘라서 그 아이가 희망이라고 말합니다(與其進也). 지금 현재 흠결없이 찾아왔다면 있는 그대로 순수하게 보아야 된다고도 합니다(人潔己以進 與其潔也). 띠로든 시돈이든 출신에 집착하지 말라는 주문과 비슷합니다(不保其往也). 현재와 미래가 중요하니 어린아이면 어떻고 철없는 젊은이면 어떻겠습니까. 작으면 어떻고 좀 많이 모자라면 어떻습니까. 때로는 아주 작은 어린아이들의 입에서 인생의 진리를 꿰뚫는 말들이 나올 때가 있습니다. 때로는 지능지수가 매우 낮은 사람에게서 정말로 똑똑한 이들에게서는 찾지 못하는 덕성을 만날 때가 있습니다. 세계적인 작가이자 성공한 교수이며 신부였던 헨리 나우웬이 말년에 아담이라는 정신지체아를 돌보면서 예수를 만나는 경험을 한 것도 결국 그런 맥락이 아니었을까요.

『도덕경』 41장에도 성경과 비슷한 구절들이 있습니다. "광덕약부족

(廣德若不足) 대음희성(大音希聲) 대상무형(大象無形) 도은무명(道隱無名) 선대차성(善貸且成)." 즉, "덕이 크고 높으면 오히려 부족한 것처럼 보이고 큰 소리를 낼 수 있는 사람들은 목소리를 줄입니다(혹은 아낍니다). 정말로 큰 이들은 그 형체를 뚜렷하게 나타내지 않습니다. 도(道) 혹은 진리는 그 이름을 감추기도 합니다. 지극히 선한 사람은 다른 것들과의 인연과 은덕을 빌려 부족한 스스로가 완성됨을 알아차립니다." 제가 『도덕경』을 함부로 의역해 보았습니다.

예수가 작은 이들 가운데 하나라도 죄짓게 하는 자는, 연자매를 목에 달고 바다 깊은 곳에 빠지는 편이 낫다고 다소 과격하게 들리는 말을 남긴 뜻은 무엇일까 생각해 보았습니다. 문자 그대로 약자를 괴롭히는 이들이 그 죗값을 치러야 한다는 뜻으로 이해해도 괜찮을 것 같습니다. 판단력이 떨어지는 어린아이들을 이용해 돈벌이하고, 사기 치고, 학대하여 폭력적인 아이로 만들게 하는 중죄인들에 대한 경고인 것처럼도 들립니다.

그런데 저는 이 구절을 제 나름대로 또 분석심리학에 적용해 보았습니다. 우리는 작은 이를 항상 타자로만 생각하는데, 어쩌면 우리 자신이 스스로가 작은 사람이라는 점, 또 우리 내면에 그런 작은 아이(Inner Child)가 있다는 뜻은 아닐까요. 현자 원형(Wise Old Wo/man Archetype)과 어린아이 원형(Child Archetype)이 종종 함께 나타나다가 서로 그 차이 없이 통합되는 경우를 무의식을 분석하다 보면 종종 만나게 됩니다.

바깥에 드러나는 가면을 쓴 나, 즉 '페르소나'가 보다 확실하고 형체가 큰 문명에 적응하는 사람이라면, 내가 감추는 그림자로서의 나는 형체도 모호하고 작은, 비문명화된 아이와 같은 인물일지도 모릅니다. 칼 융은 제1의 성격, 제2의 성격으로 한 개인의 내면을 다층적으로 이해하기도 했습니다. 쉽게 말해 근사하게 드러나는 사회적 자아와 달리 감추고 싶은 그림자 자아에는 여러 가지 열등한 많은 것들이 숨어 있지만, 조금 더 나아가면 바로 그 열등한 속성들이 가장 우월한 존재로 이끄는 인도자 역할을 하기도 하는 것입니다. 내가 많이 못났다고 생각해야 멘토도 찾고 닮고 싶은 롤모델도 찾듯이, 나는 한없이 낮은 사람이기 때문에 예수를 온 마음으로 받아들일 수 있는 것 같습니다. 한없이 초라하고 형편없기 때문에 더욱더 예수를 온 힘을 다해 사랑해야 하고, 또 그럴 확률이 높아지는 인생의 역설입니다.

그런데 이런 약점, 그림자를 그저 깊숙이 숨기기만 하면 우리의 자아는 한쪽으로 치우치게 되어 전체 정신의 균형이 깨지게 됩니다. 그렇게 되면 본능에 휘둘리는 무의식이라는 바다에 빠져서 엄청난 비극적인 결말로 치닫게 됩니다. 화려하게 승승장구하던 정치인, 유명인들이 뜻밖의 비밀스러운 일들로 파국을 맞게 되는 경우가 이 때문입니다. 예수가 말한 작은 사람들이 바다에 빠지는 형국도 이렇게 반대 논리로 이해해 보면 단순히 경제적인 정의, 평등, 공정함을 넘어서는 심리적인 성숙의 단계, 내면의 진실을 제대로 보라는 명령으로 들립니다.

생각해 봅시다

우리 내부에는 그림자처럼 깊숙이 숨어 있는 작은 사람이 있습니다. 내가 감추는 그림자는 형체도 모호하고 작은 비문명화된 아이와 같은 인물일지도 모릅니다. 근사하게 드러나는 사회적 자아와 달리 감추고 싶은 그림자 자아에는 여러 가지 열등한 많은 것들이 숨어 있지만, 바로 그 열등한 속성들이 가장 우월한 존재로 이끄는 인도자 역할을 하기도 합니다. 나를 믿는 이 가운데 작은 이들을 걸려 넘어지게 하지 말라는 예수의 경고는 약자를 괴롭히는 이들이 그 죗값을 치러야 한다는 뜻으로 이해해도 되지만, 우리 안의 작은 사람(약점)을 숨기지 말라는 경고로도 읽힙니다. 내면의 진실을 들여다보라는 예수의 말씀을 생각해 봅시다.

✝

어린아이처럼 되어야
하늘로 간다

어리석은 우리가 눈을 제대로 뜨고, 하느님께 좀 더 가까이 다가갈 수 있는 비결은 무엇일까요? 저는 예수가 "여러분이 (마음을) 돌이켜서 어린이들처럼 되지 않으면 결코 하늘나라에 들어가지 못할 것입니다. 그러므로 이 어린이처럼 자신을 낮추는 그런 사람이야말로 하늘나라에서 제일 큰 사람입니다. 내 이름으로 이런 어린이 하나를 받아들이는 사람은 나를 받아들이는 것입니다"(마태 18:3-5)라고 한 말과 "내 이름으로 이 어린이를 받아들이는 사람은 나를 받아들이는 것이요, 나를 받아들이는 사람은 나를 보내신 분을 받아들이는 것입니다. 사실 여러분 모든 이 가운데서 제일 작은 사람이야말로 큰 사람입니다"(루카 9:48)라고 말한 대목에서 그 답을 찾을 수 있다고 생각합니다.

어린아이가 된다는 것, 가장 낮은 사람이 된다는 것은 무슨 뜻일까요. 앞서 언급한 '어린아이 원형'을 자세히 살펴봅시다. 우리 안에는 어린아이 원형이 콤플렉스의 형태로 자리 잡고 있어서 긍정적인 기능과 부정적인 기능을 함께한다고 설명합니다. 긍정적인 기능으로는 순수함, 편견 없는 수용성, 진취적인 창조성 등의 성격적 특성을 보입니다. 생텍쥐페리의『어린 왕자』는 요즘 세대도 알 텐데, 모든 것을 돈과 명예 같은 것으로 예단하는 시대, 그런 물질적·외적 조건이 아닌 마음속의 순수한 사랑, 열정, 관조의 힘 등에 대해 묘사한 아름다운 책입니다.

그런데 한편으로는 '피터팬 증후군'이라는 말도 들어보셨을 것입니다. 이른으로서의 책임감은 갖지 않은 채, 어디에 정착하지도 못하고 미숙한 태도를 계속 지니는 이들에 대한 설명입니다. 융 심리학에서 말하는 '어린아이 원형'은 이렇게 두 가지 태도와 의미를 포함합니다.

그러나 예수가 말한 아이의 마음은 어린아이 원형과는 좀 다르다고 생각합니다. '피터팬'이나 '어린 왕자'라기보다는 오히려 모든 것을 다 내려놓고 기꺼이 하느님의 어린 양이 되려고 하는 소화 데레사의 이미지에 더 가깝지 않을까 싶습니다. 소화 데레사 성인은 자기를 비우고 하느님을 바라보다, 종국에는 하느님께 흡수되어 하나가 되는 그런 경지에 오른 분으로, 저 같은 사람은 아마 죽는 그 순간까지도 그런 경지를 경험하지 못할 것 같습니다. 많은 영성 지도자가 궁극적으로는 자기를 다 비우고, 버리고, 하느님과 하나가 되라고 가르칩니다. 자기 비움(Kenosis)의 덕목입니다. 그리스 헬라어로 케노시스는 비움, 소진을 뜻하고 예수가 신이면서도 인간이 되어 목숨을 버린 사실을 의미한다고도 해석합니다.

로마서 6장 13절에는 "여러분은 죽은 자들 가운데서 살아난 이들인 만큼 여러분 자신을 하느님께 바치고 여러분의 지체를 의로움의 무기로서 하느님께 드리시오"라는 구절이 나옵니다. 여기서 '바친다'라는 뜻을 어떤 영어 성경에서는 Offer(제공한다)라고 하고, 다른 번역에서는 Yield(항복한다)라고 합니다. 한국말로는 "하느님께 제 모두를 바칩니다"라고 하는 것이 맞겠지요.

그런데 누군가에게 내 모두를 바친다는 것은 또 무엇일까요. 하느님 대신 추앙하는 자아(Ego)가 많이 남아 있다면, 나를 오롯이 하느님께 바칠 수는 없을 것 같습니다. 누군가를 위해 대신 죽을 수 있을 만큼 열렬히 사랑한다면, 비로소 자신에 대한 집착을 버리게 되겠지요. 예수가 말한 아이처럼 된다는 것은 순수, 수용, 새로움 등의 뜻도 있지만, '나는 이런 사람이다'라는 자아의 집착을 모두 버리고 희생하는 태도에 가깝지 않을까요?

참된 영성이란, 흰옷 입고 수염 길게 기르고 머릿속에 많은 것이 들어 있어 높은 경지에 오른 노(老)현자 혹은 신선의 이미지보다는 오히려 천진난만한 얼굴에 하얀 날개를 지닌 천사의 이미지에 더 가깝지 않을까 생각해 봅니다. 쉽게 말해 몸, 마음 등 모든 것에 대한 집착을 다 버리고 하느님께 가까이 가서 하느님과 소통하면서 하느님께 흡수되는 그런 과정이지요.

그러나 그런 버림과 희생과 일치의 과정이 워낙 어렵다 보니, 그래도 궁색하게나마 기도하거나 명상할 때, 사람들이 자신에게서 벗어나 초월의 경지에 가까이 가려고 노력하는 것 같습니다. 자기 초월(Transcendence)은 종교와 상관없이 공통적으로 가르치는 경지이고, 이 경지로 향하는 태도를 영성(Spirituality)이라고 해도 될 것 같습니다.

부끄럽게도 저는 기도를 잘하는 사람도 아니고, 영신수련도 해본 적이 없습니다. 묵상과 관상, 명상은 기본 개념조차 모르고 체험해 본 적도 없습니다. 목과 허리에 디스크가 있어서 명상하면 엄청나게 아플 것 같아 겁만 내고 있습니다. 걷기 명상조차 제대로 시도해 본 적이 없습니다.

보통 묵상은 Meditation, 관상은 Contemplation으로 번역하는데, 잘은 모르지만 묵상은 침묵하기, 관상은 하느님 보기로 이해하면 될까요? 우리는 보통 아집에서 잘 헤어 나오지 못해 하느님 말씀을 들으려고 하는 대신 내 말만 실컷 하고 맙니다. 또 보통 불교에서 이야기하는 참선도 Meditation으로 번역하는데, 참선의 과정도 간화선이나 위빠사나 등 여러 갈래가 있는 것으로 알고 있습니다. 모든 참선의 핵심적인 방향성은 아무것에도 때가 묻지 않은 순수한 '참 나', 즉 내 안의 불성을 찾는 것이라고 들었습니다. 그렇다면 아무 때가 묻지 않은 순수한 '참 나'가 바로 예수가 말한 어린아이 같은 경지 아닐까요?

예수가 특별히 아이들을 예뻐하고, 어린아이처럼 되어야 천국으로 갈 수 있다고 말했던 것을 실천하고 있지만 세상에는 잘 나서지 않는 수도자들과 스승들이 여전히 적지 않습니다. 다만 우리가 내 인생, 내 생각에 너무 빠져 있어서 그들을 본받는 대신 불평불만만 하고 있는 것이겠지요.

예를 들어 이미 언급했고 우리에게도 널리 알려진 헨리 나우웬의 노년의 모습만큼이나 아름답게 사는 수도자들뿐 아니라 깨어 있는 많은 이들이 공동체를 중심으로 생태복원 활동과 구도의 길을 걷고 있습니다. 돈과 유명세가 인생의 목표라고 이야기하는 이들과는 많이 다른 것이지요. 한국에도 계산 없이, 자연과 일치되어 순수한 영성을 추구하며 사는 공동체들이 적지 않습니다. 프랑스계 신부인 서강대 종교학과 서명원 명예교수가 선불교를 통합해 만든 돌밭 도전 공동체, 박노해 시인의 형인 박기호 신부가 만든 산위의 마을 등 국내 공동체도 있습니다. 한국에서의 안락한 삶을 포기하고 어려운 저개발 국가에 파견된 살레시오회 같은 외방 가톨릭 선교사가 1,000명이 넘는다고 합니다. 여자 수도회가 남자 수도회에 비해 5배나 많은 것도 흥미롭습니다. 연약하지만 더 용감할 수 있는 것도 상대적으로 약자였던 여성, 어린아이, 아픈 이들을 각별히 사랑했던 예수의 힘이 아닐까 싶습니다.

우리 같은 보통 사람들은 모든 것을 한꺼번에 다 버리고 어린아이와 같은 순수함으로 인생을 살기는 어렵습니다. 하루에 하나씩이라도 물질이건 마음속의 집착이건 자만이건 버리는 연습을 꾸준히 하면 그나마 조금은 어린아이처럼 될 수 있을까요?

생각해 봅시다

예수가 어린아이처럼 되라고 한 것은 몸이나 마음 등 모
든 것에 대한 집착을 다 버리고 하느님께 가까이 가서 하
느님과 소통하면서 하느님께 흡수되는 그런 과정을 겪으
라는 이야기입니다. 물질과 집착을 내려놓고 어린아이가
되어 하느님 나라에 들어가는 신비를 생각해 봅시다.

5장

—

사랑의 기적

평화를 주고 간 예수

†

군중과 지도자들은 왜
예수를 죽였을까

　예수는 정치적인 욕망도 없었고 칼을 들어 혁명이나 내란을 계획
하지도 않았습니다. 그저 사랑을 실천하자는 가르침만 폈을 뿐입니
다. 한데 대제관, 원로, 율법학자들로 구성된 최고의회는 왜 예수를 죽
이기로 결의했을까요? 정치적인 배경, 신에 대한 관점의 충돌, 사회적
인 분위기 등 여러 맥락을 고려해야겠지만, 저는 심리적인 의미에 중
점을 두어 이해해 보려고 합니다.

　당시 엘리트 집단이자 권위를 가지고 있던 최고의회는 예수와는 여
러 가지 면에서 대척점에 있습니다. 자리나 명예를 전통적으로 소유
해 왔던 사람들의 모임이니 당연히 상대적으로 보수적이고 안정적인
삶을 살았을 것입니다. 반면에 예수는 랍비도 아니고 대제관과 관련
이 있지도 않은, 그저 평범한 목수의 아들입니다. 최고의회는 사회에
서 일종의 리더 역할을 하는 핵심 집단이라서 아마도 그런 그룹에 들

어가는 것은 당시 굉장한 명예이자 특권이었을 것입니다. 평범한 사람들은 이들에게 가서 조언을 구하기도 하고, 신에게 제사 지내기 위한 비용을 지불하기도 했을 것입니다. 그런데 이런 집단에 속할 자격도 되지 않는 비천한 출신이자 가난한 지방에서 태어난 예수라는 젊은 청년이 최고의회보다 더 사람들에게 영향을 미치고 존경과 사랑을 받게 됩니다. 당연히 질투와 불안을 느끼게 되지 않았을까요. "어디 감히 근본도 없이 허접한 지역에서 태어나 자란 무식한 자가!" 하는 식으로요. 요즘 사람이라면 "도덕을 모르는 어머니에게 자란 사람이니 소시오패스일 거야!" 하는 말도 안 되는 허무맹랑한 유전자 결정론을 들이델 지도 모릅니다. 그때 기득권을 가지고 있던 이스라엘의 리더들 역시 사는 곳도 다르고, 집안도 다르고, 배운 곳도 다르니, 우리는 일반인과 다르다는 한국의 자칭 상류층과도 크게 다르지 않았을 것 같습니다.

게다가 당시는 로마가 총독을 통해 이스라엘을 다스리는 상황이었습니다. 외국인이 무력으로 정치를 하게 되면 일반인들은 공동체로부터 보호를 받거나 소속감을 느끼기 어렵습니다. 실제로 억압받거나 불평등한 일을 당하게 되기도 하지요. 원래 최고의회는 유대 왕의 권력을 견제할 수 있는 역할을 하였는데, 워낙 외세를 업고 있는 왕권의 폭압이 심하다면 그런 역할을 할 수 없었을 것입니다. 그렇게 되면 사람들의 마음도 달라지지요. 겉으로는 전통과 관습에 따라 존경하는 척하지만, 실제로는 리더 집단에 대한 경멸, 혐오 등의 감정을 갖게 될 것입니다. 이런 상황이 지속되면 바보가 아닌 이상, 최고의회의 구성원들 역시 자신들의 입지에 대해 점점 불안한 감정을 갖게 될 것입니다. 특히 예수를 보러 모여드는 민중의 숫자와 열기가 당시 상상할 수 없는 큰 사회적 반향을 일으키게 되면서, 예수를 없애야 자신들의 입지가 보장될 수 있겠다는 계산이 나왔을 것입니다. 갖은 고초를 겪으며 독립운동을 하면서 대중에게 신뢰를 받은 김구 선생이 암살되었을 때 친일파였던 이들이 안도하였던 것과 비슷할지도 모릅니다. 자신들의 악함을 부끄러워하지 않는 이들은 선함을 추구하는 사람들이 앞에 나서면 본인들의 어두운 부분이 드러날까 봐 전전긍긍합니다.

사실 이 세상에는 전부 선하고 전부 악한 사람은 없습니다. 아무리 선을 추구하는 사람이라도 부끄러운 부분이 있을 수 있고, 아무리 악함을 최고의 전략으로 내세워도 착한 부분이 있기 마련입니다. 선함을 추구하는 사람들도 어딘가에 취약한 부분이 있기 때문에, 악한 전략을 자유자재로 쓰고 전력을 다해 자신의 이익을 추구하는 이들의 먹잇감이 될 수 있는 것이지요. 최고의회가 예수의 제자 중 하나인 유다 이스가리옷을 매수한 것도 바로 그 지점일 것입니다.

예수를 따르는 이들 중에는 헤로데 왕가와 로마의 압제를 물리치고 독립 국가를 만들기 위해 예수를 일종의 새로운 왕으로 내세우고 싶어 하는 사람들도 있었을 것입니다. 그런데 예수는 그들과는 다른 목표를 가지고 있기에 쓸모가 없어졌다고 생각할 수도 있고 몹시 실망했을 수도 있을 것입니다. 그렇기에 배반하는 무리가 생겨 예수를 십자가에 매달리도록 하는 공동의 목표가 생긴 것입니다. 여러 가지 음모와 대중 조작을 하면서 악한 이들이 정권을 잡는 현대의 모습과 크게 다르지 않습니다.

헤로데 왕가는 애초에 정통성을 인정받을 수 없었습니다. 헤로데 1세는 하스모니안 왕조의 일원이 된 후, 로마 제국을 들락날락하면서 로마의 힘에 빌붙어 권력을 잡은 인물입니다. 그는 왕권의 확립과 정당성을 보여 주기 위해서 유대교 전통보다는 로마 양식에 맞는 화려한 성전과 궁궐의 건축에 매달리게 됩니다. 이집트의 피라미드, 그리스의 화려한 성전, 로마의 토목건축 문화를 선망하면서 마치 자신도 대제국의 대왕인 양 거들먹거리고 싶지 않았을까 상상해 봅니다. 권력자가 자신의 나르시시즘을 만족시키기 위해 평범한 사람들의 노동력을 공짜로 동원하고, 엄청난 세금을 걷으면서 화려한 생활을 누렸던 사례는 역사에 차고 넘칩니다. 그런 와중에 로마 총독에게 세금 바치랴, 왕족과 귀족에게 뜯기랴, 일만 민중은 정말 죽을 만큼 힘들었을 것입니다.

헤로데 1세 사후 왕국은 남북으로 분열된 것도 모자라 갈기갈기 찢어지게 됩니다. 당시 아우구스투스 치하에 있던 로마의 비호하에 세 아들인 헤로데 아르켈라오스, 헤로데 안티파스, 헤로데 필립보 2세와 여동생 살로메 1세가 각각 나누어 분할 통치하지만 아무도 존경을 받거나 탄탄한 권력을 쥐지는 못했습니다. 그러다 아시리아, 바빌로니아, 페르시아, 마케도니아, 로마 등 외세의 끊임없는 침략으로 피폐해진 나라는 마침내 없어지게 됩니다. 예수가 죽은 지 4년 후, 로마에서는 악행과 패륜의 극치를 보여 주었던 칼리굴라가 등장하고, 이후 클라우디우스를 거쳐 유명한 폭군 네로가 54년에 17세의 나이로 황제가 되면서 로마로 이주한 그리스도교인들도 박해의 대상이 됩니다.

그렇게 나라가 소멸될 줄 모르고 최고의회 구성원들이나 헤로데 왕가는 예수와 정반대에 서서 사랑보다는 미움을, 평화보다는 갈등을,

통합보다는 분열을, 용서보다는 보복을 주장합니다. 자신의 정적, 소수자, 이방인을 박해하거나 내쫓으려는 심리는 지금이나 그때나 다르지 않습니다.

인구가 줄어든다고 걱정하면서도 일제 강점기나 군부독재 시절 폭압과 가난을 피해 어쩔 수 없이 외국으로 이주해야 했던 교포들에게까지 '외국인'이라고 굴레를 씌워 차별하는 이들의 마음속에는 아마도 깊은 불안과 공포가 숨어 있을지도 모릅니다. 그들이 한국말을 쓰고 한국인이 조상이라 해도, 이미 이방인인데 우리 일자리를 빼앗고 집값을 올려 그러지 않아도 힘든 인생, 더 힘들어질 것이라고 추측하기도 합니다. 외국인들은 제대로 된 시민 교육을 받지 못한 테러리스트거나 범법자라고 몰기도 합니다. 한국전쟁 당시 거제도의 포로 수용 시설과 같은 참혹한 난민 수용 공간은 지금도 지구촌 곳곳에 존재합니다.

우리 가족, 우리 진영, 우리나라는 소중하게 생각하고 관대하게 포용하지만, 남의 가족, 남의 진영, 남의 나라는 함부로 해도 된다는 생각도 자신의 내부에 있는 문제들은 보지 못하고 외부의 특정 인물이나 집단에 나쁜 것들을 투사해 버리는 심리와 관련이 있습니다. 타인을 속죄양으로 삼으려 하고 나는 완벽하고 정의롭다고 주장하게 됩니다. 가정에서도 자식은 부모에게, 부모는 자식에게 서운함을 느끼고, 남편은 아내가, 아내는 남편이 잘못했다고 생각하면서 편을 나누어 상대에게 모든 것을 다 뒤집어씌우고 공격하는 것에 일생을 걸기도 합니다.

예수가 어리석고 죄 많은 군중과 지도자들에 의해 속죄양이 되어 십자가에 못 박힌 장면이 큰 울림을 주는 까닭은, 지금도 우리가 그런 일들을 하고 있기 때문이 아닐까요. 자신의 문제와 부정적인 감정을 손쉽게 타인에게 투사하여 자신이나 자신이 속한 집단의 악함과, 타인이나 타인이 속한 집단의 선함은 보지 못하고 있는 것은 아닐까요. 그래서 정작 정의로운 일을 행하는 데 큰 어려움을 겪게 되는 것은 아닌지요.

예수가 죽기 전, "아버지, 저 사람들을 용서하소서. 사실 그들은 무슨 짓을 하는지 알지 못하옵니다"(루카 23:34)라고 한 말을 두고두고 간직하려고 합니다. 나 자신을 포함해서, 우리는 지금 무슨 짓을 하고 있고, 어디로 가고 있는지, 여전히 잘 모르고 있기 때문입니다.

생각해 봅시다

예수가 속죄양이 되어 십자가에 못 박힌 것이 큰 울림을 주는 까닭은 지금도 우리가 그런 일들을 하고 있기 때문이 아닐까요. 자신의 잘못은 보지 못하고 자신의 문제와 부정적인 감정을 타인에게 투사하여 타인을 속죄양으로 삼으려고 하는 마음이 우리에게 있는지 돌아봅시다.

예수가 제자들의 발을
씻어 준 까닭은

발씻김예식(세족례)의 전통은 아름답지만, 낯설거나 어색한 마음을 불러일으키기도 합니다. 다른 사람의 몸을 만지는 것도 조심스러운데, 더구나 씻기는 일은 친밀하지 않으면 불가능하기 때문입니다. 별로 깨끗하지 않은 발을 씻으려면 몸을 낮추고 마음을 겸손하게 해야 하니 더욱 거부감이 생길 수 있습니다.

요한복음 13장은 그런 세족식 풍경을 묘사합니다. 해방절 축제 전날, 아버지께로 건너가야 할 당신의 시간이 온 것을 안 예수는 제자들과 식사를 한 후, 그들의 발을 씻기고 허리에 두른 수건으로 닦아 주기 시작합니다. 이미 마리아가 향유를 바를 때, 장례식 준비라는 얘기를 했기 때문에 발을 씻어 준다는 의미가 무엇인지 제자들이 어렴풋하게라도 알아차릴 법합니다. 하지만 제자들은 그 상황이 무엇을 의미하는지 미처 몰랐습니다. 베드로가 "제 발만은 절대로 못 씻으십니다" 하고 답했는데, 그때 베드로 사도의 심정이 어땠는지 궁금합니다. 어떻게 감히 내가 그런 영광을 누리겠느냐는 겸양의 표현 속에는 황망함과 부끄러움 그리고 스승은 과연 어떤 분이길래 이렇게까지 하는지 많은 의문이 들어 있는 것 같습니다. 그때 예수는 단호하게 "내가 당신을 씻지 않는다면 당신은 나와 같은 몫을 얻지 못할 것입니다"(요한 13,8)라고 말합니다.

이 부분의 신학적인 의미에 대해서는 이미 많은 성경학자들과 교회 박사들께서 좋은 말씀을 남겨주셨기에 저는 심리적인 의미에 집중해보려고 합니다. 임상에서는 상담받으러 오는 많은 이들이 자신의 상처받은 감정, 그런 일이 일어난 상황 등과 관련지어 생각을 펼쳐보입니다. 몸과 마음이 황폐해진 환자들이 찾아오면 의사들은 객관적으로 그 상황에 대해 알아보기 위해 평가나 재단 없이 내담자가 편안해질 수 있도록 환경을 조성합니다. 이때 내담자들은 부정적인 감정들을 다양하게 토로하는데 어느 정도 마음속의 어두운 부분들을 밖으로 꺼내면 좀 개운해진 것 같다고 이야기합니다. 그런데 여기서 그치지 않고, 그 감정들의 원인과 상황을 파악해 객관적인 성찰을 하는 등 힘든 과정들을 찬찬히 거치게 되면 마음속의 쓰레기 같은 것들이 깨끗이 씻겨 나가고 자신이 변한 것 같다고 말하기도 합니다. 어떤 조언이나 처방보다도 중요한 자기 표현, 카타르시스의 단계를 거치는 것입니다. 그래야 변환이 이루어집니다. 고해성사를 하고 난 후에도 자주 그런 기분이 듭니다.

예수가 제자들의 발을 씻어 주는 것은 바로 그런 정화의 의미가 있습니다. 그런데 여기서 더 나아가 예수는 서로 발을 씻어 주어야 한다

'제자들의 발을 씻기는 그리스도(*The Washing of the Apostles Feet*)',
1480, Master of the Housebook, CC0

고 당부합니다. 단순한 카타르시스 단계가 아니라 공동체를 공고하게
만들어 서로의 상처와 고통을 나누라는 주문입니다. 이제 스승이자

주님인 분이 떠나고 나면 남은 이들끼리 잘 연대하고 서로를 정화하고 위로하면서 삶이라는 지난한 여정을 마쳐야 한다는 의미일 것입니다.

사회가 복잡해지면서 개인의 삶도 함께 복잡해지니, 갈등 요인과 정황도 쉽게 풀리지 않는 것 같습니다. 마음의 상처도 다양하고, 해법도 쉽게 말할 수 없는 만만치 않은 과제가 되어, 해묵은 상처를 오랫동안 지니고 사는 경우도 적지 않습니다. 그런 상황에서 일이나 인간관계와 관련된 정신적인 문제가 또다시 불거지다 보면 쉽게 지칠 수 있지요. 하지만 반대로, 갈등 상황을 한켠에 두고 일단 사는 데 집중하다 보면 시간이 흘러 자연스럽게 해결되는 경우도 있습니다. 물론 자기 몸과 마음을 잘 돌보고 합리적인 선택을 해야 하지만요.

갈등을 풀어 나가는 것도 인간이 아니라 신의 영역이 아닌가 싶을 정도로 감정의 골이 깊으면 중재와 조정이 불가능할 때가 많습니다. 화해와 통합은 더 말할 필요도 없습니다. 역시 자아를 넘어서는 초월적인 신성에 물어보고 그 의견에 따라야 제삼의 길이 보이는 것 같습니다. 아무리 상대가 미워도 그 미운 사람의 발을 아무 말 없이 씻어 줄 정도로 겸손한 마음을 가질 수만 있다면 세상의 적들도 서로 화해하지 않을까 하는 만화 같은 상상을 해봅니다.

예수가 제자들의 발을 씻어 주었듯이, 사랑하는 사람이건 미운 사람이건, 가까운 사람이건 무관한 사람이건, 가리지 않고 겸손하게 봉사하는 마음으로 정화의 과정에 먼저 동참한다면 어떤 일이 일어날까요. 가족끼리나 부부끼리 힘들고 고단한 발을 서로 마사지해 주었던 기억이 혹시 있을까요. 이런저런 서운한 일이 있을 때, 말싸움보다는 세족례와 발 마사지가 훨씬 더 탁월한 해결 방식인지도 모르겠다는 생각도 듭니다.

　나라와 나라 간의 전쟁, 이념으로 갈라진 내전과 내란, 분열된 집단들이 파국으로 치닫는 모습을 보면서 분노의 감정보다 무기력한 감정이 더 앞설 때가 있습니다. 소소한 일에도 극단적인 선택을 계속하는 개인들의 연약함과 불안함을 너무 많이 보고 경험하고 있기 때문이 아닌가도 싶습니다. 그럴 때마다 예수와 순교자들의 힘센 마음의 작은 조각이라도 만져 보고 매달리고 싶은 심정입니다.

생각해 봅시다

예수가 제자들의 발을 씻기는 것에는 정화의 의미가 담겨 있습니다. 예수는 더 나아가 서로 발을 씻어 주어야 한다고 당부하는데 이는 단순한 카타르시스 단계가 아니라 공동체를 공고하게 만들어 서로의 상처와 고통을 나누라는 주문입니다. 이제 스승이자 주님인 분이 떠나고 나면 남은 이들끼리 잘 연대하고 서로를 정화하고 위로하면서 삶이라는 지난한 여정을 마쳐야 한다는 의미입니다. 발씻김의 신비를 통해 겸손하게 봉사하고 정화하는 과정의 의미를 생각해 봅시다.

†

나귀를 타고
예루살렘에 입성하다

열왕기 상권 1장 33-35절에는 다윗 임금이 솔로몬에게 자신의 노새(Mule)를 타라고 하면서 후계자로 임명하는 장면이 나옵니다. 그런데 루카복음 19장 30절에는 예수가 마을로 가서 노새가 아니라 어린 나귀(Donkey, Colt)를 끌고 오라고 말합니다. 어린 나귀를 끌고 오자 사람들이 자신들의 겉옷을 어린 나귀에 얹고 예수가 그 위로 올라 앉는 장면이 등장합니다. 물론 구약은 히브리어로, 신약은 그리스 헬라어로 쓰였고, 신약은 예수가 죽은 다음 기억과 전승에 의한 기록이기 때문에, 단순히 이 대목으로 확실하게 예수가 어린 나귀를 탔는지 의문이 들 수도 있습니다. 마태오복음 21장에는 암나귀와 어린 나귀를 타고 가는 것으로 묘사되고, 마르코복음 11장 1-10절에는 어린 나귀를 데리고 와서 제자들이 겉옷을 얹고 사람들이 자신들의 옷을 길에다 까는 것으로 기록되어 있는 것을 보면 복음서 기자마다 디테일은 조금 다르지만 공통적으로 예수가 어린 나귀를 타고 예루살렘에 입성했다는 사실은 맞는 것 같습니다.

그런데 이 부분이 열왕기에 나오는 노새 타는 왕의 이미지와 연결된다고 설명하는 신학자들이 많습니다. 왜 하필이면 말이 아니고 나귀나 노새일까요. 또 솔로몬 임금은 노새를 탔는데 왜 예수는 어린 나귀를 탔을까요.

당시 이스라엘 지역에서는 말보다는 노새와 나귀가 더 좋은 운송 수단이자 노동력이었다고 합니다. 지금은 나귀건 노새건 선진국에서 보기 힘든 귀한 동물이 되었지만, 2,000년 전 중근동 지방에서 노새나 나귀는 야생말보다 체구는 작지만 힘이 세고, 주인의 말에 잘 복종하고, 꾀도 있어서 사람들에게는 없어서는 안 될 가성비가 좋은 가축이었습니다. 반대로, 말은 전쟁을 하거나 마차를 끄는 데 제격이지만 농사를 짓거나 가까운 곳을 가는 데에는 불편한 점이 많은 데다 먹이고 키우려면 돈도 품도 많이 듭니다. 다만 나귀는 노새를 낳을 수 있지만, 노새는 더 이상 새끼를 낳을 수 없어 대가 끊긴다는 점이 비교적 번식이 용이한 말과는 좀 다른 면일 것입니다. 또한 노새와 나귀는 멋지게 기사나 군인들을 태우고 달리는 말과는 달리 큰 짐을 지고 가다 힘들어 움직이지 못하면 채찍질을 당해야 하는 가련한 짐승이기도 합니다.

그렇다면 예수가 왜 말도 아니고 노새도 아닌 어린 나귀를 마을에서 끌고 오라고 했는지 그 속의 뜻을 읽게 됩니다. 솔로몬 임금 이후로 이스라엘 왕국은 분열되고 그 이후 영성적으로나 물리적으로 계속 박해와 쇠퇴의 길을 걸어 결국 대가 끊기게 됩니다. 그러나 이 땅이 아

'그리스도의 예루살렘 입성(*Christ's Entry into Jerusalem*)', Pietro Lorenzetti, 1320, CC0

닌 영적인 공간에 존재하는 예수의 왕국은 세속적인 번영을 넘어섭니다. 예수가 아직 자라지 않아 짐 싣는 것도 버거울 어린 나귀를 끌고 오라 해서 탄 이유가 있을 것 같습니다. 인류의 죄라는 어마어마한 짐을 대신 지고, 거기에 더하여 채찍질을 당한 후 십자가에 매달릴 것이라는 예시를 상징적으로 보여 준 것은 아닐까요.

불교에서 부처를 낳은 마야 부인은 코끼리를 타고 가다가 부처를 낳았다고 합니다. 코끼리는 힌두교에서 가네샤, 즉 신의 상징이기도 하지만 귀족이나 왕가의 귀한 사람들이 타는 영험한 짐승입니다. 왕자로 태어나 어머니를 일찍 여읜 부처와 목수의 아들로 태어나 어머니보다 먼저 하느님께 간 예수는 탈 것조차 차이가 있는 것이 상징적으로도 의미가 있어 보입니다.

노새와 나귀의 상징을 우리의 심리에 적용해 보면, 대부분 여러 가지 노동에 시달리며 일상을 살고 참아야 하는 시기에 대한 비유 같기도 합니다. 내가 이러려고 공부를 했을까, 내가 이러려고 결혼을 했을까, 내가 이러려고 서울로 왔을까, 같은 생각들을 하게 되는 고된 노동과 희생의 시간 동안 마치 자신이 채찍질 당하며 견디는 노새나 나귀 같다는 기분이 들 수도 있습니다. 형장에 끌려가는 기분이 들 정도로 몹시 어려운 곤경에 처할 때가 인생에는 한 번 이상 있을 수 있습니다. 바로 이런 순간에 있는 약하고 불안한 인류를 위해 예수는 어린 나귀를 타고 가는 모습을 보여 준 것은 아닌지 상상해 봅니다. 특히 어린 나귀를 타고 가는 모습을 준비하면서 앞으로 어린 나귀보다 못한 상황에 처하게 된다는 사실을 넌지시 알려 주는 모습에서, 예수의 사랑은 사람뿐 아니라 모든 생물에게 똑같이 적용된 것이 아닌가 생각해 봅니다.

창세기에서는 모든 생물을 다스리고 관장하는 존재로 인간을 신이 창조한 것으로 기록하고 있기 때문인지, 그리스도교인 중에 일부는 인간과 다른 생명체와의 관계를 마치 주종 관계처럼 오해하는 경우가 있습니다. 그래서 짐승이나 식물을 독단적이거나 파괴적으로 대하면서도 마치 하느님께 허락받은 것처럼 행동하기도 합니다. 그런데 신약의 예수는 식물과 동물을 다양한 비유의 소재로 쓰고 있지만, 행간에서 따뜻함을 느낄 때가 많습니다. 마치 사람인 것처럼 비유하고 있으니까요. 무화과나무에 저주를 내릴 때도 있지만, 때로는 입고 먹을 것을 걱정하지 않는 들풀과 꽃보다 못한 존재라고 인간인 우리를 나무라기도 했습니다. 신약에서 유일하게 나귀를 타는 모습을 보인 것도, 그 이면에 많은 뜻이 있었을 것이라고 짐작하는 이유입니다.

어린 나귀를 타고 나귀보다 더 고통스럽게 채찍을 맞으며 죽음에 이르는 예수의 모습을 상상해 봅니다. 모든 것을 미리 알면서도 그 고통을 외면하지 않고 한없이 몸을 낮추고 묵묵히 견뎌낸 예수의 모습이 무겁게 다가옵니다. 우리는 말로만 예수를 사랑한다고 하지 말고, 자발적으로 나귀가 되어 십자가의 길을 가는 예수에게 등을 내어드릴 수는 없을까요. 서로에게 의존적인 인간은 사랑 없이는 한 발자국도 움직일 수 없으니, 나귀보다 오히려 더 약한 존재가 아닐까 싶습니다. 인류에게 사랑을 가르친 예수가 더 위대해 보이는 이유입니다.

생각해 봅시다

예수가 아직 자라지 않아 짐 싣는 것도 버거울 어린 나귀를 끌고 오라 해서 탄 이유는 인류의 죄라는 어마어마한 짐을 대신 지고, 거기에 더하여 채찍질을 당한 후 십자가에 매달릴 것이라는 예시를 상징적으로 보여 준 것이라 생각합니다. 어린 나귀를 타고 나귀보다 더 고통스럽게 채찍을 맞으며 죽음에 이르는 예수의 모습을 묵상해 봅시다. 자발적으로 나귀가 되어 예수에게 등을 내어드리는 십자가의 신비를 경험해 보면 어떨까요.

✝

예수에게 베드로와 유다는
어떤 제자일까

　가톨릭 신자라면 유다 이스가리옷은 예수를 팔아먹은 나쁜 제자이고 베드로는 예수의 뒤를 이은 후계자이자 교회의 종조인 훌륭한 성인이라는 생각을 가지고 있을 것입니다. 베드로는 교회의 반석이고 유다는 예수를 못 박은 사탄이라는 이미지이지요.

　한데, 신약을 자세히 읽다 보면 베드로가 정말로 훌륭한 성인이라기보다는 어쩌면 어리석고 비겁하고 심지어는 분수에 맞지 않는 희망을 가진 사람이라는 의심이 들 때가 있습니다. 예수와 비교해서 그런 것이지요. 물론 어부였던 그가 교회의 반석이 될 수 있었던 것은 우리 같은 사람들은 상상도 못 할 여러 덕성과 능력이 있었기 때문이겠지요. 때로는 4복음서와 사도행전 등을 편집한 이들이 주로 바오로와 가까운 학자나 제사장 집안 출신, 로마 시민권을 가진 지식인 등 요즘식으로 말하자면 귀족적이고 신학적인 엘리트 집단이라서 베드로를 다소 평가절하한 것은 아닐까 상상해 보기도 합니다.

예수가 당신의 수난과 부활을 예고하는 장면에서(마태 16:21-23; 마르 8:31-33; 루카 9:22) 베드로가 "(하느님께서) 은혜로우시기를 빕니다, 주님! 결코 그런 일이 주님께 닥치지 않을 것입니다"라고 말하자 예수가 "내 뒤로 물러가라, 사탄아! 너는 나에게 걸림돌이다. 하느님의 일은 생각하지 않고 사람들의 일만 생각하는구나"라고 했다는 대목은 좀 당황스럽습니다.

영어 성경에는 베드로가 예수에게 '항변했다'라는 것을 Rebuke라는 단어로 표현합니다. 이는 그리스 헬라어 Epitimao라는 단어를 번역한 것입니다. Epitimao는 '영광의 마음을 보낸다', '가치를 둔다'라는 긍정적인 뜻과 '꾸짖다', '비난하다'라는 부정적 뜻을 동시에 가진 그리스 헬라어라고 합니다. 아마도 '권위 있는 누군가에게 항변해 본다'라는 표현과 가장 비슷하지 않을까 싶습니다.

베드로는 훌륭한 스승을 모시고, 예언자의 제자로서 명예와 권위를 지니게 되는 멋진 삶을 꿈꿀 수 있게 되었으니 한껏 부푼 마음이었을 터이고, 바로 직전 예수를 '살아계신 하느님의 아들 그리스도'라고 말한 덕에 예수에게 "나는 그대에게 하늘나라의 열쇠를 주겠습니다. 그러니 그대가 땅에서 매는 것은 하늘에서도 매여 있을 것이요, 그대가 땅에서 푸는 것은 하늘에서도 풀려 있을 것입니다"(마태 16:19)라는 말을 들었기에 그야말로 세상 모든 것을 다 가진 듯한 상태였을 것입니다. 한데 바로 그 시점에 예수가 자신의 수난과 죽음 부활을 말하였으니 받아들이기 힘들었을 것 같습니다. 그런 의미에서 아마도 베드로는 원망 섞인 항변을 하지 않았을까요.

그런데 예수는 베드로에게 바로 그 시점에 "내 뒤로 물러가라. 사탄아! 너는 나에게 걸림돌이다. 하느님의 일은 생각하지 않고 사람들의 일만 생각하는구나"라고 합니다.(마태 16:23) 이 역시 히브리어 성경에는 사탄이란 단어 대신 Hasatan이라는 단어가 사용됩니다. Hasatan이란 단어는 반대자(Opponent, Adversary, Accuser)라는 뜻으로 Satan의 어원이지만, 우리가 생각하는 '마귀'와는 의미가 좀 다릅니다.

하지만 어쨌거나 바로 앞서 반석이라고 말한 것과 전혀 상반된 질책이라 베드로가 얼마나 당황했을까 싶습니다. 어쩌면 예수는 베드로라는 한 인간이 갖고 있는 천사와 사탄, 선과 악이 이중적인 본질을 꿰뚫고 있었던 것이 아닐까요. 우리에게도 그 두 가지 측면이 있다는 사실을 알려 준 것은 아닐까 생각해 봅니다.

한편 유다 이스가리옷의 죽음에 대해서는 4복음서 중에서 오직 마태오복음에만 언급되어 있습니다. "그때에 예수를 넘겨주었던 유다는 그분이 유죄 판결을 받으신 것을 보자 뉘우치고 은전 서른 닢을 대제관들과 원로들에게 돌려주면서 내가 무죄한 피를 넘겨주어 죄를 지었소 하고 말했다. 그러나 그들은 "우리에게 무슨 상관이오? 당신이 알아서 하구려" 하고 말했다. 그러자 그는 성소 쪽으로 은전을 내던지고 떠났다. 그렇게 물러가서 그는 목을 매달았다. 대제관들은 은전을 거두면서 "이것은 피값과 같으니 성전 금고에 넣어서는 안됩니다" 하였다. 그들은 의논한 끝에 그것으로 나그네들의 묘지로 쓰려고 옹기장이의 밭을 샀다. 그래서 그 밭은 오늘날까지도 '피의 밭'이라고 불리운다."(마태 27:3-8)

사도행전에는 좀 더 끔찍하게 기록되어 있습니다. "이자는 불의한

'그리스도를 부인하는 베드로(*St Peter Denying Christ*)', Gustave Doré, 1865, CC0

삯으로 토지를 샀으나, 거꾸로 떨어져서 배가 터지고 그 내장이 온통 쏟아져 나왔습니다. 예루살렘 주민들은 모두 이것을 알고 그 토지를 그들 지방말로 '하켈다마하'라 했으니 '피의 밭'이란 뜻입니다."(사도 1:18-19) 이 부분은 유다 이스가리옷이 예수를 배반해 비극적인 삶을 마친 일화를 소개합니다. 그런데 신기하게도 예수는 최후의 만찬 때 이미 유다가 배반할 것을 알아차리고 "그 사람은 차라리 태어나지 않았더라면 그 자신을 위해서 좋았을 것입니다"(마태 26:24)라고만 말하지 베드로에게처럼 혹독하게 질책하는 모습을 보이지 않습니다.

구약 복음사가들이 묘사하는 야훼 하느님의 분노나 징벌과 완전히 다른 특별한 신의 은총과 자비를 보여 주는 결정적인 신약의 장면이 아닐까 싶습니다. 가장 사랑하는 제자이지만 오만과 성급함으로 사탄에게 그 영혼을 빼앗기지 않을까 걱정해서 오히려 더 철저하게 훈육하는 모습, 반대로 자신의 수난과 죽음을 구체화한 제자에 대해서는 꾸짖음이나 저주를 하지 않았던 모습은 우리가 세속적인 잣대로 이해하지 못하는 신비의 영역이 아닐까 싶습니다.

한편으로는 제자, 후배, 혹은 자녀처럼 우리가 양육하는 대상들을 대할 때, 예수의 이런 사랑과 관용의 마음을 생각해 보게 됩니다. 자신과 잘 맞지 않는 사람은 무능하다거나 앞날이 없다는 식으로 생각하고, 자신이 좋아하는 대상은 예뻐하는 편애의 마음을 보이고 있지는 않은지. 또 뭔가 잘못을 하게 되면 끝내 용서하지 못하고 끝까지 괴롭히고 있는 것은 아닌지 반성해 봅니다. 자신을 사지로 내몰고, 죽음에 이르기까지 엄청난 고통을 겪게 한 제자에게도 한마디 저주의 말도 남기지 않은 분. 또 자신의 수제자의 어둡고 걱정되는 부분까지도 끝까지 챙긴 예수의 태도를 생각해 봅니다. 특히 키우고 가르치고 혹은 보살피느라 고생한 대상들에게 우리가 실망할 때 생각해 보면 힘이 날 것 같습니다.

생각해 봅시다

예수는 그가 가장 사랑하는 제자 베드로에게는 그의 오
만과 성급함으로 사탄에게 그 영혼을 빼앗기지 않을까
걱정하며 오히려 더 철저하게 훈육하는 모습을 보입니다.
반대로 자신의 수난과 죽음을 구체화한 제자 유다에 대
해서는 꾸짖음이나 저주를 하지 않고 내버려두었습니다.
우리가 세속적인 잣대로 이해하지 못하는 특별한 신의
훈육이자 자비의 영역이 아닌가 싶습니다.

†

예수의 유언,
십자가를 지고 나를 따르라

예수의 말씀 중에는 일종의 유언처럼 읽히는 대목들이 많습니다. 그중 한 대목이 마태오복음 16장 24-27절입니다. "누가 내 뒤를 따라오려면 자기 자신을 버리고 제 십자가를 지고 나를 따라야 합니다. 사실 제 목숨을 구하려는 사람은 목숨을 잃을 것이요, 나 때문에 제 목숨을 잃는 사람은 목숨을 얻을 것입니다. 온 세상을 벌어들인다 해도 제 목숨에 손해를 본다면 사람에게 무슨 소용이 있겠습니까? 혹은 사람이 제 목숨의 대가로 무엇을 내놓을 수 있겠습니까? 사실 인자는 자기 아버지의 영광에 싸여 자기 천사들과 함께 올터인데 그 때에 각자에게 그 행실대로 갚아 줄 것입니다." 이 대목은 마르 8:34-38 ; 루카 9:23-26 ; 요한 12:25-26 등 4복음서에 공통적으로 등장합니다. 그만큼 중요하다는 뜻일 것입니다.

그런데 이 구절은 꽤 많은 사람이 자기 편한 대로 혹은 자기의 가치관에 맞추어 이해하고 있습니다. 먼저 자기 자신을 버리고 십자가를 지고 나를 따라야 한다는 문장을 생각해 봅니다. 많은 사람이 자신의 의무, 혹은 자신을 힘들게 하는 상황이나 대상들을 '십자가'로 표현합니다. 그런데 가끔은 그런 상황까지 십자가로 표현해야 하나 싶은 때도 있습니다. 십자가라는 말을 성찰 없이 남용하는 것 같아 아쉬움이 듭니다. 자신의 영달, 부귀영화를 위해 애쓰다 보니 생기는 일인데도 마치 대단한 희생을 하고 인류애를 발휘하는 것처럼 포장하는 경우도 있습니다. 자신의 이기심 때문에, 혹은 자신의 대수롭지 않은 재주 때문에 스스로의 무덤을 파거나, 스스로 올라간 나무에서 떨어진 것인데도 말이지요.

또 "제 목숨을 구하려는 사람은 목숨을 잃을 것이요"라는 대목은 마치 이순신 장군의 '사즉생 생즉사(死則生 生則死)'와 비슷한 것 같습니다. 그런데 이 말은 『오자병법(嗚子兵法)』의 '필사즉생 필생즉사(必死則生 必生則死)'라는 말을 이순신 장군이 인용했을 수 있습니다. 『오자병법』의 원전에는 '범병전지장 입사지지(凡兵戰之場 立屍之地)'라는 말이 먼저 나옵니다. 전쟁터는 사람들이 죽어가는 곳이라 '죽기를 각오하여야 살지 행운을 기대하면 죽는다'라며 군인들을 독려하는 말입니다. 그렇다면 예수의 삶과 죽음은 이순신 장군 등 군인들의 삶과 죽음과는 차원이 다르다는 것을 알게 됩니다.

그럼에도 이 대목을 치열한 경쟁에서 살아남아야 한다는 세속적인 주문으로 이해하는 이들도 있습니다. 즉, 목숨 걸고 일해야 출세한다, 목숨 걸고 싸워야 정권을 잡는다, 하는 식으로 편하게 해석하고 스스로의 충동적이고 본능적인 이기심을 마치 예수의 가르침인 양 호도하고 포장하는 것입니다. 실제로 그리스 헬라어 원문에서는 '목숨'이 Psyche 즉 영혼, 혹은 마음으로 기록됩니다. 따라서 이 부분에서 '목숨에 손해를 본다면'이라는 대목은 육체의 손해가 아니라 영혼의 손해라고 이해해야 합니다. 그러니 목숨 걸고 세속의 일에 투쟁하라는 주문으로 읽는다면 완전한 오독입니다.

또 어떤 사람들은 이 부분을 자신의 육체적인 건강이라고 해석하기도 하고, 관계에 목매 달지 마라, 나의 행복이 중요한 것이다, 라고 말하기도 합니다. 물론 자신의 건강을 소중하게 생각하는 것이 나쁜 일은 아니지만 예수가 주문한 것은 작은 자아에 대한 집착을 버리고 큰 자기가 추구하는 하느님에 대한 사랑과 헌신이기 때문에 본래의 의미가 엄청나게 축소된 것일 수도 있습니다.

살면서 원래 갖고 있던 순수한 꿈, 열정, 기개 같은 것은 점점 사라지면서 그저 작은 일에 집착하게 되고 욕심을 부리게 되는 것이 우리의 본질이 아닌가 하는 생각이 듭니다. 아프거나 나이가 들면 자신감이나 능력이 떨어집니다. 반대로 두려움, 공포, 피해의식 같은 자신에 대한 부정적인 태도는 점점 더 쌓이지요.

예수가 죽음을 앞두고 제자들에게 주문한, 목숨을 버리고 십자가를 지고 나를 따르라고 했던 말을 다시 생각해 봅니다. 길을 잃고 주저앉아 있을 때, 인생의 의무와 책임과 고통이 마치 예수의 십자가처럼 무겁게만 느껴질 때, 이 말은 "너도 나처럼 십자가를 지고 있구나"라고 위로하는 말로 다가옵니다. 예수가 손을 잡고 등도 밀어주는 격려의 처방전은 아닐까 싶습니다.

생각해 봅시다

자기 자신을 버리고 십자가를 지고 나를 따라야 한다고
한 예수의 말씀은 유명합니다. 그래서 많은 사람이 자신
의 의무, 혹은 자신을 힘들게 하는 상황이나 대상들을
'십자가'로 표현하기도 합니다. 십자가를 진 것처럼 느끼
는 우리를 위로하는 예수의 처방전으로 바꿔 생각해 봐
도 좋을 것 같습니다. 예수의 격려의 처방을 받고 잠시나
마 무거운 짐을 내려놓으시기 바랍니다.

✝

삶의 마지막을
준비하는 법

    나이 들면서 성격이 갑자기 변한 사람에게, "죽을 때가 가까웠나" 하는 말들을 툭 던지는 경우가 있습니다. 무의식이 자신의 죽음을 눈치채기 때문에 갑자기 죽음을 준비할 수도 있고, 또 실제로 뇌에 변화가 일어나 전혀 다른 사람처럼 변하는 수도 있습니다. 죽기 전의 변화는 서로를 용서하고, 정말 사랑했던 사람에게 다가가서 하지 못했던 말을 하는 등 낭만적인 영화에서처럼 아름답고 긍정적이지만은 않습니다. 전두엽 쪽에 병이 생기면 오히려 더 난폭해지고, 더 수치심을 모르는 사람이 되기도 합니다.

    장수 시대인 지금은, "철들자 노망난다"는 옛말과는 조금 다르게, 꽤 많은 사람이 죽기 전 자신의 삶에 대해 충분히 숙고하고 정리할 시간을 갖습니다. 하지만 인생은 단순히 산수로 계산하듯 적용되는 것이 아니라서, 늙을수록 더 추하고 더 초라해질까 봐 많은 이들이 걱정합니다. 실제로 그런 노인들을 보면서 젊은이들도 같이 힘들어합니다.

이런 상황과 관련 있는 대목 중 하나가 마태오복음 17장 예수의 '변모사화'입니다. 우선 이 대목은 "여기 서 있는 사람들 가운데는 인자가 자기 나라에 오는 것을 볼 때까지 죽음을 맛보지 않을 사람들이 있습니다"(마태 16:28;마르 9:1;루카 9:27)라는 수수께끼 같은 말을 한 뒤 엿새 지나 일어나는 사건입니다. 같은 말을 마르코복음 9장 1절에서는 '하느님의 나라가 권능을 떨치며 오는 것을'이라고 씁니다. 이를 청중들이 살아 있는 동안에 역사의 종말이 닥친다는 예수의 '종말 시한어'라고 정의하는 사람들이 있습니다. 종말이 임박했다고 확신하는 말세신앙과 연결됩니다.

이 부분에 대해서는 두 가지 해석이 있습니다. 첫 번째는 일주일 후에 닥칠 예수의 영광스러운 변모와 그가 아버지의 영광 속에 다시 돌아온다는 해석입니다. 두 번째는 사람의 아들이 갖고 있는 권위와 왕국이 예수의 부활 후 교회로 다시 내릴 것이라는 해석입니다. 신학적인 해석에 대한 판단 능력은 없으나 예수가 말하는 '죽음을 맛보지 않을 사람'이라는 말은, 진시황식의 장수와 신체적 영생은 아니라는 점은 확실하다고 생각합니다.

이 말을 한 후 예수는 야고보와 그 동기 요한 그리고 베드로를 데리고 높은 산으로 올라갑니다. 그런데 그분의 얼굴이 해와 같이 빛나고 옷도 빛과 같이 희게 됩니다. 그리고 모세와 엘리야가 나타나 그분과 이야기를 나눕니다. 이 부분은 엘리야가 회오리바람에 실려 하늘로 올라갔다(2열왕 2:11)는 대목과 요세푸스의 『유대 고대사』에 나오는, 모세가 죽지 않고 산 채로 승천했다는 유대의 전승과 연결할 수 있습니다. 그리고 예수가 엘리야와 모세를 잇는 메시아이자 하느님의 아들이라는 점을 확인시켜 주는 대목이기도 합니다.

이 장면은 이스라엘의 동북쪽에 있는 헤르몬(Hermon)산에서 일어난 일이 아닐까 하고 추측합니다. 그리 높지 않은 이스라엘의 산들과 달리, 헤르몬산은 해발 2,000m가 넘기 때문에 초여름에도 눈이 녹지 않는다고 합니다. 그런데 전후 사정으로 봐서 예수가 제자들을 이끌고 이 산으로 올라갈 때는 수난과 부활 전 시기이니 눈이 어느 정도 있었을 것이라 짐작됩니다. 그런데 선글라스 없이 설산에서 며칠 머물다 보면 설맹이 생길 수 있습니다. 일시적이라 대부분 다시 내려오면 회복이 되는데, 예수는 그들 앞에서 모습이 변하였으니, "그 옷은 이 세상의 어떤 마전장이도 그렇게 희게 할 수 없을 만큼 새하얗게 번쩍였다"(마르 9:3)라는 묘사가 어쩌면 그런 현상 때문이 아닐까 하는 과학적인 추측을 감히 해보게 됩니다. 이때 환시나 착시 현상도 일어날 수 있어 모세나 엘리야의 모습이 예수와 겹쳐 보일 수도 있지 않을까 하는 조금은 발칙한 상상도 해봅니다.

과학적으로 검증하는 것보다 중요한 것은 예수와 제자들의 이런 장면이 성경에 기록된 이유는 무엇이고 그것을 어떻게 읽고 묵상하느냐는 것입니다. 예수의 변모는 곧 있을 십자가에서의 수난과 부활을 준비하기 위해 꼭 필요한 과정이었습니다. 당시 제자들로서는 모세나 엘리야에 버금가는 분을 모시게 되었으니 가슴 뛰는 순간이었을 것입니다. 그런데 예수는 이에 대해 아무에게도 이야기하지 말라고 했습니다. 모세나 엘리야와 함께했다는 사실은 이미 예수가 삶과 죽음의 차원을 넘어선 경계에 이른 것이라는 뜻으로도 읽힙니다.

평범한 우리는 죽음이 어느 날 갑자기 찾아오는 것이므로, 사는 날까지는 죽는다는 사실을 잊고 열심히 살면 된다는 생각을 갖고 있습니다. 그래서 말기 암 환자도 죽는 그날까지 열심히 암과 투쟁하면서 사는 것을 영웅적이라고 말하기도 합니다. 그런데 예수는 당신의 죽음을 이미 알고 모세나 엘리야의 혼을 만나기 위해 가장 높은 산으로 올라갑니다. 가장 사랑하는 제자들을 데리고 간 것은 그런 족적을 조금이라도 경험하고 그것을 두고두고 새기라는 뜻은 아니었을까요.

수수께끼 같은 대목이긴 하지만, 죽음을 준비하기 위해 우리가 해야 할 것들이 무엇인지 가르쳐 주는 중요한 메시지가 담겨 있는 것 같습니다. 우리는 모두 죽음을 향해 가고 있습니다. 먼저 죽은 사람들에게 무엇을 배워서 준비해야 할지는 각자의 선택일 것입니다. 진시황같이, 영원히 죽지 않을 것처럼 삶에 집착한 이들과 달리 매일 성스러운 죽음을 준비하면서 사는 사람들의 삶은 많은 차이가 있습니다.

예수의 죽음 준비와 완전히 반대편 쪽에 헤로데 아그리파 1세 왕이 있습니다. 그의 재위 시기는 41-44년이니 예수가 죽은 후 10년이 지난 일입니다. 사도행전 12장 20-23절은 간단하게 헤로데 아그리파가 1세가 어떻게 죽었는지 묘사하고 있습니다. 헤로데 아그리파 1세는 성전을 건축한 헤로데 1세의 손자이고 그다음 왕인 헤로데 안티파스의 조카입니다. 그의 아들 헤로데 아그리파 2세에 이르러 전쟁이 나서 이스라엘은 완전히 멸망하게 됩니다. 헤로데 아그리파 1세는 띠로와 시돈 사람들과 분쟁 관계에 있었는데 평화조약을 맺기로 한 날 용포를 입고 옥좌에 앉아 멋진 연설을 합니다. 사람들은 그를 신으로 추앙하게 됩니다. 그러자 주님의 천사가 헤로데 아그리파 1세를 내리쳐서 벌레에 먹혀 죽게 됩니다.

예수의 죽음과는 정반대로 다른 모습입니다. 성경에는 생각 외로 지옥에 대한 묘사가 많지 않은데 마르코복음 9장 48절에는 "지옥에서는 그들의 구더기도 죽지 않고 불도 꺼지지 않습니다"라는 문장이 나옵니다. 이사야는 야곱의 자손들을 벌레들이라 했고(이사 41:14) 다윗은 자신을 벌레요 백성들의 조롱거리(시편 22:6)라고 비하한 바 있습니다. 지옥에 대한 이미지는 성경 기자보다는 단테의 상상력과 더 연결된 것일지 모릅니다. 카프카의 변신은 벌레로 변한 자신이 가족과 사회로부터 소외되는 과정이 주제이지요. 우리는 때로 벌레보다 못한 인간이 된 것 같은 때가 있고, 또 상대를 벌레 취급할 때도 있습니다. 양쪽 다 인간으로서의 존엄을 상실하는 순간이 아닐까요.

그렇다면 헤로데 아그리파 1세가 벌레에 먹혀 죽었다는 것을 중의적으로 해석할 수도 있지 않을까 싶습니다. 지옥불에 떨어졌다는 뜻일 수도 있지만, 벌레 같은 백성들에 의해 며칠 동안 죽임을 당했다는 것을 우회적으로 표현했을 수도 있습니다. 죽는 그 순간까지 자신이 신의 반열에 이른 듯 연설을 하며 한껏 고조되었지만 결국 버러지보다 못한 죽음을 맞았던 헤로데 아그리파 1세의 마지막은 예수의 죽음 및 부활과 대조되는 장면입니다.

생각해 봅시다

우리는 모두 죽음을 향해 가고 있습니다. 먼저 죽은 사람들에게 무엇을 배워서 어떻게 준비해야 할지는 각자의 선택일 것입니다. 영원히 죽지 않을 것처럼 삶에 집착한 이들과 달리 매일 성스러운 죽음을 준비하면서 사는 사람들의 삶은 많은 차이가 있습니다. 십자가형을 당하기 전 죽음을 준비하는 예수의 모습을 보면서 삶의 마지막에 무엇을, 어떻게 준비해야 할지 생각해 봅시다.

게쎄마니에서의
기도

　게쎄마니에서의 기도는 요한복음 14장의 마지막 고별담화와는 다르게 매우 개인적이며 인간적으로 고뇌하는 모습이 담겨 있습니다. 예수는 최후의 만찬을 함께하고, 베드로가 부인할 것까지 예고한 후 제자들로부터 조금 떨어져 게쎄마니로 갑니다. 게쎄마니는 예언자 에제키엘과 즈카르야가 올리브산에서 예루살렘으로 오는 메시아의 환상을 본 곳입니다. 게쎄마니는 올리브기름을 짜는 기구라는 뜻이 있다고 합니다.

　이 시기는 예수를 따르던 군중이 모두 사라지고 12명의 제자만 끝까지 예수 곁에 남아 있던 시기입니다. 예수는 그중에서 베드로와 제베대오의 두 아들 야고보와 요한만 데리고 가면서 당신의 영혼이 죽도록 근심에 싸여 있고, 제자들은 여기 머물러 깨어 있으라고 당부합니다. 그리고 수난 시간이 당신을 비켜 가게 기도합니다.

그리고 마지막으로 '아빠(Abba, Father)'라고 하느님을 부릅니다. 예수가 오기 전 유대인들은 기도 중에 하느님을 아빠라고 부르지 않았다고 합니다. Abba는 어린아이들이나 청소년들이 아버지를 부를 때 쓰는 단어였다는 설도 있어서 특히 예수가 하느님 앞에 어린아이처럼 자신의 모든 유약함을 전면에 드러낸 것이 아니었나 짐작해 봅니다.

아무리 지식이나 이름으로 치장을 해도 죽음 앞에서 우리는 아버지 어머니를 찾는 어린아이가 되지 않을까 싶습니다. 두렵고, 외롭고, 무서워, 어린 시절 전지전능하게 느껴졌던 부모를 찾던 순간으로 돌아가 버리는 것이지요.

예수도 마치 어린 자녀처럼 "아빠 아버지, 아버지께서는 어떤 일이든 하실 수 있사오니, 이 잔을 저에게서 거두어 주소서"(마르 14:36)라고 했다는 것입니다. 그러나 기도의 마침은 어리광이 아니고 "제가 원하는 대로 하지 마시고 아버지께서 원하시는 대로 하소서"였다고 복음사가는 기록합니다. 올리브기름을 짜는 기구가 있던 곳에서 피처럼 땀을 흘리면서 홀로 기도하는 동안 다른 제자들은 모두 잠을 이기지 못했습니다(아무도 예수가 기도하는 바를 듣지 못했을 터인데, 나중에 예수가 이 내용을 이야기해 주었을까요. 아니면 성령이 그렇게 적도록 했을까요. 조금은 궁금해집니다).

이 장면에서 독재자와 맞서 싸우는 민주화 운동 과정 중에 자주 등장했던 "깨어나라, 각성하라"라는 구호를 연상할 수도 있고, 또 자신이 누구인지 모른 채 집단무의식이 시키는 대로 아무 생각 없이 그냥 세월을 흘려보내는 어리석은 대중의 모습을 떠올릴 수도 있습니다. 자신의 콤플렉스에 사로잡혀 '참 자기'는커녕 자아에 대해 통찰하지 못

'겟쎄마니에서의 기도(*Orazione nell'orto*)', Andrea Mantegna, 1455, CC0

하고 거의 잠에 취한 듯 사는 우리의 모습이 연상되기도 합니다.

그런 제자들에게 영은 영원하나 육은 연약하니 유혹에 빠지지 않도록 기도하라고 당부한 후 예수는 다시 떠나 기도를 합니다. 이런 장면이 세 번 거듭된 후, 예수는 결국 "아직도 자고 쉬어야겠소? (그만하면) 됐습니다. 시간이 닥쳤습니다. 이제 인자가 죄인들의 손에 넘겨집니다"(마태 14:41-42)라고 말하고 스스로 칼과 몽둥이를 들고 있는 대중에게 다가갑니다. 이때 대중의 모습은 일종의 집단 히스테리, 혹은 집단 광기에 가까운 모습이었던 것 같습니다. 기도 중에 이미 이런 장면이 펼쳐질 것을 예측했기에 제자들에게 깨어나 있을 것을 더 요구하지 않았을까 싶습니다.

예수의 인간적인 마지막 기도를 보면서, 예수가 죽음을 홀로 준비했듯, 우리도 죽음의 준비를 비롯해 인생의 고통을 극복하는 과정을 결국 외롭게 각자 겪는 몫이 아닐까 하는 생각을 해봅니다. 매스미디어에서는 '청년 고독사'니 '외로운 노년'이니 하며, 죽을 만큼 힘들 때는 여러 명에게 둘러싸여 각별한 보살핌을 받아야 한다고 주장합니다. 물론 주변에 그런 이들이 있으면 도와야 하는 것이 사람으로서의 책임입니다. 하지만 아픈 그 순간 과연 많은 사람이 나를 둘러싼다고 해서 죽음이라는 실존적 질문 앞에 답이 될까요. 또 여러 명이 번갈아 가면서 나를 돌봐 주어야만 노년이 꼭 행복할까 하는 생각도 해봅니다. 어차피 죽음으로 가는 과정에서 느끼는 통증과 불편함은 다른 그 누구도 대신해 줄 수 없으니까요. 병원에 들어가 엄청난 비용을 들여가며 복잡한 튜브와 인공호흡기와 강제 영양 주입을 견디어가며 약물에 절어 영혼은 피폐해진 채 죽어가는 사람이, 돌이킬 수 없는 순간이 되면 곡기를 끊고 자신의 침상에서 조용히 마지막 기도를 마칠 수 있는 사람보다 과연 더 행복한 것일지 묻고 싶습니다.

극심한 아픔과 모두를 떠나야 하는 죽음은 모두에게 고독한 과정이 될 수밖에 없습니다. 죽음은, 자신의 존재 그 자체가 갖고 있는 진실과 오직 나 자신만 대면할 수밖에 없는 엄중한 순간입니다. 그렇기 때문에 바로 그 순간, 내 고통을 오롯이 이해해 줄 오직 한 분, 하느님께 더 가까이 다가갈 기회가 주어진 것인지도 모릅니다. 병자성사의 의미도 그런 준비를 하라는 뜻이 아닐까요.

죄없이 수난을 당해야 하는 시간 앞에서 예수는 나약함, 걱정, 근심을 그대로 드러냈지만, 그 감정을 이겨내고 하느님께 어린아이처럼 자신을 맡기겠다고 결심합니다. 이 장면은 엄청난 좌절과 고통 속에 있을 때 어떤 기도를 해야 하는지 알려 주는 것 같습니다.

분석심리학자 마리-루이제 폰 프란츠는 파킨슨씨병을 앓으면서 자신의 몸이 더 이상 자기 의지대로 되지 않고 있을 때, 또 통증과 불편함으로 시시각각 죽음이 가까워옴을 알게 될 때, 진정한 자기완성이 실현될 수 있다는 말을 남긴 바 있습니다. 예수가 말했듯 "제가 원하는 대로 하지 마시고 아버지께서 원하시는 대로 하소서"라는 기도가 어쩌면 삶의 완성이 아닐까 하는 생각도 합니다.

예수의 기도는 특히 자신이 원하는 것이 무엇인지 알리기 바빠서 하느님으로부터 멀어져 가는 평범한 이들의 기도와는 다른 지점에 위치합니다. 하느님 앞에서 열심히 자신의 욕망에 대해 미사여구로 합리화한 후 그 기도를 들어주지 않았다고 원망하는 우리와, 하느님께서 원하시는 대로 하시라면서 자신을 놓아 버리는 예수의 기도는 완전히 다른 것 같습니다.

예수는 목숨을 버리고, 모멸과 수난을 선택했지만, 피땀을 흘리는 기도 중에 하느님을 아빠라고 부를 수 있을 만큼 가까이 다가갔습니다. 자신의 능력을 과신하며 마치 신이라도 된 양 모든 것을 세속적인 성공과 성취에만 집중하다 죽음을 맞게 되는 헤로데 왕가 같은 권력자들은 감히 상상도 하지 못할 기도의 신비한 힘이 아닐까 싶습니다.

게쎄마니에서의 일화는 기도의 신비를 알려줍니다. 예수는 죄없이 수난을 당해야 하는 시간 앞에서 나약함, 걱정, 근심을 그대로 드러냈지만, 그 감정을 이겨내고 하느님께 어린아이처럼 자신을 맡기겠다고 결심합니다. 엄청난 좌절과 고통 속에 있을 때 어떤 기도를 해야 하는지 몸소 보여 주는 예수의 신비에 대해 생각합시다.

예수가 가면
오는 분

요한복음 16장 4-15절에는 예수가 고별 인사를 하면서 자신이 죽은 뒤 장차 제자들에게 무슨 일이 일어날지 이야기합니다. 그리고 예수가 떠난 후에 '다시 오는 분'이 있다고 약속합니다. 그리스 헬라어로는 Parakletos, 즉 Helper, Advocate라고 합니다. 그리고 자신이 떠나야 제자들에게 이익(Sympherei)이라고 말합니다. Sympherei는 '도움이 된다'라고도 번역할 수 있습니다. '다시 오는 분'을 『200주년 신약성서』에서는 '협조자'라고 번역했는데, 『NIV Study Bible』에는 Council이라고 나와 있습니다.

이 협조자가 누구인지는 요한복음 14장 16-18절에 자세히 설명되어 있습니다. "아버지께서는 다른 협조자를 여러분에게 붙여 주실 것입니다. 그분은 영원히 여러분과 함께 계실 것입니다. (그분은) 진리의 영이십니다. 세상은 그분을 본 적도 없고 알지도 못하기 때문에 그분을 받아들일 수가 없습니다. (그러나) 여러분은 그분을 알고 있습니다. 그것은 그분이 여러분과 함께 머무시고 또 여러분 안에 계시기 때문입니다. 나는 여러분을 고아들처럼 버려두지는 않을 것이며, 여러분에게로 돌아옵니다."

여기서 진리의 영은 그리스 헬라어로 Pneuma이고 Pneuma는 영어로 Spirit으로 번역이 됩니다. 예수는 죽지만 영이 당신들을 돌보아 줄 것이니, 고아(Orphanous)로 남지는 않을 것이라고 합니다.

이 구절을 예수가 부활할 것이라는 구체적인 사건으로 이해할 수도 있지만, "나는 평화를 여러분에게 남겨 두고 갑니다"(요한 14:27)라는 대목과 연결시켜, 영이 되어 제자들과 신도들을 돌볼 것이라는 약속이라고 해석할 수 있습니다.

사랑하는 가족이나 친구, 스승이 세상을 뜨게 되면 우리는 큰 상실감을 겪게 됩니다. 그래서 이를 정상적인 애도 반응(Mourning)이라고 표현합니다. 사랑하는 이들의 죽음 앞에서 깊은 슬픔을 느끼는 것은 우울증이 아니며 꼭 필요한 과정입니다. 슬픔을 충분하게 느끼면서 먼저 떠난 분들이 우리에게 남긴 것은 무엇인지, 대상과 함께했던 시간에는 어떤 의미가 있는지, 떠나야 했던 상황이라면 그 과정 중에 우리가 무엇을 경험하고 배운 것인지, 먼저 떠난 사람을 위해 살아남은 사람들은 무엇을 해야 하는지 생각하고 실천해야 할 과제들이 너무나 많습니다.

그러나 상실과 애도가 크면 많은 이들이 무기력, 좌절, 고립감, 외로움 등에 빠져 먼저 간 사람들을 그리워하면서 정상적인 생활을 하지 못하게 됩니다. 저는 예수가 '고아'라는 단어를 쓴 것에 큰 의미를 둡니다. 융 심리학에서는 '고아 원형'이라는 심리 용어를 자주 씁니다. 아직 성숙하지 못했고 혼자 설 수도 없는데 상황에 의해, 혹은 사랑하는 사람이 먼저 떠나는 바람에 버려지고 혼자 남을 때, 우리 무의식에 있는 아주 어리고 무기력한 고아 같은 심정이 의식으로 떠오릅니다. 아무것도 할 수 없을 것처럼 막막한 마음이고 앞으로 어떻게 살아야 할지 공포가 느껴집니다. 이럴 때 누군가가 손을 내밀고 도와준다면 큰 위로가 되지만, 때로는 그 어떤 손길도 도움이 되지 않는다고 생각할 수도 있습니다.

그래서 예수는 자신이 떠나면 '도움을 주는 성령'이 온다고 말한 것입니다. 그리고 그분이 할 일까지 미리 말해 줍니다. "그분이 오시면 세상을 책망하시며 죄와 의로움과 심판에 대해서 (밝혀 주실 것입니다)."(요한 16:8)

예수는 스스로 세속적인 죄인들을 심판할 것이라고 하지 않고 용서해 달라는 기도를 했습니다. 제자들은 엄청난 혼란 상태에 빠졌을 것입니다. 그동안 믿었던 가치관과 믿음이 뿌리째 뽑히는 기분이었을 것입니다. 예수는 이런 상황에 대한 해답으로 성령이 다시 돌아올 것이며 성령에 의해 정의가 다시 세워질 것이라 말합니다.

그렇다면 그 성령은 어떤 모습일까요. 어떤 사람들은 그야말로 제2의 예수가 돌아온다는 믿음을 가졌습니다. 하지만 바오로는 "마지막 아담은 생명을 주는 영이 되었습니다"(1코린 15:45)라며 예수 그리스도가 마지막 아담이라고 못박습니다. 수염도 기르고 머리카락도 휘날리며 영화나 소설에 등장하는 예수 비슷한 그런 인간이 오는 것이 아니라는 뜻입니다.

구체적이고 세속적인 지도자가 아니라 영의 형태로 정의를 바로 세우는 예수의 모습이 요한 묵시록에는 "너는 회개하여라. 그렇지 않으면 내가 곧 너를 찾아가서는 내 입의 칼을 가지고 그들과 싸우겠다"(묵시 2:16)라고 표현됩니다. 복음서와 사도행전 등 신약이 쓰인 당시 유대인들은 67년 성전 파괴 이후 완전히 왕국이 멸망하고 뿔뿔이 흩어지는 난민 신세가 되었기 때문에 무척 절박한 마음으로 예수의 재림을 기다렸을 것입니다. 그래서 요한복음이나 요한 묵시록에서 예수가 다시 온다는 뜻을 혁명가, 힘센 장군이나 왕의 모습, 혹은 대단한 마술을 부리는 이가 오는 것으로 기대했는지도 모릅니다. 시몬 마구스(Simon Magus, 혹은 마법사 시몬) 같은 사람들이 백성을 홀려서 자신을 신의 위대한 화신이라고 믿게 한 배경이기도 합니다.

지금도 우리는 죽음의 그림자가 깊어지면 질수록, 외로움이 짙어질수록 그런 마법사 같은 지도자를 원하고 있는 것은 아닌지요. 그래서 단숨에 이 사회의 모순과 정의롭지 못한 일들을 해결해 주길 원하는 것은 아닐까요.

생각해 봅시다

예수의 죽음 뒤에 다시 오는 분은 어떤 모습일까요? 우리는 사회의 모순과 정의롭지 못한 일들을 단숨에 해결해 줄 마법사 같은 지도자를 원하고 있지만 그런 구체적이고 세속적인 지도자의 모습으로 오지는 않을 것입니다. 다시 오는 분은 진리의 영으로 우리 곁에 올 것이기 때문입니다. 이를 알아보는 지혜의 눈을 키워야 할 때입니다.

예수의 적은
누구인가

악마의 존재를 동화나 신화처럼 소박하게 묘사한 창세기나 욥기와는 달리 신약에는 악한 존재 악마에 대한 묘사가 다양하고 복잡하게 기록돼 있습니다. 한글로는 모두 악마나 사탄으로 번역하지만 그리스 헬라어 경전에서는 차이를 두고 묘사하고 있습니다.

첫 번째로 Demon이란 단어가 있습니다. 구약의 신명기와 시편에 각각 한 번씩 언급되는 것과 달리 신약에는 4복음서에서 요한 묵시록까지 매우 빈번하게 언급되고 있습니다. 대부분은 요즘식으로 해석하면 이상한 정신 증상을 가진 이들에게서 나타나는 악령을 일컫는 말이라고 할 수 있습니다. 그리스 헬라어 원문은 Daimonion인데, 그리스 문화에서 다이모니온은 반드시 악하기만 하지는 않고 인간에게 다양한 영향을 미치는 신령스러운 존재이기도 합니다.

두 번째로 Devil 즉 Diabola는 신약에만 언급이 됩니다. 아마도 헬레니즘 문화의 영향이 아닐까 싶은데, Demon보다 훨씬 극악하거나 폭력적이고 파괴적인 부분이 있어서 영어로는 중상모략(Slander), 살인자 같은 강한 말로 번역이 되기도 합니다. 신약에도 Demon은 그저 쫓아 내면 되는 나쁜 영인데 반해 Devil은 지옥에 떨어질 정도로 고약한 존재입니다. 그래서 요한복음 6장 70절에서는 유다 이스가리옷을 넌지시 지칭하면서 "여러분 가운데 하나는 악마입니다"라고 말하기도 합니다. 또 루카복음 8장 12절에서는 "길가에 있는 것들은, 듣기는 했는데 그 뒤 악마가 와서 마음에서 말씀을 빼앗아 가"라고 훨씬 더 야랄하고 능동적인 존재로 표현하고 있습니다.

그런데 1요한 4장 2-3절에서 "예수 그리스도께서 육화하여 오셨다고 고백하는 모든 영은 하느님에게서 난 것입니다. 그리고 예수에 관해 그렇게 고백하지 않는 모든 영은 하느님에게서 난 것이 아닙니다. 그것은 반그리스도의 영입니다"라고 적시하고 있습니다. 2요한 1장 7절에도 "사실 속이는 자들이 많이 세상에 나왔습니다. 그들은 예수 그리스도께서 육화하여 오신 것을 고백하지 않습니다. 이런 자는 속이는 자이며 반그리스도입니다"라고 나옵니다. 이 구절은 저들이 무슨 짓을 하는지 모르니 그 죄를 용서해 달라고 하느님께 청했던 예수의 마지막 기도와는 많이 다릅니다. 1요한과 2요한의 이 부분은 요한묵시록과도 연결되어 나중에 그리스도교가 이분법적인 사고와 잣대로 많은 분쟁에 휩싸이게 되는 단초가 되기도 합니다.

그렇다면 이 구절이 등장한 배경은 무엇일까요. 어떤 성경주석학자들과 교회사학자들은 반그리스도라는 개념을 1요한과 2요한 그리고 요한 묵시록이 쓰였을 때 상당히 유행하던 영지주의 운동과 연결시켜 이해합니다. 그중에도 가현설(Docetism)을 주창한 바실리데스(Basilides) 같은 영지주의자들은 예수가 육화된 것이 아니라, 육신을 가진 것처럼 보이는 환상일 뿐이라며 예수의 인간성과 몸을 부정하는 교리를 펼칩니다. 한편 영지주의 중 하나인 마르키온주의자(Marcionism)들은 우주에는 두 명의 신이 있는데, 하나는 예수고 반대쪽에는 그보다 수준이 낮은 신으로 구약의 히브리 창조신이 있다고 주장하면서 예수는 유대의 메시아가 아니라 선한 신의 현현이라고 주장한 바 있습니다. 플라톤주의에 영향을 받아 일종의 이분법적인 세계관으로 예수의 존재를 설명하는 교단들이었습니다.

이밖에도 페르시아 지방에서 유행했던 마니교가 있습니다. 선한 빛의 신과 악한 어둠의 신을 철저하게 이분법적으로 믿는 영지주의자들이었습니다. 위세가 대단해서 동쪽으로는 남중국에까지 뻗쳤고 명나라 시기까지 존재했다고 합니다. 마니교는 특히 창조 과정을 매우 세밀하게 묘사하고 자신들만의 우주론을 펼치기도 했습니다.

영지주의, 즉 지적인 작업으로 신앙 세계를 펼쳤던 이들이 당시 상당히 위세를 펼쳤기 때문에 그리스도교 신자들은 이스라엘이 멸망한 이후, 로마의 헬레니즘 문화와 영지주의 또 메소포타미아 지방의 조로아스터교를 의식하면서 자신만의 독자적인 교리를 발전시켜야 했던 사회 문화적 배경을 상상하게 됩니다.

"내가 간 후 성령이 다시 올 것"이라는 예수의 말이 결국 테르툴리아노(Tertullian, 2세기경의 교부)가 처음 주장하기 시작한 삼위일체(Trinitas: 성부, 성자, 성령이 한 하느님이라는 뜻으로, 세 위격(位格)이 서로 구별됨과 동시에 하나의 신성(神性)을 이룬다는 뜻) 교리로 발전하면서 제1차 니케아 공의회(325년)를 통해 교황청의 교리로 결정됩니다.

예수가 살아 있을 당시에는 삼위일체 교리나 교회법, 심지어는 신약이라는 단어조차 없을 때입니다. 그래서 예수가 그저 유대의 랍비냐, 아니면 메신저 역할을 하는 메시아냐 하는 논쟁도 계속되었던 것 같습니다. 그러나 예수가 자신이 심판하러 온 것이 아니라 용서하고 화해하고 사랑하기 위해 온 것이라 말했기 때문에 후세의 제자들에게서 시작된 '적그리스도'라는 개념이 결국 그리스도교에 어떤 부정적인 영향을 미치게 된 것이 아닌지 고민하게 됩니다.

불교에서두 일종의 바 부처적인 존재들이 있습니다. 가리왕(Kalinga, 歌利: 전생에 부처의 사지를 찢었던 인물), 앙굴마라(손가락으로 목걸이를 걸고 다닌 살인마인데 결국 귀의한 인물), 데바닷타(부처의 사촌이자 아난다의 형인데, 질투로 교단을 분열시켰습니다. 제파달다라고도 합니다), 아소카왕(이복동생 99명을 죽이고 왕이 되었지만 결국 부처에게 교화되는 존재) 등입니다. 악독한 이들도 부처의 자비로 새롭게 탄생한다는 신화들입니다.

예수 시대뿐 아니라 현대까지 사람들은 서로를 적이자 악한 존재라 지칭하면서 끝없이 싸우고 있습니다. 악마, 사탄, 적그리스도, 모두 자신의 악한 면은 보지 못하고 외부의 누군가에게 자신의 악한 부분을 투사하는 심리적인 자기방어와 연결되어 기능하고 있습니다. 예수가 쫓아낸 악령이 돼지에게 가 물속으로 들어간 일화를 심리적으로 이해해 본다면, 투사의 심리 기제로 괴로울 때, 자신이 돼지나 다름없는 존재로 가고 있는 것은 아닌지, 또 무의식의 바다에 빠져 죽음의 세계로 들어가고 있는 것은 아닌지 살펴보면 어떨까요.

생각해 봅시다

예수는 자신이 심판하러 온 것이 아니라 용서하고 화해하고 사랑하기 위해 온 것이라 말했습니다. 그러니 심판하지 말고, 판단하지 마십시오. 우리의 적을 꼭 외부에서만 찾으려 하지 마십시오. 자신의 악한 면을 되돌아보고 이를 정화하도록 노력하는 가운데 사랑의 신비가 드러날 것입니다.

스스로 선택한
모욕과 조롱

사람 사이의 소통을 더 원활하고 더 편리하게 하려고 만든 SNS와 관련된 기술 발전이 때로는 역설적으로 인간관계를 더 왜곡시키고 불안하게 하고 있습니다. 특히 손가락만 움직이면 얼마든지 누군가를 공개적으로 망신시키고 조롱하며 조리 돌림할 수 있으니, 직장이나 학교에서 이른바 따돌림, 집단 괴롭힘 등이 자주 발생합니다. SNS가 발전하지 않았던 시절, 기껏해야 공동체 내에서 사람들이 옹기종기 모여 죄 없는 누군가를 속죄양으로 만들어 모욕하며 괴롭히던 때보다 훨씬 더 악하고 죄의식 없는 집단 콤플렉스에 빠지게 되는 것 같습니다. 몇 명과 갈등이 있기만 해도 마음이 괴롭고 견디기 힘든데, 나를 향해 많은 이가 손가락질하고 비난한다면 당하는 사람은 억장이 무너질 것입니다.

예수가 전 부대, 거의 1,000명에 이르는 로마 군인에게 모욕을 당하는 장면(마태 27:27-31 ; 마르 15:16-20 ; 요한 19:2-3)을 돌아봅시다. 그전까지 많은 이들이 예수를 추앙하고 따라다녔지만, 사실 예수는 다른 사람 앞에 나서는 것을 좋아하지 않았다고 합니다. "내가 너를 고쳤다는 사실을 말하지 말라"고 자주 말하기도 했고, 특히 마지막에 갈릴래아를 방문했을 때는 유대인들이 자신을 죽이려고 한다는 것을 알았기 때문에 돌아다니기를 원하지 않았습니다. 그런데 그분의 형제들은 아예 유다로 가서 예수가 행하는 일들을 제자들도 보게 하라고 말합니다. 숨어서 이런 일을 행할 바에는 아예 나타내 보이라고 하는 것입니다. 그분의 형제들은 예수를 믿지 않았기 때문이지요. 예수는 나의 때는 아직 오지 않았고 아직 나의 때는 차지 않았다며 다른 이들에게 자신을 드러내는 것을 즐기지 않았습니다.(요한 7:1-8)

그런 성정의 분을 군인들은 총독 관저 안으로 끌고 가서 옷을 벗긴 후 가시관을 엮어 씌웁니다.(마르 15:17) 왕들이 황금으로 만들어진 잎사귀 관을 쓴 것을 본뜬 것입니다. 또 왕들이 입는 자주색 옷을 모방해 자기들의 군복인 진홍색 망토를 예수에게 입힙니다. 갈대로 머리를 치고(마태 27:29에서는 "그분의 오른손에는 갈대를 들렸다"고 씁니다. 왕홀을 흉내낸 것입니다) 침을 뱉으며 경배하는 척합니다. 마치 일종의 광대를 대하듯 예수를 모욕한 것입니다.

마르코복음은 십자가의 죄목 명패를 '유대인들의 왕'이라고 하고, 지나가던 자들이 머리를 흔들면서 예수를 모독하여 말하기를 "하하, 성전을 헐어 버리고 사흘 안에 세우겠다던 사람아, 십자가에서 내려와 네 자신이나 구하려무나" 같은 말로 놀리고 "이스라엘의 왕 그리스도는 지금 십자가에서 내려와 보시지. 그러면 우리가 보고 믿을 터

'십자가형(*The Crucifixion*)', Simon Vouet, 1636~1637, CC0

인데"라고 모독했다는 사실도 있는 그대로 기록합니다.(마르 15:26-32)

　이 장면은 예수가 지향했던 곳이 세속적인 왕국이 아니라 하늘의 왕국이었다는 사실을 역설적으로 드러냅니다. 예수가 속하는 곳이 어딘지 모르는 이들은 예수를 모욕하려고 하였으나, 예수에게는 그런 모욕은 아무 의미 없는 일이었기에 저들이 무슨 짓을 하는지 모르니 용서해 달라고 하느님께 기도한 게 아닌가 싶습니다. 예수의 족적을 따른다면 나와 상관없는 사람들, 나를 이해하지 못하는 사람들, 또 내가 속한 공동체와 상관없는 타인들이 나에 대해 무슨 말을 하건 크게 마음에 둘 필요가 없습니다. 내가 좋아하지도, 보고 싶지도 않은 사람들이 나에 대해 사실과 다른 잘못된 말을 해도 결국 그 후과는 그 사람들에게 돌아가지 죄 없는 내게 돌아오지는 않을 것입니다. 진실은 언젠가 밝혀진다는 믿음을 갖지 못하게 하는 사회는 결국 붕괴될 수밖에 없습니다.

십자가에 못 박히고 매달렸을 때의 신체적 고통만큼이나 이런 종류의 정신적인 모욕은 우리에게는 돌이킬 수 없는 큰 상처가 됩니다. 예전부터 지금까지 집단 콤플렉스의 사악함이 활성화되면 힘없는 여성들, 잡혀 와서 노예 신세가 된 적들을 결박해 이런 식으로 모욕하고 신체적으로든 정신적으로든 고문합니다. 전쟁이 끝나면 어쩔 수 없이 적군에게 강간당하거나 함께 산 여자들, 또 생존을 위해 부역한 사람들이 모욕의 대상이 됩니다. 사람이 과연 얼마나 잔인해질 수 있는지 인간에 대해 회의를 느끼는 순간입니다.

놀랄 만한 점은 성경은 이때, 예수가 아무런 반응을 하지 않았다고 기록했다는 것입니다. 제자들이 총독 관저로 들어가지 못해서 기록하지 못했을까, 하는 추측도 해보지만 후에 예수가 진정으로 메시아라는 점을 고백했던 로마 군인들이 있었기 때문에 구전으로라도 무언가 남겼으면 하는 아쉬움이 있습니다.

그런데 예수의 침묵, 그 자체가 조롱과 모욕을 받을 때 우리가 선택할 수 있는 최선의 태도일 수도 있습니다. 힘 있는 집단 모두가 입을 모아 나를 비난하고, 경멸과 조롱의 말을 던지고, 없던 것을 만들어 죄를 묻고 있다면, 그 어떤 말로도 상황을 바꾸기 어렵습니다. 인권을 말하는 현대에도 죄 없는 사람들을 조롱하고 모욕하고 죄인으로 만든 사례는 차고 넘칩니다. 다수의 횡포 앞에 힘없는 소수는 숨죽이고 자신의 생사를 걱정하며 몸을 숨겨야 하기도 했습니다. 살아남은 많은 이들에게는 그런 상황과 관련된 죄책감이 있습니다. 어쩌면 그런 죄책감조차 없다면 과연 독재자나 가해자들과 자신이 얼마나 다른지 스스로에게 물어봐야 하지 않을까 싶습니다.

예수가 모욕당하는 그 순간, 제자들과 다른 추종자들은 자신들도 예수처럼 될까 봐 사방으로 흩어져 몸을 숨기기 바빴을 것 같습니다. 큰 역사적 사건뿐 아니라, 평범한 사람들의 삶에도 이런 일은 일어날 수 있습니다. 교실이나 공동체에서 누군가 왕따를 당하면 자기도 그 처지가 될까 봐 대부분은 동조하거나 아예 모른 척합니다. 소수가 아닌 다수에 속해야 자신의 안위가 보장되기 때문입니다.

예수는 공생활 내내 항상 소외된 사람, 소수의 고통 받는 사람들 편에 섰고, 마침내 본인 자신이 그런 상황으로 걸어 들어갔습니다. 예수 이전과 이후, 이렇게 철저하게 끝까지 약자의 입장에 서는 것만으로 모자라, 스스로 가장 비천한 처지를 선택한 사람이 있는지 생각해 봅니다. 그런 상황에 대한 그 어떤 말도 남기지 않고 오로지 죽음과 부활로 말씀을 대신했던 그 부분을 우리가 어떻게 상상할 수 있었겠습니까.

생각해 봅시다

예수는 세속적인 왕국이 아니라 하늘의 왕국을 원했습니다. 그래서 언제나 소외되고 고통받는 사람들 편에 섰고 스스로 그런 상황으로 걸어 들어갔습니다. 어떠한 수난에도 아무런 반응을 하지 않고 죽음과 부활로 대신했습니다. 예수가 죽음 앞에서 의연히 침묵한 이유가 무엇일지 생각해 봅시다.

✝

예수의 마지막 순간에 대한
의문과 답

　복음서마다 내용이 다르고 특히 예수의 마지막에 대한 증언이 조금씩 다르기 때문에 과연 예수의 죽음의 순간을 역사적으로 검증할 수 있는지 의심하는 이들이 있습니다. 그런 의문은 4복음서를 다큐멘터리나 역사책으로만 접했기 때문에 나오는 것이 아닐까 싶습니다. 신학자나 역사학자들에 따르면 4복음서는 각각 마태오, 마르코, 루카, 요한 계열의 교회에서 일종의 설교처럼 평신도들에게 예수의 제자들이 말씀했던 내용들을 기록한 강론집에 가까운 책이라고 합니다. 구술된 내용들을 후대에 들어서 기억을 되살려 가며 기록했다고 보는 것이 맞을 것 같습니다. 따라서 당연히 그 내용이 서로 다를 수밖에 없습니다. 당시 양피지에 글을 쓰는 것은 돈이 많은 특권층들이나 할 수 있는 사치스러운 작업이었기 때문에, 생명의 위협을 느끼면서 피해 다녔던 신자들이 맘 편히 자세하게 기록할 수 있는 여건은 아니었을 것 같습니다. 또 코덱스 형태, 즉 한 장 한 장 낱개로 쓰기 시작한 것도 한참 후의 일이고 당시는 두루마리 형태, 즉 스크롤 형태이므로 앞뒤를 서로 비교하면서 수정 보완을 하고 뺄 것은 빼는 편집 과정이 힘들었으리라 상상해 봅니다.

마태오복음 27장 50-61절은 예수의 마지막을 "성전 휘장이 위에서 아래까지 두 갈래로 찢어지고 땅이 뒤흔들리며 바위들이 갈라졌다. 그런가 하면 무덤들이 열리고 잠들었던 성인들의 많은 육신들이 일으켜졌다"고 기록합니다. 이 부분은 사실 에제키엘서 37장 12절에서 야훼 하느님께서 약속하신 "무덤을 열고 다시 이스라엘 땅으로 돌려보내겠다"는 구절을 그대로 옮긴 것처럼 제게는 느껴집니다.

마르코복음 15장 39-41절은 담담하게 "백인대장이 그분이 그렇게 (외치면서) 숨지시는 것을 보고 '이 사람은 참으로 하느님의 아들이었다' 하고 말했다"라고 씁니다. 휘장이 찢어지는 장면, 땅이 울리는 장면 등은 예수가 하느님의 아들이라는 점이라는 것을 강조하기 위한 무대적 장치로 읽을 수도 있으나, 중요한 비극적 사건이 있을 때 천재지변도 같이 일어나는 일종의 동시성 이론으로 이해할 수도 있습니다. 인간도 자연의 일부이기 때문에 무의식적으로 자연의 영향을 받습니다. 또한 우리도 여러 가지 방식으로 자연에 영향을 줍니다. 최근 인류세라는 말을 쓸 정도로 자연에 위해를 끼치고 있기 때문에, 인류와 자연을 분리해서 생각하기보다는 하나의 통합계로 생각하는 것이 맞지 않을까 생각해 봅니다.

루카복음은 "아버지, 제 영을 당신 손에 맡기옵니다"라는 예수의 말을 쓰고, 백인대장이 "정말 이 사람은 의로운 분이었다"라고 말했다고 기록합니다.(루카 23:44-49) 요한복음은 예수가 '목마르다'라고 말한 부분(요한 19:28), 옆구리를 찔렀는데 물과 피가 나왔다는 사실(요한 19:34), 다른 처형된 죄수들과는 달리 다리를 꺾지 않았다는 사실(요한 19:31-33)을 기록했습니다. 복음서마다 조금씩 다르기 때문에 그 의미도 찬찬히 살펴봐야 할 것 같습니다. '제 영을 맡긴다'는 뜻은 평범한 인간으로서의 시간과 역할은 끝나고 하느님 곁으로 돌아간다는 의미로 이해할 수 있습니다. 큰 자기를 위해 작은 자아를 놓고 버릴 때 진정한 개성화 과정이 이루어지는 것과 같습니다.

 '목마르다'라고 말한 것 역시 상징적으로 이해해 봅니다. 실제로 출혈이 많고, 사막 지역에서 땡볕에 십자가에 매달린 상태라면 탈수 현상이 있을 수 있지만, 이 경우는 단순한 신체적 갈증이 아니라 사람들의 무지, 배신, 죽음 앞에서 느끼는 인간적인 고독과 아픔 등을 압축적으로 표현한 것은 아닐까요. 옆구리를 찔렀는데 물과 피가 나왔다는 것은 의사로서 해부학적인 호기심이 생기기도 합니다. 채찍질을 당하고 피땀을 흘리면서 기도를 하는 등 신체 역시 극도의 스트레스를 받았다면 임파선 등에 염증이 생겼으리는 상상도 해보고, 물이 함께 나왔다면 대동맥 등 출혈이 심한 부분을 건드린 것이 아니라 다른 위나 간 횡경막 같은 장기를 건드렸을 수도 있지 않을까 추측도 해봅니다. 출혈에 의한 쇼크나 심장 마비 혹은 질식사가 사망의 원인이라고 말하는 논문도 있습니다.

 그러나 이런 추측들은 부검 등이 이루어진 것이 아니기 때문에 일종의 의학적 가설일 뿐, 부활에 대한 교리를 부정할 수는 없다고 생각합니다. 다만 부활을 믿지 못하고 철저히 과학주의에 빠진 이들과 논쟁할 때, 이런 의학적 지식을 나눠 보면 어떨까 하는 생각은 갖고 있습니다. 어떤 상황에서건 부활이란 사건은 우리가 검증할 수 없지만 우리를 사랑과 충만의 경지를 꿈꾸게 만들어줍니다.

소소한 차이이긴 하지만 예수의 곁을 지킨 사람들에 대한 설명도 복음서별로 조금씩 달라 비판의 대상이 되기도 합니다. 마태오복음에는 막달라 (여자) 마리아, 야고보와 요셉의 어머니 마리아, 그리고 제베대오의 아들들의 어머니가 있었다(마태 27:55-56)고 언급하고 있고, 아리마태아 출신의 부유한 사람이 왔는데 이름은 요셉이고 그 역시 예수의 제자였다(마태 27:57-61)고 적혀 있습니다. 루카복음에는 요셉이 아리마태아 출신이지만 의회 의원이었고 선하고 의로운 사람(루카 23:50-51)이라고 쓰여 있고, 요한복음에는 요한이 예수를 따르는 제자였다(요한 19:38-42)고 기록돼 있습니다. 흔한 이름인 요셉에 대한 기록도 조금씩 다른 것이지요. 마르코복음에는 막달라 (여자) 마리아, 작은 야고보와 요셉의 어머니 마리아, 살로메 그리고 명망 있는 의회 의원 요셉이 등장합니다(마르 15:40-43).

또한 예수의 죽음과 부활을 지켜보는 많은 여성의 이름이 성경에 기록돼 있습니다. 루카복음에는 "막달라 여자 마리아와 요안나와 야고보의 (어머니) 마리아였다"(루카 24:10)고 언급돼 있고, 요한복음에는 "예수의 십자가 곁에는 그분의 어머니와 이모, 글로파의 (아내) 마리아와 막달라 (여자) 마리아가 서 있었다"(요한 19:25)고 기록돼 있습니다. 야고보가 예수의 형제라 불리기도 했으니, 야고보와 요셉의 어머니 마리아가 성모 마리아를 뜻한다고 해석할 수 있을 것 같습니다. 중요한 것은 누가 과연 예수의 마지막을 지켰는지 일일이 따지고 검증하는 것이 아니라, 소외받고 무시당한 여성들이 끝까지 예수의 임종을 지키고 무덤까지 지켰다는 사실이 아닐까요. 죄인의 시신을 수습하는 것이 혐오시 되던 시절이라 구약의 토빗기에서처럼 병을 얻거나 그 때문에 불이익을 당할까 봐 일찌감치 십자가를 버리고 간 대부분의 남자 제자와 달리, 철저한 가부장제에서 억압받던 여성들이 죽음과 부활을 함께 체험하고 증인이 되었다는 사실도 놀랍습니다.

제자들과 예수의 피붙이, 친척들 간에 긴장 관계가 있었다는 것을 암시하는 부분도 신약에는 등장합니다. "그분의 친척들이 (소문을) 듣고서 그분을 붙들러 나섰다. 그들은 그분이 정신나갔다고 말했던 것이다"(마르 3:21-22)라는 장면입니다. 예수도 "'누가 내 어머니며 내 형제들입니까?' 하셨다. 그리고 당신 주위에 둘러앉은 사람들을 돌아보시며 말씀하셨다. '보시오, (이들이) 내 어머니요 내 형제들입니다. 하느님의 뜻을 받들어 행하는 사람이야말로 내게는 형제요, 자매요, 어머니입니다"(마르 3:33-35)라고 말한 바 있습니다. "선생님의 어머님과 형제분들이 밖에 서서 선생님을 만나고자 합니다" 하고 알려 드리자 "내 어머니와 내 형제들은 하느님의 말씀을 듣고 행하는 이런 사람들입니다"(루카 8:20-21)라고 한 적도 있습니다.

그런데 마지막 순간의 기록에는 이런 것도 있습니다. "예수께서는 어머니와 곁에 서 있는 사랑하시던 제자를 보시고, 어머니에게 '부인, 보십시오, 부인의 아들입니다' 하고 말씀하셨다. 그리고 그 제자에게는 '보시오, 당신의 어머니시오' 하셨다."(요한 19:26-27) 이는 제자들과 당신 피붙이들과 화해를 넘어서는 새로운 공동체를 만들어 주기 위함이라고 생각합니다. 평범한 사람들 중에는 부모의 죽음을 계기로 형제간 다시 만나 화해하는 경우도 있지만 재산 문제 등으로 서로 원수가 되는 경우도 많습니다. 새삼 평화를 두고 간다는 예수의 말씀이 의미 있게 다가옵니다.

예수가 보여 준 수난의 길은 나를 박해하는 원수나 나를 배신한 지인들에 대한 완전한 용서와 화해이기 때문에, 자신의 감정과 기억에서 헤어나지 못하는 우리는 도저히 흉내 낼 수 없는 차원에 있습니다. 아마 그래서 우리는 예수가 유다 이스가리옷이나 베드로를 용서해 주었다는 사실조차 잊게 되는 것 같습니다. 용서니 화해니 하는 골치 아픈 일들을 뭐 하러 생각해, 하고 말입니다. 모두가 결국 겪을 마지막 종착지를 상상만 해도 끔찍한데, 무슨 용서와 화해까지 하면서 죽음을 준비하느냐는 항변입니다.

하지만 성경 속의 수난과 부활의 장면들은 이런 회의와 냉소주의에 대해 답합니다. 마지막 순간, 부족하고 어리석은 자신의 신념과 가치에 대한 집착과 미련을 버려야 할 때, 새롭게 만나야 할 대상은 무엇일까요. 신체라는 껍질을 버리고, 오로지 사랑으로 살고 사랑으로 부활한 예수와 온전히 만나게 될 때, 삶과 죽음에 대한 깨달음이 번개처럼 찾아오는 순간을 소망해 봅니다.

"보라, 내가 모든 것을 새롭게 한다…… 다 이루어졌다. 나는 알파이며 오메가요 처음이며 마지막이다. 나는 목마른 자에게 생명수의 샘에서 거저 마시게 하겠다…….그러나 비겁한 자들과…… 모든 거짓말쟁이들에게는 불과 유황이 타오르는 못이 그 차지가 될 것이다. 이것이 둘째 죽음이다."(묵시 21:5-8)

생각해 봅시다

예수가 보여 준 수난의 길은 나를 박해하는 원수, 나를 배신한 지인들에 대한 완전한 용서와 화해입니다. 예수는 미움 대신 우리에게 평화를 주고 갔습니다. 자신의 감정과 기억에서 헤어나지 못하는 우리는 도저히 흉내 낼 수 없는 예수의 마지막 순간입니다. 인생의 마지막 순간이 올 때 우리는 무엇을 버리고 무엇을 새롭게 만나야 할 지 생각해 봅시다.

✝

애도의 시기를
견디는 힘

마태오복음 5장 4절에는 "복되어라, 슬퍼하는 사람들! 그들은 위로를 받으리니"라는 대목이 있습니다. 영어 성경에는 이 구절이 단순한 슬픔보다는 애도를 뜻하는 Mourning으로 번역되어 있고, 그리스 헬라어 원문에는 Penthountes 즉 애도로 적혀 있습니다. 그냥 슬픔이 아니라 모든 희망이 사라져 종말 혹은 끝이 왔을 때 느끼는 깊은 슬픔, 혹은 죽은 사람이나 죽음과 관련되어 돌이킬 수 없는 상실을 겪을 때 느끼는 슬픔을 말합니다. 따라서 "복되어라, 슬퍼하는 사람들"을 "애도로 깊은 슬픔에 빠진 이들을 위해 특별히 (예수님은) 축복을 내리신다" 또 "그런 슬픔을 겪은 이들만이 천국으로 들어갈 자격을 갖춘다"라는 뜻으로 해석하고 싶습니다. 한 번도 사랑하는 사람과 헤어진 적이 없는 이라면 과연 만나고 헤어짐이 반복되는 사람의 운명을 아는 어른일 수 있을까, 또 다른 사람의 고통을 이해할 마음의 자리가 있을까 하고 반문하기 때문입니다.

이사야서 61장 3절에는 "시온에서 슬퍼하는 이들에게 재 대신 화관을, 슬픔 대신 기쁨의 기름을, 맥 풀린 넋 대신 축제의 옷을 주게 하셨다"라는 구절이 있습니다. 애도의 과정 중에는 사실 살아 있는 어떤 이들의 위로도 도움이 되지 않지만, 스스로 죽음의 길을 택했던 예수가 남긴 말들은 운명 앞에 분노와 좌절과 고독으로 소용돌이치는 우리 마음을 일순 고요하게 만듭니다.

마태오복음과 이사야서가 보여 주듯, 깊이 사랑하는 사람과 헤어졌을 때, 또 그 사람과 이별해야 할 때는 세상이 모두 끝나는 것 같습니다. 그래서 때로는 아직 그 사람이 내 곁에 있는 듯 착각하게 됩니다. 습관적으로 헤어진 애인이나 배우자의 집으로 간다든가 전화하는 경우도 있고, 또 먼저 저세상 간 사람의 목소리가 들리기도 하고, 꼭 근처에 있는 것 같은 느낌도 듭니다. 우리 뇌세포가 감당할 수 없는 큰 변화가 일어난 거라고 봐도 무방합니다. 맨정신으로는 받아들이기 힘든 엄청난 일이기에 생기는 정상 반응의 하나입니다. 그래서 일부러 거짓말을 하려고 하는 것도 아닌데 때로는 아직 헤어진 것은 아니라고 하기도 하고, 아직 살아 있는 것처럼 말하기도 합니다.

제 외할머니는 갓난아이와 10대에 들어선 두 아들을 차례로 잃으셨습니다. 지금처럼 의술이 발달했다면 살릴 수 있었을 텐데 가난하고 힘들었던 그 시절에는 그런 일들이 다반사였습니다. 하지만 자식을 잃은 부모는 지금과 다름없이 몹시 힘들었을 겁니다. 그래서일까요. 외할머니는 아들 죽은 소식을 모르는 이들이 물어보면 오랜 세월 동안 마치 살아 있는 것처럼 "군대 갔어", "도시로 유학 갔어"라고 말했다고 합니다. 정말로 그렇게 믿고 싶으셨을지도 모릅니다.

너무 슬픔에 잠긴 모습을 보이게 되면 다른 가족들로서는 살아남은 사람도 따라 죽을까 봐 불안해집니다. 유명인이 세상을 떠나면서 가족이나 친구가 따라 죽었다는 뉴스를 들었던 적이 있으실 겁니다. 삶에 대한 허무, 억울함. 분노. 무의미. 무기력 등 감당하기 힘든 무거운 감정이 버거우면 먼저 간 사람을 그리워하다 그냥 삶의 끈을 놓아 버리는 경우도 있기에 특히 남은 가족들은 서로 마음의 손을 꼭 잡고 어려운 과정을 함께 넘어가야 할 것 같습니다. 반대로 상실의 아픔을 극복하지 못한 채 세상에 대한 의욕과 자신감을 완전히 잃어버리고 주변 사람들과 인연을 끊어버리는 고립된 생활을 하는 경우도 많습니다.

예수가 십자가에 못 박히고 난 후 제자들이나 예수의 친지들도 그런 깊은 슬픔과 외로운 심정에 잠긴 것은 아닐까 싶습니다. 말할 수 없는 애도 반응을 겪었겠지요. 하지만 성경은 그들의 쓸쓸한 마음을 담백하게 기록합니다. 무덤가를 찾아와 울었다는 사실, 시체가 있어야 할 자리가 빈 것을 보고 사람들이 제 주님을 가져가 그분이 어디 계신지 모르겠다고 말했다는 내용이 기록돼 있습니다.(요한 20,13-14) 또한 슬픔에 잠긴 마음이 너무 컸는지 그분이 옆에 있는데도 알아보지 못합니다. 세세한 감정의 흐름을 철저하게 묘사하는 현대 작품들과 너무 다릅니다. 단순히 종이가 귀했기 때문만이 아니라, 슬픔이라는 정서가 넘치지 않고 격조 있고 절제되어 있습니다.

예수의 무덤에서 울고 있는 여자들을 보면서 우리의 모습을 돌아봅니다. 우리는 살면서 사랑하는 사람들과 많이 이별합니다. 세상 누구도 사랑과 이별의 운명 앞에서 자유롭지 못합니다. 아무리 화목하

'무덤가의 세 마리아(*The Three Marys at the Tomb*)', Hubert van Eyck, 1425~1435, CC0

게 수십 년을 같이 산 부부라도, 서로 무탈하게 살 수 있었던 부모 자식 사이라도, 종국에는 어느 한쪽이 먼저 죽어야 하기 때문에 헤어짐이 없는 관계란 존재하지 않습니다. 모두 사랑하는 사람을 잃어버리는 애도 반응을 겪어야 한다는 뜻입니다. 그렇기 때문에 상실의 과정을 어떻게 넘겨야 할지, 또 그 순간 무엇을 해야 할지가 우리의 숙제입니다. 그래서 예수의 마지막 순간 하나하나가 더 소중하게 다가오는 것 같습니다.

　애도의 진정한 목적은 그저 상실의 슬픔에 빠져 아무것도 하지 말라는 뜻은 아닐 것입니다. 진정한 애도를 통해 이별과 상실 이상의 더 높은 차원으로 몸과 마음을 움직여 계속 가라는 명령이 아닐까요. 그러나 한 번도 가지 못한 새로운 길이니 우리는 두렵고 아프고 지칩니다. 그럴 때 과거 상실의 기억과 경험, 또 누군가 힘든 과정을 극복해내는 것을 보는 간접경험은 도움이 됩니다. 과거 슬픔이 크면 클수록 '이까짓 것이 무슨 큰 대수이겠는가' 하는 배짱과 담력을 지닌 사람으로 거듭납니다. 한편으로는 산 자와 죽은 자가 정말로 서로를 보지도, 다시 만나지도 못하고 있다는 우리의 생각 자체가 과연 절대 의심하지 못할 참일지 의심해 봅니다. 돌아가신 분의 영혼이 없다고 무슨 증거로 이야기할 수 있을까요. 이 세상에는 보이지 않아도 존재하는 것들이 얼마나 많은가요. 전자, 양성자, 중성자 같은 미세한 존재뿐 아니라, 불과 수십 년 전에는 암흑물질과 쿼크, 렙톤 같은 우주의 소립자들은 상상조차 하지 못했습니다. 그러니 우리 마음의 눈이 열리지 못해 그 현존을 못 알아보는 대상 중에 죽은 이들의 영혼이 있을 수도 있지 않을까요. 눈으로는 확인할 수 없고 검증할 수 없는 그 모든 것에 대한 현대과학의 정의와 상식이 과연 영원불멸의 진리일까요. 현대과학이 지금의 꼴을 갖추기 시작한 것이 불과 수백 년에 불과한 것이며, 지극히 작은 행성 중 하나인 지구의 나이도 수십억년밖에 되지 않습니다.

결국 평범한 우리와는 차원이 다른 혜안을 갖춘 현인들의 지혜에 기댈 수밖에 없는 것 같습니다. 그중에서도 현대인은 감히 상상할 수 없는 행적과 말씀을 남긴 예수를 따라가다 보면 그 어떤 위인의 언행도 감히 모방할 수 없는 신비로움을 만나게 됩니다.

생각해 봅시다

우리는 살면서 사랑하는 사람들과 이별합니다. 세상 누구도 사랑과 이별의 운명 앞에서 자유롭지 못합니다. 그렇기 때문에 상실의 과정을 어떻게 넘겨야 할지, 또 그 순간 무엇을 해야 할지 알아야 합니다. 애도의 진정한 목적은 그저 상실의 슬픔에 빠져 아무것도 하지 말고 있으라는 뜻은 아닐 것입니다. 진정한 애도를 통해 이별과 상실 이상의 더 높은 차원으로 몸과 마음을 움직여 계속 가라는 명령이 아닐까요. 예수의 마지막 순간 하나하나를 묵상하면서 애도의 시기를 견디는 힘을 얻기 바랍니다.

✝

부활한 예수를
어떻게 사랑할 것인가

부활한 예수는 마리아에게 "나는 나의 아버지이시며 여러분의 아버지, 나의 하느님이시며 여러분의 하느님(이신 그분)께로 올라간다"(요한 20,17-18)고 얘기합니다. 예수를 외아들, 독생자라고 교리에서 가르치기 때문에, 지금도 하느님 아버지의 진실한 자녀는 예수만 해당되며 우리는 하느님의 자녀가 아닐 것이라는 생각을 무의식적으로나 의식적으로 하는 경우가 있습니다. 이 말은 당시로서는 매우 파격적인 선언이었습니다. 구약이나 탈무드 등 유대 전통사회에서 하느님을 감히 아버지라고 불렀던 적이 없었기 때문입니다.

바오로는 로마서에서 "여러분은 또다시 불안에 떠는 노예의 영을 받은 것이 아니라 아들의 신분을 주시는 영을 받았기 때문이며, 이 영 안에서 우리는 "아빠, 아버지!" 하고 외치는 것입니다.……자녀라면 또한 상속자이니 곧 하느님의 상속자요 그리스도와는 공동 상속자입니다. 다만 우리가 그분과 함께 영광을 누리기 위해서는 그분과 함께 고난을 받아야 하는 것입니다"(로마 8:15-17)라고 부연설명해 줍니다. 분노로 무서운 신, 질투하기까지 하는 신으로 야훼를 묘사했던 구약의 태도와 근본적인 분절을 보여주는 대목입니다. 쉽게 말해 하느님은 우리 모두의 친밀한 부모라는 선언입니다.

하느님이라는 위대한 부모를 가졌지만, 우리의 존재는 사실 그리 위대해 보이지 않습니다. 어리석은 일을 계속하고 있을 때, 마음이 사나워져 사랑과 관용의 마음이 사라질 때, 참으로 무가치하고 미숙하며 무의미한 존재인 것처럼 보입니다. 실제로 우리는 서로에게 "벌레(혹은 짐승)만도 못한 놈!"이라고 비하하고 있지 않나요. 무기력한 마음이 되면 아무것도 하지 않으려 하거나, 혹은 자신이 그런 정도밖에 되지 못하는 것이 화가 나서 남뿐 아니라 자신도 함부로 대합니다.

또 이런 존재로 태어나고 자라게 한 부모, 사회를 원망하기도 합니다. 겨우 이렇게 키울 거면서 왜 나를 낳았느냐. 나에게 이런 것밖에 해주지 못하는 부모나 사회에 대한 분노를 키우듯 나라는 존재를 세상에 던져 놓은 운명을 저주합니다. 그리고 바로 그런 운명을 만든 창조주에게도 원망의 마음을 보냅니다. '하느님이 계시다면 세상을 이렇게 만들리 없어. 이런 상황을 방관할 리 없어. 이렇게 만드셨다면 정말 나쁜 창조주야' 하는 생각이 꼬리를 물지요. 부모나 사회를 원망하는 마음은 하느님에 대한 원망의 뿌리이기도 합니다. '나에게 이런 불행을 주는 부모는 부모 자격도 없어. 이렇게 태어나게 하고 자라게 한 부모라면 정말 나쁜 부모이거나 무책임한 부모야'라는 문장에서 부모 대신 하느님을 넣어도 말이 통합니다. 아마 그렇기 때문에 프로이트 같은 정신분석학자들이 종교심을 부모와의 관계와 연결해서 설명했을 것입니다.

분석심리학자 칼 융의 종교에 대한 이해는 좀 달랐습니다. 그는 모든 것을 다 개인사나 인성의 문제로 환원시키기보다는 인류 공통의 원형적 상이나 콤플렉스와 연결시켜 종교성이나 영성을 이해하려 했습니다. 그리고 종교적 경이, 특히 신비체험의 영역은 우리의 이성이나 의식이 이해할 수 없는 그 이상의 무언가가 존재한다는 점을 강조했지요.

예수가 죄 없이 죽은 사건은 사실 합리성으로는 설명되지 않은 매우 부조리하고 반이성적인 사건이었습니다. 그래서 "세상을 구원하러 왔으면 너부터 구원하라"는 조롱을 받았던 것이고, 그 조롱은 하느님이 계시다면 죄 없는 이들에게 어떻게 이런 끔찍한 재앙이나 비극을 줄 수 있느냐는 우리의 불만과 통합니다.

예수가 모욕을 견디고 죽으면서 모든 희망이 사라진 제자들의 마음에도 이런 생각이 가득했겠지요. 갖은 억압과 가난과 시련 속에서도 우리를 구원해 줄 메시아라는 희망으로 버티고 있었는데 허무하게 세상을 떠나고 제자들은 뿔뿔이 흩어지게 되었으니 부모 같고 스승 같은 따뜻한 지도자 예수가 우리를 버렸다고 느끼지 않았을까요. 바로 그런 시점에서 예수가 다시 살아 왔으니, 처음에는 황망해서 믿기지 않았을 것입니다.

특히 따지기 좋아하고 논리적으로 생각하는 제자 토마스는 예수의 몸을 만져 가면서 확인하려고 했습니다.(요한 20,25-26) 이 모습은 무엇이든 만질 수 있는 물리적 증거가 있어야 참이라고 주장하는 근현대의 과학자들과 많이 비슷합니다. 만질 수도 들을 수도 없는 빛, 형체가 없는 소리나 중력의 존재는 인정하면서 말이지요. 그래서 예수는 보지 않고 믿는 이들이 복되다고 했을까요.

토마스에게는 보지 않고 믿는 행복에 대해 가르쳤지만, 베드로에게는 또 "나를 사랑하느냐"라고 세 번을 거듭 물었습니다.(요한 21:15-19) 세 번이나 예수와의 관계를 부정했던 베드로였지만, 이번에도 세 번 다 대답하면서 베드로는 깊은 슬픔과 회한에 빠졌을 것입니다. 자신의 행적을 알고 있는 주님께서 이제는 나를 믿지 못하는구나 하는 마음으로 절망했을 수도 있습니다. 당신을 그 누구보다 존경하고 사랑한다고 했던 자기가 줄행랑을 쳤으니까요. 그런 베드로보다 못한 선택을 사는 내내 하고 살았던 것이 저 자신 아니었을까 부끄럽습니다. 결정적인 순간마다 정의나 신앙보다는 나 자신의 안위에 더 몰입하고, 작은 불편함과 이익도 못 견디는 속 좁은 인간! 바로 그런 계산 때문에 스스로의 무덤을 파고 있다는 것도 모르는 바보 말이지요.

하지만 베드로가 배신한 것에 대해 예수는 한 말씀도 하지 않습니다. 우리 같으면, "너는 왜 그랬니", "도대체 네가 그동안 공언했던 믿음이란 게 뭐니" 하면서 따져 물었을 것입니다. 예수는 정반대였습니다. 오히려 그런 배신의 행적 때문에 제자들 가운데 베드로의 위상이 흔들릴까 봐 더 단단한 입지를 만들어 주려고 세 번이나 정말로 사랑하는지 물었던 것입니다. 놀랍지 않나요? 자신에게 등을 돌렸던 이가 혹여 그 잘못 때문에 해야 할 일을 못하고 나락에 떨어질까 배려하는 마음. 우리 같으면 감히 상상도 못 할 포용의 정신입니다. 용서의 과정에서 가장 중요한 것은 서로 사랑하는 마음일까요. 사랑이 부족한 우리는 상대방을 용서하는 데 서툽니다.

내 목숨을 앗아간 사람들에게도 관용의 정신을 베풀었던 예수에 비해, 우리는 나보다 먼저 고통 속에 죽어간 사람조차 감정이 뿌리 깊고 오래되었다면 쉽게 용서하지 못합니다. 가까운 사람이라면 더욱 복잡한 마음에 빠지기도 합니다. 부모, 형제, 친구 등등 사랑의 감정에는 보통 분노, 배신감, 원망의 마음 등등이 섞여 있기 때문입니다. 그런 복잡한 감정을 잘 풀고 화해하기란 쉽지 않습니다. 차일피일 미루기도 하고, 때로는 만나면 만날수록 더 악화되기도 합니다. 그래서 결국 죽기 직전까지 서로 외면하며 살다가 장례식장에 비로소 나타나기도 합니다. 중환자실에서 소통이 안 되는 사람 앞에서 자신의 서운한 감정을 토로하는 경우도 있습니다.

그러니 애도의 반응이 단순히 떠난 사람에 대한 그리움만 있는 것은 아니지요. 내 안의 복잡한 심정들을 잘 정리하고 먼저 세상을 떠난 사람과의 기억으로 행복하기 위해서는 상대방 뿐만 아니라 현명하지 못한 자신을 먼저 용서하고 수용해야 하는 것이 아닐까 생각합니다. 베드로처럼 결정적인 순간에 큰 잘못을 저질렀는데 상대방을 볼 면목이 없어서 살아 있는 시간 동안 용서를 빌 시간을 놓친 것은 아닌지 돌아봅시다.

반대로 먼저 간 사람에 대한 서운함이 뿌리 깊은데, 한마디 미안하다는 말조차 없었다면 정말 괘씸할 수 있겠지요. 내 잘못 때문에 일어난 서운한 감정을 서로 풀지 않고 갔다면 마음이 무척 힘들 것 같습니다. 내가 부족해서 그 사람에게 더 큰 사랑을 충분히 베풀지 못했다고 생각했을 때도 회한이 깊을 것입니다. 그 사람의 고통스러운 과정에 자신이 일정부분 책임이 있을 때는 특히 스스로를 용서하기 힘들 것입니다. 이렇게 다양한 이유로 애도의 과정은 정말 힘듭니다. 그런데 이런 우리의 마음에 대한 해답이 바로 베드로, 유다 이스가리옷 그리고 유대인들에 대해 원망과 증오, 분노의 감정은 일체 품지 않고 그저 용서와 사랑 자비심만 보여 준 예수의 마지막 며칠이 아니었을까 싶습니다.

모든 관계와 세속적인 성공에는 항상 타인의 시선과 평가가 끼어들지요. 한데 이 세상을 벗어나 천국에 가는 것, 부활에 동참하는 것까지 나 이닌 다른 사람은 어떻게 되는지 궁금해한다면 죽어서도 땅에 매여 자유로운 영혼이 되지 못하는 '억울한 귀신'이 될 뿐입니다. 누가 더 정의롭고 옳은지 남과 비교하는 일은 죽기 전에 멈춰야 합니다. "저 사람은 나보다 더 죄가 많으니 천국에는 절대 못 갈 거야" 하는 식으로 생각한다면 그 자신이야말로 천국으로 가는 길을 잃어버리지 않을까요. 예수는 삶뿐 아니라 신앙의 차원이 절대적으로 신과 나와의 일대일 관계라는 점을 일깨워 주었습니다. 누가 더 운이 좋은가, 누가 더 사랑받는가 같은 것에 자꾸 신경 쓴다는 것은 우리의 마음이 어린아이처럼 퇴행한다는 증거가 아닌가 싶습니다. 마치 부모에게 내 형제보다 더 관심받고 더 사랑받고 싶은 미숙한 마음과 비슷합니다. 타인과의 비교, 후회, 분노, 질투 같은 분심이 생길 때 이 구절을 생각하며 기도하면 정신이 바짝 날 것도 같습니다.

예수가 우리에게 요구하는 것은 단 한 가지일지 모릅니다. 예수를 사랑하고, 예수가 우리를 사랑했듯이 서로 사랑하라는 말씀이지요. 그 사랑을 알지 못하고 실천하지 못해 이 지상에는 오늘도 전쟁과 내란과 폭동과 살인과 범죄가 일어납니다. 하느님께서 알려 주신 대로 사랑하지는 않고, 그로 인한 비극의 책임은 하느님께 돌리고 있습니다.

우리는 사랑을 잘 모릅니다.

생각해 봅시다

예수가 죽음과 부활의 신비를 우리에게 보여 준 이유를
생각해 봅시다. 예수가 우리에게 요구하는 것은 예수를
사랑하고 또 예수가 우리를 사랑했듯이 서로 사랑하라
는 말씀이 아닐까요. 사랑을 잘 모르는 우리는 그래서 예
수의 사랑의 신비를 묵상하고 또 묵상하며 예수를 따라
가야 합니다.

아멘, 오소서 주 예수님!

제가 성경에 대한 책을 쓰는 것은 이번이 세 번째입니다. 『슬픔이 멈추는 시간』, 『성경으로 배우는 심리학』을 쓴 후 가톨릭평화방송 (cpbc)을 통해 구약과 신약의 풍경과 사람에 대해 시청자들과 만나면서 저는 공부하고 정리할 수 있는 귀중한 시간을 가졌습니다.

성경은 아무리 여러 번 읽어도 놓치고 지나가는 게 많습니다. 워낙 불필요한 설명이나 군더더기 묘사 없이 간결하게 기록되어 있기 때문에 그 의미를 제대로 이해하지 못하는 것이지요. 일상의 언어로는 어려운 근원적인 질문도 많아서 여러가지 이해와 분석이 가능한 것 같습니다. 그래서 2,000년 넘게 성경과 예수의 말씀에 대한 다양한 주석이 나와도 또 새롭게 해석하는 분들이 등장하는 것 같습니다. 모든 사람의 인생이 다른 것처럼 하느님에 대한 사랑 역시 각자가 다르기 때문이 아닐까 생각해 봅니다.

이 책 역시 저 이나미라는 부족한 한 개인이 이해한 성경이자 하느님의 말씀이지, 절대 성경이나 하느님 말씀 그 자체에 대한 설명이나 분석은 아니라는 점을 다시 강조하고 싶습니다. 성경을 처음 본격적인 공부의 대상으로 삼기 시작했던 것은 고등학교 1학년 때입니다. 『King James Version』의 성경을 너덜너덜할 때까지 지니고 다녔는데 이사하면서 잃어버려서 아쉽습니다. 그때는 성경 구절을 갖고 다니면서 외우곤 했고, 의문이 많았지만 신선하게 감동한 적도 많았습니다. 지금은 암기도 어렵고 그때에 비해 집중도 잘 못합니다. 신기한 것은 성경을 그나마 기꺼이했을 때는 제가 그래도 중심을 잡고 있었고, 흔들리고 혼란스럽고 자기 연민에 빠져 있을 때는 성경을 멀리했다는 점입니다. 성경 그 자체를 비록 제대로 이해하지는 않았지만, 성경이라는 성스러운 대상이 내 곁에 있다는 것 자체만으로도 힘이 되었던 것 같습니다.

개인적으로는 의학과 분석심리학을 업으로 사는 사람이라 성경을 보는 방식이 순수하게 신앙의 관점에서 보는 분들에 비해 오염된 부분도 있을 것 같습니다.

프로이트 같은 사람은 모세, 성모 마리아, 안나 같은 성경 속의 인물들을 자신의 이론으로 정신병리학적 관점에서 설명한 바 있습니다. 의사의 설명이니 그럴듯하게 들렸을지 모르지만, 종교적 체험을 병리적 상태로 오해하게 만드는 부작용이 있는 위험한 해석이라고 생각합니다. 미국의 정신건강의학과 의사 윌리엄 제임스는 종교적 체험, 그 자체의 신비한 영역을 인정했고, 스위스의 칼 융 역시 종교적 차원을 과학적 차원으로 환원시키려는 시도의 위험성에 대해 경고한 바 있습니다. 종교를 정치적으로 이용하려는 사람, 경제적 이익을 얻는 수단으로 생각하는 사람들에 비해 좀 그럴듯해 보일지는 모르지만, 자신의 유한한 지식으로 잘 이해하지 못하는 신비한 차원에 대해 함부로 말하고 결론짓는 태도는 매우 위험해 보입니다. 저는 그런 태도 역시 미숙한 자아 팽창이라고 생각합니다. 내가 이 세상 모든 것을 다 알고, 다 설명할 수 있다는 태도는 '모든 것의 이론(Theory of Everything)'을 꿈꾸는 과학자들의, 조금은 거만한 몽상적 희망이 아닐까도 싶습니다.

성경을 이론적인 상징 분석으로 환원시키는 것도 때론 위험할 수 있습니다. 특히 지식을 통해 이런저런 해석을 자의적으로 하다 보면 오히려 내면의 성스러움과 만나 스스로를 성숙하게 하는 데 방해가 되기도 합니다. 그래서인지 신학을 오래 공부하다가 결국 무신론자가 되는 학자도 있습니다. 성경에 대해 의심하며 비판적인 생각에 사로잡힐 수 있지만 그럴 때는 과연 이른바 객관적인 자료들이 언제까지나 오류 없는, 그야말로 과학적으로 검증된 자료로 남을까 상상해 보는 것도 방법이 아닐까 싶습니다. 과학은 새로운 가설을 통해 오래된 이론들의 부족한 점을 보완하면서 발전돼 왔습니다. 뉴턴이 중력이론을 발견할 때는 세상 모든 것을 다 그 이론으로 설명할 듯 이야기했지만 그 이후 새롭게 등장한 아인슈타인이나 프리드만의 우주론조차도 다시 검증을 받고 있다는 점을 상기할 필요가 있습니다. 자연과학이 그러할진대 인문학은 더할 것입니다. 성경 읽기를 학문의 영역으로 가두는 것보다는 그를 넘어서는 영성적 체험으로 변환시킬 때 자신의 마음이 더 확장되고 평강해지리라 생각합니다.

종교에 대한 거창한 이론을 만들어 보고 싶은 것도 실은 우리 마음 속 깊이 숨어 있는 미지의 세계에 대한 두려움, 미래에 대한 불안, 자신의 힘이 미치지 못하는 지점에서 느끼는 무기력 등 스스로의 한계를 절감하는 데서 기인하는 것 같습니다. 아무리 헤매도 또 미로를 헤매고 있는 기분이 들고, 닫힌 문을 용케 열고 새로운 문을 열었지만 또 어느새 그 문조차 닫히는 경험을 하는 것이 인생 아닐까요. 절대자와의 만남 역시 그 옷자락 끝을 만진 건 아닐까 하는 생각이 들고, 또 홀연히 사라지고마는 신기루를 본 것 같을 수도 있습니다. 그럴 때 남는 것은 오로지 텅 빈 무언가 같기도 합니다. 그러나 한편으로는 그 신비로운 체험과 관련된 크고 작은 기억들이 그나마 남아서 우리를 안심시키곤 합니다. 물론 변덕스러운 우리 뇌는 그 장면이나 기억도 제대로 잘 붙잡지 못하고 흘려보내지만 말입니다.

그래서 이렇게 불완전한 뇌와 기억을 갖고도 성경을 읽는 최종적 목표는 결국 자기가 얼마나 작은지 또 얼마나 미련한지를 아는 데 있는 것 같습니다. 보잘것없는 자신을 버리고, 좀 더 큰 차원에 계시는 알 수 없는 위대한 존재를 만나고 싶은 마음 때문이 아닐까요. 성경을 읽는 것은 큰 사랑과 희생을 온몸으로 실천하신 분의 족적을 따라가는 것이지요.

사람들이 성경 중에서도 어떤 부분이 제일 도움이 되느냐, 혹은 중요한 구절이냐 하고 자주 물어봅니다만 그런 질문에 대답하기는 쉽지 않습니다. 내 생애의 어떤 시점에 내가 있는가에 따라서 그때그때 다른 구절이 더 도움이 되고, 더 가슴에 와닿기 때문입니다.

그래도 제가 가장 좋아하고 감동하며 언제든 잘 찾아갈 수 있는 구절은 모두 예수가 직접 말한 부분입니다. 짧게 말씀드린 바 있지만 이른바 'Q사본', 즉 예수의 말씀만 모아 놓은 가상의 사본에 속할 법한 구절들입니다. 예수의 말씀은 구약에서 언뜻언뜻 비치는 민족주의적 관점, 율법적 강조, 신상필벌, 인과응보의 법칙과는 너무나 다릅니다. 사랑과 포용, 배려와 공감 그 자체입니다. 모든 사람이 예수처럼 될 수만 있다면, 우리는 지금보다 훨씬 더 진화할 것 같습니다. 이 지구촌이 지옥이나 연옥의 모습에 가까운 것은 아직 진화하지 못한 우리 책임이 아닐까요. 신부이자 과학자였던 테야르 드 샤르댕의 가르침입니다.

끝으로 제가 좋아하는 요한 묵시록 21장과 22장의 구절을 인용해 보겠습니다.

"나는 새 하늘과 새 땅을 보았다. 이전의 하늘과 이전의 땅은 사라졌고 바다도 이미 없기 때문이다.……그분은 그들과 함께 거처하시고 그들은 그분의 백성으로 지낼 것이다. 하느님 친히 (그들의 하느님으로서) 그들과 함께 계실 것이다. 그분은 그들의 눈에서 눈물을 다 씻어 주실 것이다. 더 이상 죽음이 없고, 다시는 슬픔도 울부짖음도 고통도 없을 것이다. 이전 것들은 다 사라져 버렸기 때문이다."(묵시 21:1 / 21:3-4)

"……수정처럼 빛나는 생명수의 강을 내게 보여 주었다.…… 그 강의 이편저편에 열두 번 열매를 맺는 생명나무가 있어서 한 달마다 열매를 맺었고 그 나무의 잎들은 민족들을 치료하는 데 쓰였다.…… '나는 알파이며 오메가요, 처음이며 마지막이요, 시작이며 끝이다.' …… '그렇다, 내가 곧 오겠다.' 아멘, 오소서 주 예수님!"(묵시 22:1-2 / 22:13-20)

심리학이 만난 예수

1판 1쇄 발행 2025년 5월 30일

지은이 이나미
펴낸이 이영희
펴낸곳 도서출판 이랑
주소 경기도 파주시 교하로 1007-29
전화 02-326-5535
팩스 02-326-5536
이메일 yirang55@naver.com
블로그 http://blog.naver.com/yirang55
등록 2009년 8월 4일 제313-2010-354호

ISBN 978-89-98746-52-0   03180